U0484298

ism
PLAYBOY

花花公子 上
休·赫夫纳 和他的情色帝国
Mr. Playboy: Hugh Hefner and the American Dream

[美]史蒂文·沃茨◎著
李晓春◎译

华夏出版社

致谢 Acknowledgments

在写作本书的几年间我得到了很多人的帮助,现在很荣幸能够一一致谢。首先,我要感谢主动向我提供帮助的(男性)朋友和同事,还要感谢一些素昧平生的人,他们协助我开展研究、帮我搬运行李、复核资料出处、做口录,或者是在我访问花花公子大厦时帮我清洗租来的汽车。他们无私、慷慨、友好的行为让我更加相信人性中美好的一面。

我在密苏里大学历史系的几位同事通读了本书手稿,提出了宝贵的意见和建议。他们是:卡罗尔·安德森、罗伯特·柯林斯、凯瑟琳·赖姆夫、乔纳森·斯珀伯和约翰·威格尔。还有系里的一些职员:帕蒂·埃格尔顿、桑迪·基尔茨曼、梅琳达·洛克伍德、珍妮·莫顿和南希·陶布,他们均以不同的方式给予我支持和鼓励。几位才华横溢、思维敏捷的朋友审阅了书稿,提出诸多有益观点,他们是阿曼多·法瓦扎、辛迪·谢尔特迈尔、迪克·斯图尔特和安妮·斯图尔特夫妇、唐纳德·坦南特、丹尼尔·沃茨、史蒂夫·温伯格,特别要谢谢帕特里夏·沃德·凯莉。玛丽·简·埃德尔和凯瑟琳·达姆在我前期准备时帮忙搜索相关文章,将采访录音整理成文字,减轻了我的负担。

在约翰威利国际出版公司,我的编辑埃里克·纳尔逊体现出了优秀的职业素养;雷切尔·迈耶斯和埃伦·赖特有条不紊地对整个出版环节

1

进行统筹安排；我的经纪人也是朋友罗恩·戈德法布代我处理了所有版权的相关事宜，为我加油鼓劲，安排不同场合的宣传活动，干得漂亮，一如既往。他为我的写作生涯所做的一切，我都铭记在心。

密苏里大学埃利斯图书馆的馆员们运用专业技能帮我找到了许多资料。在位于芝加哥的花花公子公司里，李·弗勒赫利希和杰茜卡·里德尔协助我查阅公司档案。在花花公子大厦调研期间，当我在那里浏览文件、仔细阅读剪贴簿、随意走动、频繁使用复印机时，员工都对我表现出了极大的耐心和善意。其中，我要特别感谢史蒂夫·马丁内斯、诺尔玛·梅斯特、伊莱恩·洛奇、乔伊斯·尼扎瑞、特鲁迪·金、阿曼达·沃伦、艾丽西亚·布特、约翰·坎斯基、伊丽莎白·坎斯基、鲍勃·科林、珍妮·刘易斯、迪克·罗森茨韦格和玛丽·奥康纳。我结交了一些新朋友，与他们的谈话给了我很大的启迪。他们是伊丽莎白·格兰利、罗恩·麦凯布、杰里米·阿诺德、林赛·沃格、安伯·坎皮西、蒂法尼·法伦，特别是艾利森·雷诺兹和乔尔·伯利纳。我要谢谢每周一晚上聚在一起侃大山的那些朋友：基思·赫夫纳、雷·安东尼、比尔·谢泼德、查克·麦卡恩、理查德·班、罗恩·博斯特、马克·坎托、彼得·维埃拉、罗伯特·卡尔普、约翰尼·克劳福德和凯文·伯恩斯。从他们那里我了解到了很多老电影、荤段子和俏皮话儿。

当然，我也要多谢休·赫夫纳。当我为写作本书第一次联系他时，他很爽快地表示愿意合作。他向我提供了一些以前从未对外披露的反映其职业生涯和《花花公子》发展史的大量资料，还为我创造了近距离接触他生活的机会。他同意接受我的系列专访，这些访问的时间加起来接近40个钟头。他允许我对本书文字进行取舍，尽管最终他对书中的一些观点和结论持有异议，但始终没有对我进行干涉。对此我深表感激。

有两个人最值得我感谢。我的妻子帕蒂·沃茨在我吞吞吐吐说出要去花花公子大厦调研时表现出了极大的幽默感。她给出的警告是孩子们在玩具店里常常听到的那句话："只许看，不许摸。"在接下来的日子里，我们针对《花花公子》、美国社会、男人女人、性等种种问题展开了讨论，她的视角和见解丰富了本书的内容。我的女儿奥利维娅·克莱尔·沃茨是在写作本书的过程中不期而至的。最初她带给我这个不再年轻的父亲的是一阵恐慌，但我很快发现她是爱、欢乐、灵感和奇迹的不尽源泉。她让我更加深入地思考生活。这本书是献给她的。

From *1953*

引言 Introduction

邻家男孩

一提到休·赫夫纳，人们的脑海里立刻就会闪现一些花花绿绿的画面：妖娆性感的女人、毫无节制的性生活、豪宅里的聚会、寻欢作乐的名人、密室里的大浴桶和圆形床、宽松家居服和豪华跑车。当然，这些印象都源自一个事实：赫夫纳是《花花公子》杂志的创刊人和出版人。50年来，这本杂志每个月都会发布关于吃喝玩乐的大量资讯，赫夫纳本人的生活方式也为媒体津津乐道，他也因此成为引导美国性解放和享乐主义潮流的先驱，名声大振。如同电影界的沃尔特·迪斯尼、体育界的拳王阿里和流行音乐界的猫王一样，赫夫纳也体现出了一种个人风格，甚至是创造了一个神话。和其他富有传奇色彩的人物一样，他是现代美国生活的一个标志，对我们的文化产生了重要影响。

然而，赫夫纳的经历并非一帆风顺。1952年12月底的一天，26岁的赫夫纳失魂落魄地站在芝加哥市中心密歇根大街的一座桥上。顶着冬日里刺骨的寒风，他裹紧了衣服，盯着脚下的芝加哥河发呆，神情落寞。他的生活似乎陷入了低潮，不尽如人意的婚姻令他苦苦挣扎，刚刚降生的孩子使他迷茫惶恐，没有成就感、看不到前途的工作让他食之无味、弃之可惜。而几天前发生的一件事情又将他的郁闷心情推向了极致。在高中母校的同学聚会上，他和一位最好的朋友客串了一把主持人。除了串场，他还讲了笑话，表演了小品，唱了几首歌。观众反响强烈，笑声掌声不断。

那一个神奇的夜晚令赫夫纳产生了冲动，他想要重拾高中时代的激情、乐观和成就感。那时候他是学生领袖，点子多，人缘儿好。但是眼下，学生时代的那些梦想看起来似乎很遥远了。站在桥上，他不禁喃喃自语："难道生活就这样了吗？我的路在哪里呢？"他暗暗发誓，一定要做出点儿什么事情来赶走无聊，这种感觉简直要把他闷死了。[1]

尽管不能与爱德华·吉本站在罗马废墟上的那一段沉思相提并论，正是那一段思考催生了《罗马帝国兴衰史》，尽管日后批评家们会说赫夫纳只不过是从这里开启了美国堕落的历史，但桥上的这一段轶事的确标志着这个年轻人生活的一个转折点。几周后，他创办了自己的杂志，结果令人瞠目结舌。

在 15 年的时间里，赫夫纳和《花花公子》轰动了美国。这本杂志在芝加哥起步时并不起眼，然而到了 20 世纪 60 年代，其发行量攀升到 500 万份左右，70 年代初更是突破了 700 万份大关，杂志社的身价也达数百万美元。同时，花花公子帝国不断扩张，囊括了俱乐部、度假村、音乐、电影、电视节目和各种衍生商品。此外，如同可口可乐和米老鼠一样，杂志中随处可见的兔子标志在国际上已成为美国生活的象征。举例说，1969 年越战期间，美国士兵在攻陷的北越碉堡中搜出了一本皱皱巴巴的《花花公子》，不禁为之捧腹。这样看来，赫夫纳对于美好生活的勾画和影响已经超越了国界。

赫夫纳本人也成了媒体的宠儿。到了20世纪60年代中期，他已经登上了《时代》杂志的封面，《生活》、《形象》以及《星期六晚邮报》等报刊也在显要位置刊登了对其的专访。他在热门电视节目中频频亮相，担任嘉宾，例如约翰尼·卡森主持的《今夜秀》以及《迪克·卡韦特脱口秀》和《罗恩和马丁搞笑集》。报纸连篇累牍地刊登文章和访谈，讨论他对社会问题的看法，追踪他另类罗曼史的香艳细节，包括他身边走马灯似的女友，他那张用于工作和作乐的圆形旋转大床，那座侧壁用玻璃制成、泳衣可穿可不穿、与酒吧并排而建的游泳池。

更重要的是，赫夫纳也逐渐成为美国现代价值观的塑造者和评论者。例如，1967年，他出现在美国全国广播公司电视台黄金时段的一档专题节目中，探讨美国日渐兴起的休闲与财富文化。他与哈佛大学著名神学家哈维·考克斯及《国家评论》著名保守派编辑威廉·F. 巴克利一道，坐在花花公子大厦的图书馆里，针对节目中提出的美国对"追求享乐"表现出的日渐浓厚的兴趣展开讨论。叼着他招牌式的烟斗，用平缓自信的语气，他表示，对道德产生约束的宗教旧基础已经不复存在，应该在更为理性的基础上重建价值观以推动个人追求幸福。他坚称，在现代美国，要真正地享受生活，性行为应当得到解放，消费热情需要点燃，消费结构也应当更加多元化。面对两位重量级的知识分子，赫夫纳直抒己见，并且还赢得了现场观众的认可。用当时主持人的话说就是，他是"性革命中的领袖，为道德战争制定了革命纲领"。[2]

换言之，赫夫纳创办《花花公子》杂志靠的是借来的几千美元，但几年后，他已经成为现代文化中一位有分量、有影响力的人物。然而，一个人为什么能够凭借出版一本伤风败俗的男性读物积聚了如此的影响力甚至是声望，他又是怎样做到的，这令许多观察家费解。但是，如果你意识到了在过去的半个世纪里，赫夫纳在改变美国的价值观、思想和态度中扮演了一个关键角色，这个问题就不难理解了。从一开始，他的杂志就不仅仅是一些黄色照片的集合，也没有定位成一本让读者偷偷摸摸买下后赶紧塞进大衣的靓妞儿杂志。它是一股历史潮流，势不可当。

显而易见，赫夫纳和《花花公子》是一支气压计，测量着半个世纪以来美国各种历史变迁的影响。20世纪50年代，这本杂志评论中产阶级郊区化、垮掉的一代和针对共产主义的冷战，反映了嬉皮士和城市居民对艾森豪威尔时代因循守旧作风的不满；60年代，赫夫纳在民权运动、反战运动、反传统文化思潮以及新兴的女权斗争中起到了积极的作用；70年代，《花花公子》体现了"自我的一代"和经济萎缩；80年代，它成了里根革命的陪衬和攻击目标。从一开始，这位总编辑和他的抢手杂志就树立了一块里程碑，碑上镌刻着塑造现代美国社会的一系列事件。

但是，赫夫纳和他的杂志不仅体现了第二次世界大战后数十年里美国的价值观，同时也塑造了它们。这位备受争议的出版人表达的是现代美国人最深切的社会和情感需求，在20世纪下半叶的四次大变革中，他都处于前沿阵地，而正是这些变革从根本上重塑了美国。首先，他与其他力量一道引发了性观念和性行为的转变，并且身体力行。这场转变始于50年代，席卷了美国社会。《花花公子》通过其专栏"当月花花玩伴"及色情图片、漫画和笑话将性变成了公众讨论的话题，纳入了个人享受的范畴，而不再是婚床上的隐私，也不再与生育责任联系在一起。对于性这种人类最强烈的欲望而言，这本杂志的开放态度为它松了绑，使其摆脱了旧道德的束缚，并且推动了它的商业化。赫夫纳成为现代性革命最显著的产物和催化剂。

其次，他是战后美国消费热潮中最具说服力的支持者。随着国民经济逐渐从生产必需品向生产消费品转移，赫夫纳的杂志充斥着象征物质富足的各种标志。它为日益复杂化的购买行为提供了一本产品目录，也为开辟物质富足的新天地提供了一张路线图。《花花公子》杂志刊登的内容加上赫夫纳在公共场合的大量言论倡导了一个信条，即不加节制地享受各种商品，而眼下这种商品正大量涌入中产阶级和工薪阶层的消费市场。在现代社会中，越来越多的男性不再扮演生产者的角色，男性身份在某种程度上遭遇了危机。《花花公子》顺应潮流，适时推出了有品位的、自信的消费者形象。通过将物质富足和休闲文化联系在一起，赫夫纳将大量消费变成了美国在世界上的象征。

再次，赫夫纳站在了流行文化入侵的中心地带，这种潮流在战后几十年里横扫美国，使得光纸印刷的杂志、电视、电影、唱片和各种娱乐方式成为全美各地大部分家庭娱乐中的主导力量。同时，它用大规模、公司化的传媒组织取代了教堂、讲堂、读书会和地方报纸等地区性机构，而这些传媒组织能够在全国范围内传播同样的信息、产品和影像。赫夫纳，这位芝加哥的出版人凭借其热门杂志、通过辛迪加在多家电视台播放的节目、连锁经营的俱乐部、电影以及音乐节目同时传递相同的信息，各种形式互为补充。通过这些手段，赫夫纳将20世纪下半叶现代社会大众文化的大调整具体化了。甚至他本人孜孜不倦追求的个人爱好，例如摇摆舞和好莱坞电影，都反映了美国生活中革命性的潮流。正如他常说的，他是流行文化的孩子，反过来，也是其最坚定的捍卫者之一。

最后，赫夫纳被卷入了20世纪60年代横扫美国的妇女运动当中，但扮演的角色往往是替罪羊。《花花公子》杂志刊登的年轻裸女的色情照片为许多新兴女权主义者所不齿，她们认为这些照片把女性单纯地塑造成了性对象的形象。在她们看来，这本杂志是男性支配和女性堕落的集中体现。赫夫纳为此义愤填膺，他把自己看做是进步人士，却被不公正地指控为反动分子。他辩解说，他的确是在争取性解放，但不光是为了男人，也是为了女人。然而，很少有妇女解放运动人士接受他的这一说法。随着这场辩论不断升温，人们纷纷指责赫夫纳仇视妇女、背叛家庭，两大阵营间的积怨越积越深。《花花公子》在这场针对性政治和妇女得体形象而展开的斗争中是一员猛将，反映了现代美国社会生活中影响最为深远的潮流之一。

尽管赫夫纳在这些变革潮流中一直处于风口浪尖的位置，但他施加影响的方式却很复杂。他的影响往往是通过间接的渠道来体现，人们听到的往往是针对他的评论而不是他本人的言论。评论家们习惯把他当做一面镜子来折射社会变迁。例如，哈维·考克斯挖掘了"花花公子哲学"的神学意义；汤姆·沃尔夫探讨了赫夫纳在20世纪60年代的文化热潮中发挥的作用；诺曼·梅勒详述了花花公子大厦里各种奢侈逸乐的设施；格洛利亚·斯泰纳姆指责赫夫纳压迫妇女；总检察长埃德温·米斯批评《花花公子》是一本色情杂志；法官威廉·道格拉斯援引宪法第一修正案来主张赫夫纳的权利。

赫夫纳是一个备受争议的人物，这给我们评价其地位造成了困难。在所有赢得名声和财富的美国人当中，很少有人像他这样遭受非议。自20世纪50年代起，形形色色的人对《花花公子》及其出版人的价值各执一词，他们当中有记者、牧师、政治家、道德家和致信报纸杂志表达观点的普通百姓。一个阵营中是攻击赫夫纳的人，他们震惊于杂志刊登的裸女照片以及对婚姻、宗教、家庭等制度的嘲弄，谴责赫夫纳鼓动人们放纵欲望和动物本能。他们把自己看做体面社会的卫道士，把赫夫纳看做美国道德沦丧和堕落的邪恶预言家。

而在另一阵营中，赫夫纳的信徒们因《花花公子》抨击性压抑、倡导物质享受而深受鼓舞。他们赞颂赫夫纳是解放者，指引了通往物质和精神自由的道路，将人们从压抑人性、因循守旧、恪守落伍道德观的社会中解放出来。换言之，这本杂志成为了一块文化试金石，判断着现代美国文化进步或退步的方向。在过去的50年里，这场群情激昂的争论一直以这样那样的形式延续着，不论是《花花公子》的拥趸还是宿敌，都迫不及待地戴上拳击手套，准备进行这场思想领域的搏击。

同时，赫夫纳的私生活使这场争论更加白热化。这个年轻人的奋斗史就是一个充满了罗曼史、野心和性的故事，引人入胜。他从中西部地区卫理教会的背景中走来，创办了《花花公子》杂志，震惊了世人，继而引领了文化潮流。身处一群青春靓女的包围之中，他将寻欢作乐发展成了一种艺术形式,将花花公子大厦开辟成了公开的娱乐场所,政界、体坛、音乐圈和电影界的名人流连于此。赫夫纳本人则养成了一种复杂、甚至是神秘的个性。其内心表现出诸多矛盾之处,他是好色鬼又是工作狂,他沉迷于享乐又严格控制自己生活的方方面面,他渴望成名却像盖茨比一样对寻欢作乐冷眼旁观,这一切使他成为动机奇特又超然世外的享乐主义者。他的身上同时体现出充满活力的智慧、极度的敏感以及对流行文化中浪漫因素的痴迷。但是,赫夫纳的上述种种复杂性格对于那些急于谴责或者追捧他的人来说似乎都无关紧要。

尽管如此,如果最终理性的认识需要战胜浮躁和热情,我们就必须从另一个角度来考察这位备受争议的出版人。我们必须把他当做一位历史人物而不是一个引发争议的名人来分析,尽管不论是赫夫纳的追随者还是抨击者可能都不认同这一角度。从这个角度来看,赫夫纳乍看起来是一个叛逆者。他在职业生涯中遭受了一波又一波的攻击,不论是反对淫秽作品的人、捍卫体面生活的人、宗教领域的道德家、政坛上的保守派,还是女权主义者都把他当做现代美国社会中的异类。事实上,赫夫纳本人也认同他是英雄般的造反者,力求推翻美国文化中过时的、压抑的、清教徒的传统。这种描述不无道理。作为一名投身变革的改革家,他放松了针对性表达的诸多限制,尽管时常遭到恶毒攻击。

但是,仅仅把赫夫纳看做叛逆者也会误导人。从更深层次看,他表达了美国主流文化中的许多深切需求。例如,他凭借自己的努力获得了成功,捍卫了美国生活的这一光荣传统,成为了重要的文化符号。他出身平平,能够步入青云靠的是勤奋工作和独特创意。他蹦蹦跳跳地走上了成功之路,就像是戴上了兔子耳朵的本杰明·富兰克林。

更为重要的是,赫夫纳为现代美国的理想生活勾画出了一幅诱人的景象。仅凭这一点,他就在历史长河中占据了一席之地。正如史学家们近年来强调的那样,20世纪初,随着美国大众逐步摒弃自我约束的传统行为准则,接受重视情感、肉体和物质满足的新信条,19世纪维多利亚时代的种种束缚也逐步解除。接下来,大萧条和第二次世界大战期间的困顿生活使这一发展过程放慢了脚步,但积蓄了大量压抑下的物质和情感欲望。战后,这股潮流再次爆发,赫夫纳或许就是引领这股复苏后更为猛烈、以自我实现为内容的文化潮流的哲学家,鼓舞着那些渴望得到满足的人们。他诱惑大众,宣扬追求幸福就是实现肉体上的满足、享受休闲生活以及大肆消费。《花花公子》非常明智地将性解放和物质富足联系在了一起,抓住了现代美国人欲望的核心。

从这个意义上看,赫夫纳的历史影响无疑是巨大的。《花花公子》实际上是一个神话的产物,它源自欲望,经过了文化冶金术的炼制。尽管赫夫纳对幸福的看法很大程度上是源于自身的生活感受,正如他常说的,"我的生活就是一个幻想的实现",他的幸福观其实迎合了更为广阔的文化背景。个人最大限度的享乐既是赫夫纳本人的追求,也是现代美国人的梦想。正如史学家丹尼尔·布尔斯廷所说,现代美国社会的巨大财富创造了"一个世界,在这里,幻想比现实还要真实……在历史上,我们是第一个敢于如此冒险的民族,我们把幻想变得如此生动、可信和真实,以至于我们可以活在这些幻想当中"。[3]

赫夫纳认为美国是一片自我实现的土地,而他的这一观点通过很多方式得到了验证，不论你是否承认。他对性满足、物质享受、享乐与休闲、男性女性、个体摆脱家庭和宗教束缚的看法已为大众所接受，尽管人们不像他那么极端。从赫夫纳身上和《花花公子》杂志，我们看到了自己对于现代生活的许多看法，看到了我们作为个体和群体的演变，看到了我们或好或坏的发展方向，看到了自己对于文化的希望和担忧，而这种希望和担忧往往是共生共存的。

  总之，要研究赫夫纳和《花花公子》对美国生活的影响就必须追本溯源。20世纪20年代，美国尚未遭受大萧条的重创，岁月静好。一对中产阶级夫妇刚刚搬离内陆地区的乡村，来到中西部的城市，面对变幻的未来。他们的长子是典型的邻家男孩，在接下来的岁月里，他会遇到许多机遇，也会遇到同样多的挫折，而不管是机遇还是挫折，对他来说都充满了诱惑。

目录 Contents

致谢 / 1
引言 / 1

I 初出茅庐 / 1
第一章　小顽童 / 2
第二章　军营生活、大学生活和《金西报告》/ 32
第三章　创业契机 / 51

II 声名鹊起 / 71
第四章　如何赢得朋友和煽动读者 / 72
第五章　享乐主义公司 / 91
第六章　追求幸福 / 117
第七章　富足生活 / 138
第八章　活在幻想里 / 164

III 如日中天 / 193
第九章　哲学之王 / 194
第十章　幸福大爆炸 / 215
第十一章　要做爱,不要作战 / 239
注释 / 267

WHEN AN INTERVIEWER ASKED MY MOTHER WHETHER SHE WAS PROUD OF ME, SHE ANSWERED, "OH, YES, BUT I WOULD HAVE BEEN JUST AS HAPPY IF HE'D BEEN AN MISSIONARY."
LATER, I TOLD HER,'BUT MOM, I WAS!'

有记者问我母亲她是否为我感到骄傲,她回答说,"哦,是的。但他要是个传教士的话,我同样高兴。"后来,我告诉她说:"妈妈,我本来就是个传教士!"

——休·赫夫纳在接受本书作者采访时说

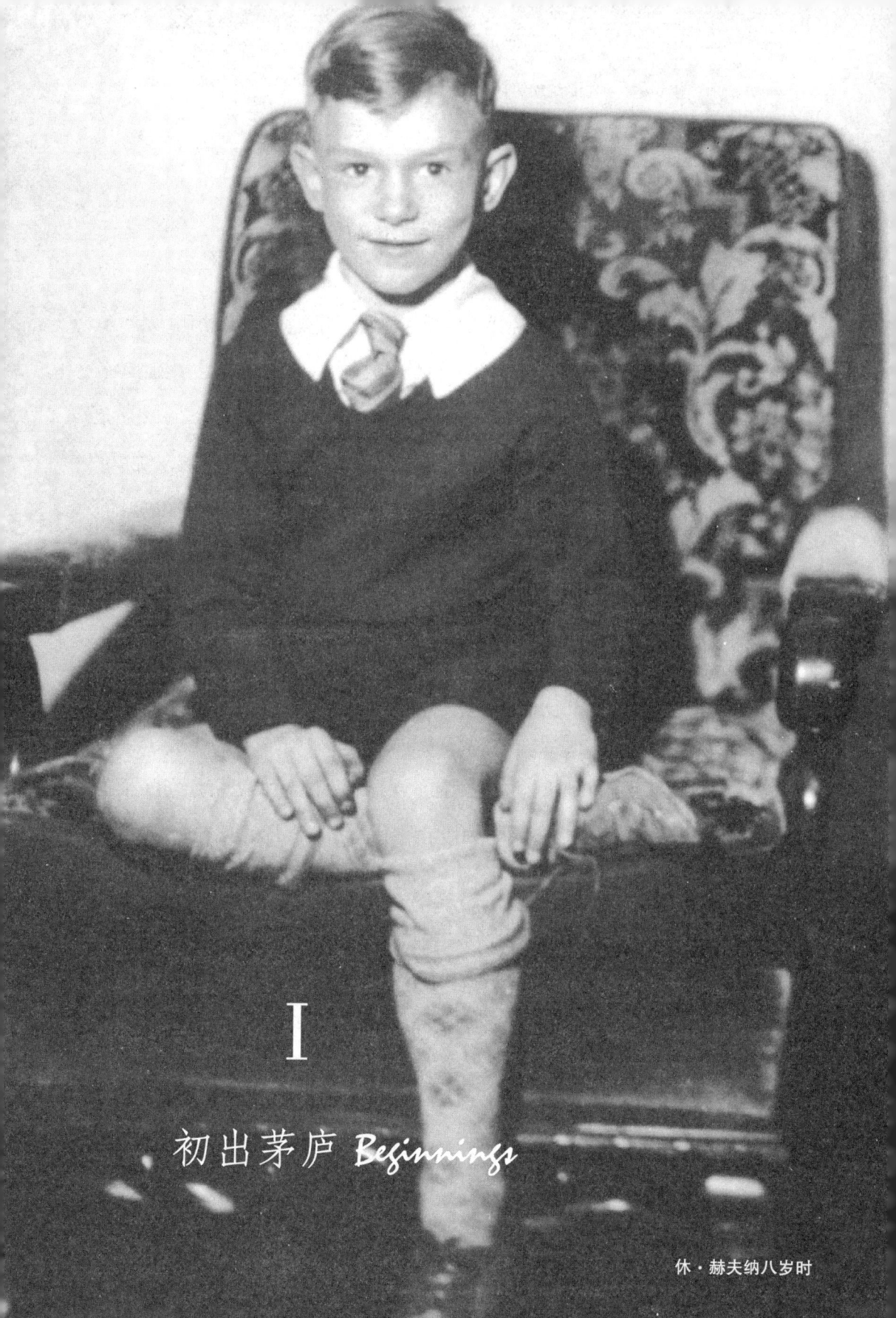

I
初出茅庐 *Beginnings*

休·赫夫纳八岁时

第一章　小顽童

休·赫夫纳是在一种让人感到压抑的、清教徒式的氛围中长大的，他的家庭中不鼓励表达感情。严格的宗教信仰使其父母不能容忍情感的流露、饮酒、说脏话和公开谈论性，而他偏偏要打破束缚，寻求爱、浪漫以及情感联系。这种渴望最终驱使他在青年时期彻底反叛，创立了《花花公子》杂志，宣扬自由和性解放。赫夫纳说："在很大程度上可以说是我父母无意识地在我身上培养了破除陋习的反叛精神。"他认为，这种个人的斗争不仅为其日后的职业生涯奠定了基础，而且体现了现代美国社会中更深刻的问题，而这些问题能够解释为什么《花花公子》具有如此大的吸引力。"清教主义的压迫正是解密我的生活的那把钥匙，"他写道，"它是一朵花蕾，我的生命由此绽放。"[1]

在过去的40年里，赫夫纳无数次地对采访者如是说，这也是他诠释自己人生的坚实基础。他创造了一种个人神话。他像所有人一样对自己的过去形成了一种看法，而这种看法能够解释他的现在。在这一点上，他只是比我们更有自我意识，他的这种看法更为公众所知而已。事实上，他对自己青年时代的认识是把复杂问题简单化了。如同所有的神话一样，他用戏剧化的语言讲述了一位年轻的英雄如何克服苦难最终取得胜利的故事。但也像所有的神话一样，故事的内容只有一部分是真实的。D. H. 劳伦斯曾经警告过："不要相信讲故事的那个人，要相信故事本身。"赫夫纳青年时代的真实经历与他自己描述的稍有不同，但自有它引人入胜的地方。

应该说，赫夫纳生活在一个相对进步的家庭里，这个家庭虽然还存有维多利亚时代对于感情表达和性的保留态度，但也很快接受了更为现代的少年自我实现的思想。他的父母都接受过高等教育，尽管从大平原地区的乡村文化中走来，但已适应了芝加哥繁忙的都市生活。赫夫纳成长于20世纪30年代，母亲对他疼爱有加，父亲却没能在情感上给予他关怀，在他的世界里缺少一个男性权威者的形象。因此，这个充满了想象力的孩子就沉浸在当时以电影、音乐、广播和漫画为代表的流行文化中，而这一切创造出一个丰富的幻想世界，这个世界里的生活比真实生活更有活力。赫夫纳备受呵护也受人管教，这使得他的幻想反映了美国日渐兴起的自我实现文化以及追求休闲、娱乐和情感满足的渴望。而这些东西向他灌输了现代价值观，只是他从来都没有充分认识到这一点而已。

尽管赫夫纳一生中的大部分时间都在芝加哥和洛杉矶度过，但是要追溯他早年生活的足迹并不能在这些大城市霓虹灯下的人群里寻觅。他的家庭模式和他认为压抑自己的那些价值观都是在世纪之交遥远多风的内布拉斯加大草原上形成的。

1

1911年，内布拉斯加州霍尔德里奇卫理公会教堂的一次青年聚会后，格伦·赫夫纳问格雷丝·斯旺森能否送她回家，格雷丝答应了。于是，两个乡村少年之间展开了一场漫长的恋爱。他们所在的这个小镇坐落在该州的中南部，距奥马哈120英里左右，约有3 500名居民。格伦出生在草皮屋里，尽管他的父亲不停地换工作，做过理发师、保险代理和房地产销售员，但都无法让家庭摆脱贫困。相比之下，格雷丝的家境就好很多。她于1895年出生在一个农场里，在田间杂活儿、小动物和家庭剧的陪伴下度过了典型的乡村童年。她的母亲信仰宗教，父亲勤勤恳恳地维持着生计，但爱发脾气，有些武断。他强调严格地遵守纪律，却很少关心孩子的成长和健康。据格雷丝回忆，她上小学时有一次放学回到家，"爸爸在院子里碰见我，用黑色的蛇鞭抽我……因为他觉得我放学后没有直接回家"。她坦白说："我想我不爱他，我只是害怕他。"他不愿意像他虔诚的妻子一样去教堂，喜欢在当地的小酒馆里喝两杯，骂起人来也毫不含糊。[2]

格雷丝后来对其长子的影响是巨大的，赫夫纳是从她那里继承了宗教信仰。当格雷丝的一个兄长虐待她时，她大喊："罪人，你是个罪人。"这就是她会说的最难听的话了。她参加了教堂里的唱诗班，赢得过基督教妇女戒酒联合会赞助的演讲比赛，与当地教会里的教友来往。而格伦年轻的时候很忧郁，用格雷丝的话就是，"生活对他来说是一件严肃的事情"。但他也很幽默。他的父母是体面人，定期去教堂，他也跟着去。[3]

格伦和格雷丝是在高中篮球队认识的，他们都爱打篮球。一天，校长观看男队和女队训练时随口说："我觉得格伦和格雷丝挺般配，他俩应该在一起。"而这两个年轻人也的确在那次教堂聚会后就开始定期约会了。他们态度都很端正，跟对方相处也很愉快。格雷丝更偏重学术，是学校年鉴的编辑，毕业典礼上代表班级致辞。毕业后，格伦就读于位于林肯的内布拉斯加州卫斯理公会大学，格雷丝在一所乡村学校教了两年书，随后也去了格伦那所大学。她学习化学和数学，格伦学习商业和会计。这对年轻人经常去电影院、参加联谊会、观看足球赛。1918年格伦大学毕业，加入海军，投入到第一次世界大战中。格雷丝留在学校完成学业，同时兼职做教师。停战后，格伦回到了内布拉斯加，教过高中，做过小镇上的银行职员，后来追随朋友搬到了芝加哥。他在铁路公司找到了一份差事，后来又去了一家会计师事务所。不久后格雷丝也来到这里，他们于1921年在卫理教会的教堂结婚。[4]

这对新人在奥斯汀区附近的西区租了房子，之前已经有几个亲戚朋友住在那里了。格伦是一名会计师，格雷丝当过接线员和簿记员，后来加入卫理教会的世界宗教礼仪委员会，同未来的牧师和传教士协会、妇女传教士协会和女执事协会里的年轻人打交道。1926年春天，格雷丝辞职了，因为她的第一个孩子就要降生了。[5]

休·马斯顿·赫夫纳出生于1926年4月9日，孩童时期一直很健康。他的父母与其他年轻妇女来往，打牌、下棋、各带一道菜聚餐，偶尔还去看看电影。他们很少回内布拉斯加探望农场里的亲戚。1929年，家里又添了个男孩，取名基思。次年，全家迁入新居，地址是奥斯汀区新英格兰北大街1922号，在那里一住就是几十年。赫夫纳夫妇很快买了一辆新的福特A型车。在这几年里，休和基思过着典型的中产阶级家庭的童年生活，有自行车，后院里有沙箱当玩具，还有一条叫瓦格斯的狗。[6]

休是个快乐的小男孩，他家附近有田野河流，邻居的男孩都到他家来聚会，其中有哈罗德·泽韦特和拉塞尔·泽韦特兄弟、唐·哈珀、吉米·巴克曼、沃伦·特勒夫森，以及休最好的朋友，也是巴克曼的兄弟柯蒂斯·巴克曼。他们在后院里玩耍、骑自行车、在乡间小路上奔跑、玩打仗游戏，有时会碰见蛇、鸟和小龙虾。"小伙伴们都来我家玩，我妈对他们都很热情。"赫夫纳说。30年代初，格雷丝带着两个儿子及其小伙伴去参观菲尔德自然史博物馆、水族馆和芝加哥世界博览会，那届博览会的口号是"进步的世纪"。小时候，休和基思关系密切，总在一起玩，也住同一间卧室。"当时不管做什么我俩都耗在一起，我崇拜他。"基思回忆道。后来他们有了自己的卧室，开始还以为是因为自己长大了，后来才知道父母是嫌他们夜里说笑吵得人睡不着觉才把他们分开的。[7]

休喜欢动物。基思回忆说："当他还是个孩子的时候就想当一名素食主义者，这恐怕是他的第一个理想。"11岁时，休写了一首题为《请善待不会说话的动物》的诗歌，获得了伊利诺伊州动物保护协会的奖项。诗中有这样的句子："请善待所有的动物/从它们那里你能够获得真诚/请喂养需要食物的小猫小狗/这样你可以引导它们找到幸福。"他六岁时发生了一件跟动物有关的趣事。当时，休特别喜欢一条蓝白两色、带兔子图案的毯子。后来，他感染了乳突炎，父母送给他一条硬毛的猎狐狗作为礼物，希望他早日康复。休给它取名布劳斯，还在地下室放了一个小盒子，并拿出自己的"兔子毯"给小狗用。不幸的是，大约一周后，布劳斯就死了，这条毯子也不得不烧掉。休为此很伤心，但毯子上的图案应该是在他的脑海里留下了印象。日后他表示，当他创办兔子

赫夫纳小时候画的众多历险和恐怖漫画之一：《骷髅复仇记》。

帝国时，这条毯子身上就体现出了类似影片《公民凯恩》的"玫瑰花蕾"的那种联系。[8]

在身体方面，休发育得较慢。尽管他在朋友中间很活跃，爱打闹，但不爱运动，逃避参加集体运动项目。他在学校和家庭的正式场合中往往表现得很拘谨，连电话都不爱接。他儿时的一个伙伴回忆，休二年级时有一次被老师叫起来朗读课文。"他站起来，读着读着就读错行了。我至今还记得他站在那里的样子，一脸的茫然和尴尬。从那时起到高中

毕业，他就用手比着书一行一行地读。"⁹

　　赫夫纳从孩提时代就表现出了超常的创造力。他迷上了画画，画起连环画来常常一坐就是几个小时。他的作品中，《克拉特》讲述了一位冒险家从地球飞向火星的历险记；《钓钩与道钓》讲的是牛仔亡命天涯的故事；《吉姆·莫尔特》讲述的是年轻侦探的故事；其他的历险人物还包括"奇迹人"、"神秘客"和"金属人"。他写神话故事，例如《闹鬼的城堡》和《硕鼠》，后者讲述了"一只大老鼠的故事，谁都抓不住它，除非借助自然的力量"，这只老鼠的原型是活跃在赫夫纳家附近的一只啮齿类动物。九岁时，休出版了一份只有一页的社区报纸，命名为《新闻双周刊》，他以每份几美分的价格卖给小伙伴的父母；读小学时，他创办了两份非正式的班级报纸，每份都卖一美分；后来，又办了一份学校批准的报纸，名为《胡椒粉》，并在报上骄傲地宣称自己是"编辑兼打字员"。他的一个儿时伙伴回忆说："从六年级到八年级，我对赫夫纳的印象就是，他趴在桌子上，随手画两笔，然后传给我和其他同学看，逗得我们哈哈大笑。他总能创作出许多连环画。"¹⁰

　　事实上，在整个小学时代，赫夫纳都很喜欢画画和编故事，这可把老师们惹恼了，因为他常常沉浸在自己的想象中，忽略了学习。"他不学算术、地理和拼写，只知道画画，除非我站在他身边监督着他，"他四年级时的老师对格雷丝说，"我对他简直没信心了……或许你还有办法。他不好好学习，是考不及格的。"后来，在老师和家长的要求下，休努力学习功课，还写下了两首悔悟诗，尽管里面有许多夸张的错别字：

我为什么会浪费时间

我想也许是我总是虫景

那些我可能做到的事情

但我忘记了

我应该做的工课

下个学期我该怎么办

我不会让老师为我头疼

因为那样我会南过的

我在学校干脆就不画画了

我一条规距都不会破坏

然而，问题还是没解决。第二年，休又写下保证书，还签了字："我保证不再做下列事情：一、不跟邻桌同学说话；二、不在学校里玩；三、好好学习，不给老师添麻烦。"[11]

可小赫夫纳始终改不了这些毛病。到了十一二岁，他还是不停地画他的连环画，最终画了大约70本，图文并茂。他还开始阅读埃德加·艾伦·坡和H. G. 韦尔斯的小说，迷上了萨克斯·罗默的傅满洲和柯南道尔的舍洛克·福尔摩斯。而他自己写的故事，《世界末日》、《地球下面来的蜥蜴人》、《克劳博士的隐身猎狗》、《疯狂大厦》和《走出迷雾》等等，越来越偏重惊悚、超自然、恐怖和科幻方面的内容。1940年，赫夫纳成立了"战栗俱乐部"并担任主席，当时年少的他解释说，这个俱乐部的目标是"聚集所有喜欢毛骨悚然和恐怖刺激感觉的人，一起分享秘密"。如同所有看中自我的男孩俱乐部一样，它规定了正式的握手方式、口令、别针和"解码圈"，这个"解码圈"可以帮助成员解读密码。他一共出版了五期《战栗》杂志，里面有原创的悬疑和恐怖故事。当贝拉·卢戈希、鲍里斯·卡洛夫和彼得·洛尔对俱乐部的约稿信有所回应并接受荣誉职位时，男孩们高兴坏了。[12]

到了1940年，赫夫纳的作品已经反映了国际时事的影响。"照片秀"系列刊登了一些用柯达相机拍摄的、穿特殊服饰的人物，下面还附了简短说明来讲述一个故事。其中两部模仿了福尔摩斯故事，另外两部则与第二次世界大战有关，题目分别是《比尔·德戈里和第31连》和《这小子不是胆小鬼》。他创作于1940年的一部漫画作品讲述了三个法国兄弟的故事，欧洲被占后，这三个人从纳粹的一座监狱里逃了出来。这则长达十页的故事虚构了德军入侵美国，在芝加哥附近遭到了英勇抵抗等情节。[13]

的确，赫夫纳在童年时期创造了一个生动的幻想世界并沉浸其中，这个特点他保留了一生。这个男孩不愿意接电话，也不肯独自穿过几条街去看牙医，但愿意生活在自己虚构的现实中，也希望引导别人参与进来。赫夫纳后来在回忆自己的童年时说："我是一个梦想家，大家都说我是，我有过多次梦想之旅。"[14]

而这种倾向在他很小的时候就体现出来了。当时他和弟弟及其他伙伴一起组织了一个游戏，叫"泥人儿"，天天玩，一玩就是好几年。他们在一张大桌子上捏出泥人儿，捏了几十个小人儿和战场、鬼屋和神秘大船等精致的背景，就像是微缩版的电影场景。男孩们编故事，摆弄泥人儿的胳膊腿儿,替它们说话,赋予它们生命。格雷丝日后还能回忆起她的长子如何"喜欢幻想、讲故事和玩泥人儿游戏"。[15]

事实上,格雷丝常常为休的不合群和创造力感到震惊。"他小时候很难交到朋友。上学时,他喜欢梦想,好像在自己的意识里过日子。"她发现,"我有时会问他的某个同学是谁,十有八九他叫不上来名字。"但他可以把自己创作的故事和漫画的情节描述到最微小的细节。"你猜不透他为什么总是不高兴,因为他基本上是独来独往。"格雷丝为此伤透了脑筋,"他总是生活在一个幻想的世界里。"[16]

基思也发现了哥哥的这一特点。不跟伙伴玩耍时,休喜欢待在屋里,写故事,画漫画。跟别人在一起他通常很羞涩,没有安全感,因此不喜欢出去冒险。"他的幻想生活实际上是从他小学时写的故事和画的漫画开始的,"基思说,"他可以把生活描述成他希望的那个样子。"即便是在小时候,基思认为,休也希望"他的世界跟理想中的一模一样,哪怕稍有不同,他都不能容忍"。[17]

当然,赫夫纳的幻想并非凭空而来,而是受到了一系列事件的影响。家庭模式、宗教教育,以及大萧条时期美国流行文化的大环境都在引导他的创造性天赋方面发挥了重要作用。这些因素共同激发了他的想象力,在他身上培养出了一种渴望,而这种渴望成为了他一生的动力。

2

与许多30年代中产阶级家庭的孩子一样,休·赫夫纳是由传统的家庭和宗教力量塑造而成的。自19世纪初起,体面的美国家庭都借助福音基督教和维多利亚时期思想的力量在充满机会和变迁的社会中生存。在这个阶段，第二次宗教大觉醒的潮流横扫美国，创造了"自由意志"的新教传统，强调个人是自我救赎的主导力量。同时，维多利亚时期的文化也确立了强调个人自我约束的一系列道德标准。直到大萧条时期，这些传统还影响着中产阶级父母教育子女的方式。[18]

然而，不论是在文化大环境下还是在赫夫纳的家中，这种思想都发生了巨大变化。游乐园和电影院等娱乐场所不断瓦解着20世纪初期维多利亚时期的自我约束思想，消费经济的蓬勃发展引发了物质和情感自我实现的思潮。赫夫纳家庭也受到了这种现代力量的影响。与休日后的回忆大相径庭的是，在很大程度上，道德领域和子女教育方面的进步思想影响了新英格兰大街上的这个家庭，而不仅仅是清教徒思想。此外，美国流行文化也冲击了这个家庭，多姿多彩的文化形式塑造了赫夫纳的观点。通过窥视《花花公子》杂志创始人的经历，我们会看到他在小时候不满足于父母的缄默态度和终日劳作的道德观；会发现一个不服管的孩子，除非父母对于这种管束给予充分的理由；他会对父母的些许约束大发雷霆；他会与周日学校的老师顶嘴；他在漫画、小说和电影的陪伴下消磨了大量时光。[19]

正如赫夫纳一生中回忆的那样，约束和压抑形成了他的家庭氛围，种种规矩和严肃的气氛限制了情感的表达。休和基思要比其他伙伴回家更早、睡觉更早，星期天不能跟伙伴们玩耍，因为他们要去教堂或者参加家庭活动。格雷丝和格伦不愿意向对方或孩子表达感情。在这种冷静保守的情感氛围里，几乎没有亲吻和拥抱行为。基思回忆说："我小时候有一段时间，大概两周左右吧，总觉得跟爸爸道晚安的时候吻他脸颊一下比较好，就这样干了大约一周。我能看出来我这样做他有多尴尬。"事实上，格雷丝和格伦将感情埋藏得很深，任何情绪，不论是愤怒、喜爱或者持有异议都很少流露。赫夫纳的家人身上体现出冷静和善意，但几乎体现不出感情。"他父母都是内敛的人，"赫夫纳的第一任妻子说，"我们住在一起的三年里，我从来没有听见过他们提高嗓门说话，从来没有。"[20]

这种家庭氛围源于他父母的性情。格伦是一名刻板勤勉的注册会计师，在高级铝业公司获得了一个职位，还替奥斯汀卫理教会教堂管理账簿，赫夫纳就是这个教堂的成员。格伦身高约 5 英尺 8 英寸，肩膀很宽，身材匀称，这位前篮球运动员直到中年也没有发福。虽然话少，但他比妻子有幽默感，偶尔会开开玩笑。他不怎么跟孩子交谈，但有时会陪他们玩掷马蹄铁的游戏或者打打球。[21]

但是，休和基思很少见到父亲，因为他是个工作狂。格伦早晨离家时，孩子们还没醒；晚上回家时，孩子们已经睡了。这种折磨人的作息时间一方面是因为他喜欢簿记工作，另一方面是因为大萧条，肯不肯加班就意味着能不能保住饭碗。他把照顾孩子的责任交给了妻子，结果妻儿对此都不满意。孩子们觉得生命中存在一个空缺，父亲很少在身边，缺少共同生活的经历。后来，当基思告诉父亲小时候多希望他在身边时，格伦回答："我想这用不着，我父亲就没为我做过什么。"格雷丝也时常感到孤独和忧虑，常常到了午夜时分还在家门口徘徊，等候丈夫回家。格伦工作勤奋，但不易亲近，受到家人的尊敬甚至崇拜，但他对孩子的影响几乎可以忽略不计。格雷丝说,他是一位"很好的丈夫"和一名勤奋的员工,但作为父亲,"他没有尽到责任"。[22]

格伦的保守影响了他对身体和性的态度。有一次,全家一起去当地的一座游泳池,他换泳裤时小心翼翼地躲在寄存柜后面以免孩子们看到他的身体。他从未以任何方式跟儿子谈论过性。多年以后,父亲坦白他一生从来没有手淫过,即使是在十几岁时,基思为此颇感震惊。对于性,格雷丝同样怀有维多利亚时期的那种反感。后来,她坦言自己对性没有太大兴趣,格伦很害羞,但"他的欲望比我强"。[23]

与丈夫一样,格雷丝信仰宗教、善良、不矫揉造作、不爱张扬。她中等个头儿,棱角分明,戴金边眼镜,表情通常很严肃,轻声慢语,不化妆,衣着朴素,把长发仔细地盘成发髻。她年轻时下定决心,如果格伦在第一次世界大战中阵亡,她就做一名传教士或教会学校的老师。她深受清教主义价值观的影响,推崇高尚简单的生活方式,对财富持怀疑态度,认为流露情绪的做法不够得体。[24]

作为母亲这个角色,格雷丝沿袭了信仰宗教的中产阶级妇女数十年来走过的道路。尽管接受过高等教育,她还是留在了家里相夫教子。她承担了所有的家务,把家里收拾得井井有条,当然风格不免刻板了一些。她会做典型的中西部地区的饭菜:炸鸡、炖肉、猪排、煎鱼。她给孩子们定规矩,告诉他们什么不能做,在家里营造道德氛围,用她的话说,她希望把孩子们培养成"品质端正、善良无私、合群、能够推己及人"的人。宗教教育在她的教育中起到了重要作用。正如休在成年后所说的,母亲掌管下的这个"气氛压抑的中西部卫理会家庭"实行的是一种"清教徒式的培养方式"。[25]

不过，格雷丝和格伦绝非狭隘的守旧派，旧式准则的影响肯定在，但他们已经摒弃了内布拉斯加落后的价值观。在某种程度上，他们接受了现代思想。格伦不满足于当个农民或者开间乡村杂货铺，读了大学，在芝加哥的商业世界里找到了一席之地。赫夫纳夫妇离开乡村就意味着舍弃了大家庭的关系网，而这个大家庭代表的恰好是一种传统的世界观。赫夫纳家的孩子在成长过程中很少与这个大家庭接触。"我总觉得我们这个小家跟父母那两边的大家庭都有距离，"休回忆道，"我们跟亲戚一点儿也不亲。"此外，赫夫纳家庭的经济条件不断改善，即便是在黑暗的大萧条时期日子也相对好过。格雷丝和格伦偶尔还寄钱回内布拉斯加接济亲戚。休回忆起大萧条时说："我只是隐约有点儿感觉，但从来没觉得在经济上窘迫。"[26]

此外，格雷丝也表现出了现代的一面，只是她的长子从来没有充分意识到这一点。尽管她恪守道德，但她也是进步的知识女性，持有开明的社会观点，教育子女的思想不仅受到宗教的影响，也得到心理学最新理论的启发。这些理论对休性格的影响等同于甚至超过"清教徒式的压迫"。

格雷丝在很多方面都体现出了开明的世界观。她是一名和平主义者，认为"根本就不应该有战争，根本就不应该有任何武器"，基思说。她谴责种族歧视，教育孩子要宽容，这在当时是很进步的想法。有一次，他们在一家火车站，一位乘客警告他们要小心一家橘汁铺，因为在那里榨橘汁的是个黑人。"有人认为黑人跟我们不一样，不如我们干净,或者如何如何,这是不对的,"格雷丝马上告诉孩子们,"别理会这些。"[27]

格雷丝的进步观点还体现在子女教育方面。作为一名年轻的母亲,她受到了《父母》杂志的影响。她订阅了这本杂志,听从里面所有的专家意见,从适合孩子的电影到性教育、情感培养和卫生习惯。而后来休归咎为严格、冷漠的清教徒思想的种种行为——不亲吻嘴唇、不流露感情、按时睡觉起床——事实上都是《父母》杂志带来的影响,因为这本杂志告诉母亲们,亲吻嘴唇会传播细菌、孩子太情绪化会妨碍科学能力的发展、孩子们在睡眠中长得最快。正如格雷丝所说:"我坚信应该遵从《父母》杂志里的建议。"[28]

格雷丝对这本杂志的依赖非常明显。在洛克菲勒基金会的资助下,该杂志创刊于1926年,旨在推广儿童成长这一新领域中最新的科学发现。短短几年时间,它就成为世界上销量最大的教育杂志。这本杂志的兴起是20世纪初一场浩大的进步运动的一部分,这场运动试图将现代社会科学运用到教育的各个领域,例如学校教育、家庭教育和社会教育,以此创造合理有效的社会秩序。史学家安·赫尔伯特写道:"一些具有专业知识的男性和一些具有进步思想的女性引导了这一潮流,传播了一种新的理念,这种理念认为孩子的命运不再掌握在上帝手中,也不仅仅只是受到习俗的影响。"他们共同"呼吁科学的力量介入其中"。[29]

20世纪20年代,心理学,尤其是行为主义统治了儿童教育的研究,其思想在《父母》杂志中俯拾即是:要从小塑造孩子的行为以促进其进步,要在孩子身上培养良好的习惯,要依赖科学而不是情感。世纪之交的几十年里，传统的维多利亚思想的瓦解对美国家庭提出了巨大的情感和社会需求。而这本杂志依靠庞大的社会科学专家的力量，立志帮助像格雷丝这样年轻的居家母亲为高效的现代社会培养新一代适应力强、自信心强的公民。[30]

因此，格雷丝的教育观念不仅受到了她本人接受的维多利亚教育的影响，也含有强烈的进步因素。她在写给休的老师的信中提及儿子不能专注学

30年代初，赫夫纳（一排右）与父母、弟弟在一起。

业时用到了心理学的语言，她向一位老师解释道，儿子在六岁时感染了乳突炎，听力和视力受到影响，但她不会当着孩子的面谈论这一"缺陷"，因为这会让他"感到自卑"。"他极其敏感，不知道是不是有人曾经当着其他孩子的面嘲笑他，还是他担心此类事件再次发生，或者是别的什么原因，我也不知道。"她给另一位老师写信说，"他缺乏适应能力，我对此十分担忧。"后来，休的学业没有起色，他还是不肯接电话或看牙医，格雷丝没有像典型的维多利亚时期的母亲一样惩罚他或责备他。相反，她下结论说，休的行为"不正常"，因此带他去找专家测

试。医生做出了诊断，用的也是新兴的行为主义的语言，说他智商很高，"思想发育超过了社会阅历"。[31]

事实上，格雷丝的心理学方法为孩子创造了一种宽松理性的氛围。她坚持"孩子应该有自己的好恶，遵从自己的需要和天性"。她认真倾听休和基思的想法，尽量不用威胁的口气说话。她强调规矩的必要，但避免惩罚（尤其是体罚）孩子。父母作出决定时，她会向孩子解释原因而不是粗暴地施加权威。格雷丝说："我总有一种很强的责任感——要让孩子们知道，我们之所以要这样做，是因为这样做是对的，我至少要尽力把原因解释给孩子们听。"[32]

休是格雷丝的心头最爱——基思曾说过："如果我俩都掉进河里了，如果她只能救一个，她会选择谁，这根本就不用说。"——她对休的宠爱也影响了他的性格。她认真听他倾诉，尊重他的看法，在两人之间培养出了一种特别的交流方式。"我是那种从小就不停地问'为什么'的小孩，妈妈总是鼓励我这样做。"休后来说。这种独立思考的习惯使他在童年时期就形成了对于自我的关注。他从小就痛恨那些出于"义务"而不得不做的事情，比如说去邻居家串门或者跟父母和弟弟一起乘车出游。如果他觉得某件事情没意义就不会去做。[33]

格雷丝现代教育方法中的一个典型例子就是性教育，这体现了在她的观念里进步的心理学思想如何取代了旧式的道德观。依照维多利亚时期的正统思想，她认为讨论性这个问题令人非常尴尬，她的父母就从来没有跟她谈论过性和生殖，她本人也认为婚外性行为是不可想象的，还觉得梅·韦斯特这种性感人物不能接受。尽管如此，她的现代思想促使她在这个问题上采取了科学的看法。她咨询了《父母》杂志和从事儿童教育的朋友的意见,决定从容面对这一问题,买了一本带插图的书,向休和基思解释生育方面的常识。她甚至还回答了儿子的一个小伙伴提出的几个问题,这让那孩子的母亲怒不可遏,打电话警告格雷丝以后不许跟她的儿子讨论这些。休后来抱怨道,他当时学到的生殖常识只是从生物方面进行的解释,而没有涉及性交的肉体和情感方面。但格雷丝认为她这样做是采纳了最新的专家意见:"我认为我是进步的。"[34]

可是,休接受的性教育受到了一则家庭丑闻的冲击,这件事情连他母亲的进步观点也无法解释。1931年格伦的父亲詹姆斯·赫夫纳在科罗拉多州的伯灵顿被捕,被控4项罪名,即对3名10到11岁的女童采取"不正当行为"。诉讼称,这名61岁的男人"肆意地、恶毒地将手放进这些女童的衣服里,抚摸私密部位"。他最终被定罪并判处一年监禁,妻子在监狱附近租了一间屋子以方便探监。格雷丝闻讯后大惊失色,担心嫁错了人家,还一度想要带着两个儿子离开。但探亲回来的格伦显然是很为这件事情感到丢脸,格雷丝也就打消了离开家的念头。几年后,休知道这件事情时的感情是很复杂的,他对事情本身很反感,但他又非常同情父亲。此外,他还想弄清楚是什么原因引起了这样变态的行为。在某种程度上,情感和性方面的压抑应该是罪魁祸首。他谴责那些"试图在性方面控制我们的人",得出结论说,"真正的罪人是制定规则的人,也就是清教徒"。[35]

因此,赫夫纳家庭里维多利亚时期的约束和现代科学并存,道德原则和心理手段兼用的模式在休的童年时代对他产生了复杂的影响。他是个天性平和的孩子，热爱父母，读大学时曾写信给父母说："如果我有机会挑两个完美的人做父母，我觉得我不可能挑出比上帝送给我的这一对更好的父母了。我永远都爱你们，更尊敬你们，尊敬你们一贯的为人。"即便如此，他小时候还是渴望从父母那里得到更多的爱。他没有意识到《父母》杂志以及其中的心理学观点带来的影响，只是谴责新教徒文化对人的压迫。他对父母的情感内敛带来的伤痛日益敏感。当母亲抱怨父亲很少在家时，他同情母亲，认为"她很孤独，不理解丈夫为什么总是加班"。但他也理解父亲不愿意亲近这个冷漠的妻子。"对她而言，孩子就是她的一切，很多女人都是这样。"休解释说，"那父亲又被放在哪里呢？丈夫的位置又在哪里呢？"他自己的情感渴望与父母的融合在一起，促使了这个敏感的男孩寻求一种新的方式来填补这一空白。[36]

正是赫夫纳家庭的这种状况培养了一个沉浸在自己世界里的孩子。由于母亲的宠爱和一个坚定的男性权威形象的缺失，他以极大的热情和动力追随自己的兴趣。"哪怕还在成长期，他都非常专注，一旦做不成想做的事情就非常痛苦。"格雷丝写道。休的父母在大多数事情上都允许他按照自己的方式处理，很少惩罚他。他唯一一次挨打是因为不肯走出房门跟家人一起去游泳。正因为很少挨打，他对这次惩罚才记得更牢。[37]

宗教对于休敏感性格的形成也起到了关键作用。他的家庭信奉传统的新教，定期去奥斯汀卫理教会的教堂，格雷丝在家里常常强调教义。"我们在家里不做祈祷，不举行正式的宗教仪式或其他宗教活动。但我们依据自己所受的宗教教育来判断自己的行为，只做那些应该做的事情。"她解释说。休是一个虔诚的孩子，但常常有一种孩子式的困惑。三岁时，他问母亲："上帝是什么？"格雷丝解释说，上帝是所有人慈爱的天父。当晚，格伦回到家中时，休就打了个招呼："你好，上帝！"有一次，在一个紧要关头，格雷丝无意中听见休对基思说，上帝会眷顾我们的。"我很高兴听到他的信仰。"她说。休偶尔也会写一些宗教方面的诗，例如，他在1937年写了一首名为《复活节》的诗，描述了耶稣上天堂的情景。[38]

然而，儿童时期的虔诚很快让位于少年时期的怀疑主义。格雷丝和格伦坚持让孩子去周日学校，但是休在与老师争论过一些故事和信条后拒绝这样做，因为他认为这些故事和信条是没有意义的。例如，他说，《圣经》里只提到了亚当和夏娃，该隐和亚伯，那其他人是从哪里来的？格雷丝的现代观念又一次战胜了她的传统新教信仰。她容忍了休的不同看法，鼓励他独立思考。她甚至在儿子们成年后让他们自己决定是否接受洗礼，基思决定接受，而休决定不接受。此后不久，休就不肯去教堂了，母亲也同意了，只要求他周日晚上去参加为青少年组织的教堂联盟。休也承认说："尽管我父母信奉宗教，但并不刻板地照搬教条。"但是，年轻的休已经越来越不能融入卫理教会教堂的道德环境了。[39]

休童年时期性格的成因除了家庭和宗教之外还包括美国的流行文化。"流行文化是我的再生父母，"他日后描述说，"尤其是电影和音乐，它们是我的另一个家园，带我进入梦想和幻想中。"他五岁就开始看电影，印象中曾看过30年代初的《西部佬》，这部影片讲述的是一匹马的故事，还有巴斯特·克拉布主演的飞侠哥顿系列以及米老鼠的动画片。侦探故事、恐怖小说、漫画和历险记都曾激起这个少年的想象力，孤女安妮、杰克·阿姆斯特朗、汤姆·米克斯和迪克·特雷西等人的形象萦绕在他的脑海里。[40]

休还珍藏着一些最爱。他视漫画家米尔顿·卡尼夫为偶像，这是连环画《特里与海盗》的作者，其中的主人公帕特·瑞安是一位风度翩翩的历险家，赫夫纳抽烟斗的习惯就是从他那里学来的。电影《泰山和他的伙伴》也让他念念不忘，里面的人物形象给他留下了深刻的印象，那些品质崇高的人，贪婪的白人猎杀者和善良的丛林动物。"你总是能从动物身上发现什么你从人身上发现不了的东西吗？"赫夫纳解释说，"那就是没有条件的爱。"[41]

电影的确是他少年时代最大的爱好。他每周会去当地剧院两到三次，有时下午跟弟弟看两部片子，晚上接着跟父母再看一部。他喜欢悬疑片、恐怖片和西部片，但他的最爱当属音乐剧。30年代以及40年代初，他迷上了弗雷德·阿斯泰尔和金杰·罗杰斯，纳尔森·埃迪和珍妮特·麦克唐纳，以及巴斯比·伯克利执导的电影。年少时他喜欢的明星是艾丽斯·费伊、贝蒂·格拉布尔和迪安娜·德宾。他后来说，音乐剧之所以对他有那么大的影响，是因为"在歌词中你可以说出其他方式无法表达的东西——恋爱、失恋等等，以此来感受梦想和渴望"。他相信，在音乐剧中，"你想要得到的是满足被爱的渴望"。[42]

流行文化填补了这个男孩生活中的情感空白。由于渴望从家庭中得到更多的爱，他接受了大萧条时期好莱坞电影中的浪漫人物和音乐。这个聪慧敏感的孩子把电影看作联系生活的一种方式。多年以后他回忆说，在熄了灯的电影院里，"你能够被带入另一个世界，也就是想象的世界。而这一切在后来都会反映到对我而言最为重要的那部分生活，也就是我自己想象的生活"。[43]

完全沉浸在美国自我实现的现代文化中，这位中西部的少年长大成人了。他进了高中，但没有意识到这将是他一生中的黄金时代，他在此后的日子里一直想要重回这段日子。

3

1940年1月，休·赫夫纳进入斯坦梅茨高中学习。尽管也会有小小少年的诸多烦恼，但高中时代的确是他人生中非常积极的一个时期。其间的两件事情对他产生了深远的影响。首先，他成了一个小圈子的头头儿；其次，大约17岁时，他创造了一个富有想象力和浪漫主义色彩的人物形象，深深地吸引住了他的伙伴们，而这一形象在很大程度上成为了他生活的模板。

充满活力的赫夫纳一头扎进了丰富多彩的校园活动中，这使得他的创造力得以充分的发挥。其中，当记者拓宽了他的眼界。高二时，他创办了一份名为《时光玻璃》的小报，次年他开始为定期出版的校报《斯坦梅茨之星》当记者、画漫画并担任发行经理。戏剧也是他的兴趣所在。他出演了几部校园剧，还自编自导自演了一部15分钟的恐怖片。这部名为《还魂记》的片子是用16毫米的胶片拍摄的，摄影机是从一位邻居手里借来的，讲的是他两个好朋友的故事。[44]

十几岁的"赫普赫夫"与斯坦梅茨高中的两名女同学。

更重要的是,他结交了一帮好朋友,而这一切都是从他和吉姆·布罗菲的友谊开始的。他俩读小学时就认识,但直到高中时才成为铁哥们儿。他们个性迥异,布罗菲是科学天才、优秀生,业余爱好是无线电,在斯坦梅茨拿过几个科学方面的奖项。毕业时在200余名学生中排行第四,后来成了一名物理学教授。赫夫纳,聪明但有些懒散,把精力都投入了创造性的活动:写作、表演、漫画。这对好朋友的智商都很高,他们都有荒诞不经、类似粗俗滑稽剧中的那种幽默。"我们都觉得对方有意思,"布罗菲回忆道,"我们的个性截然不同,但能够激发对方的想象力。"赫夫纳把他们两人描述成斯坦梅茨高中的"霍普和克罗斯比",因为他们爱拿对方开涮。他们的穿衣风格也类似,都爱穿法兰绒或方格的衬衫和钉鞋掌的鞋。[45]

赫夫纳和布罗菲之间的友谊构成了斯坦梅茨高中一个小团体的核心。这个团体是从1942年起慢慢形成的,成员男女比例相当,包括赫夫纳和多萝西·诺瓦克、吉姆·布罗菲和贾妮·博尔森、贝蒂·康克林和鲍勃·克劳斯顿,以及多萝西·迪普豪斯和鲍勃·豪格兰。他们一起去看电影、参加舞会、听爵士乐唱片、举办晚会、玩单纯的接吻游戏、开着父母的车四处转悠。赫夫纳融入了这个被他称为"一群死党"的小圈子,但他的家里却没有多少乐趣可言。用布罗菲的话说,赫夫纳家"光线阴暗,死气沉沉,家庭成员之间缺少温暖和真正的沟通。我认为这是赫夫纳跟我们这个小圈子来往如此密切的原因"。[46]

此时,赫夫纳的生活发生了戏剧性的变化。高三之前的那个暑假,他对贝蒂·康克林产生了兴趣。那是个外向的姑娘,会打鼓,偶像是吉恩·克鲁帕。赫夫纳把她看做自己最终的女友了,他们还一起学习吉特巴舞。但开学后贝蒂邀请了其他人一起出游。赫夫纳因此备受打击,单相思了很多年。他下决心要变得更有魅力、更受欢迎,要从头到脚地改造自己。他开始自称"赫夫",衣着越来越新潮,态度温文尔雅,舞技大有进步,嘴边常挂着一些时髦的词语。用他自己的话说,"变成了一个想象力丰富的翩翩少年,成为自己理想中的样子"。他在1942年这样描述这种新形象:

> 这个家伙瘦削高挑,像西纳特拉一样,喜欢穿夸张的法兰绒衬衫和灯芯绒裤子,喜欢随着音乐跳摇摆舞。他的模样和举止就像你在电影里会看到的那种高中生。他有创造力,有属于自己的表达方式,把别人叫做"哥们儿",口头禅是"哇塞"。[47]

这种个人形象的重塑使赫夫纳成为斯坦梅茨高中最受欢迎的学生之一。他与吉姆·布罗菲成为了这个小团体的领袖,而这个团体又是这所高中的焦点。"能跟著名的'赫夫纳-布罗菲组合'沾上边儿,对我而言是学生时代社交方面的巅峰。"多年后,贾尼·塞勒斯给赫夫纳写信时这样说,"我认为,你俩联手就统治了整个学校。"的确,赫夫纳在斯坦梅茨是个风云人物。他具有充沛的精力和旺盛的创造力,有威信,在高四那年当选为学生会主席。事实上,他的同班同学在以下评选中都把他列在前三位:"最具成功潜力者"、"最受欢迎男孩"、"幽默大王"、"最佳演说者"、"舞姿最棒者"和"最富艺术细胞者"。[48]

就在此时,赫夫纳开始做一件影响了他一生的事情。他以自己为原型创作了一个名叫"古·赫弗"的人物,以漫画自传的形式按照时间顺序记录下自己的经历。小团体每次活动后,赫夫纳都会画十几幅漫画来记录,风格生动活泼,偶尔还带有讽刺意味。有时他会多少掺入一些虚构成分来增强戏剧感和幽默感。赫夫纳把这些漫画传给小圈子的朋友看,他们都很喜欢。他小心翼翼地把漫画贴到剪贴簿里。他觉得做这件事情挺有意义,因为他喜欢画画;又觉得上学没意思;朋友们还都喜欢;他也可以借此记录下少年时代的有趣生活可供日后回忆。[49]

但这件事情背后有着更深层的动力。这套漫画极大地体现出了作者的自我意识,因为它以作者为核心,把他描述成"我们的英雄"、"西纳特拉式的家伙"、"你会在电影里看到的那种高中生"。它使赫夫纳成为了核心,整个小圈子都围着他转,他对团体生活的描述就是权威版本。"赫夫纳对自己一向有着强烈的兴趣,"布罗菲说,"他喜欢生活在想象之中。"在某种程度上,赫夫纳能够意识到这种自我推销的行为。"通过漫画你创造了一个世界,故事的主人公是你,朋友们都被带入了这个故事。"后来他表示,"你把漫画给大家传阅,你就成了你创造的这个小世界里的核心。"赫夫纳丰富的想象力也有了发挥的空间。这些故事基本上都取材于真人真事,但他说:"有时候我会对事实稍加修改以达到更好的幽默效果,对人物也会做这样的处理。"他承认,这种事

赫夫纳自40年代初十几岁时就开始创作的自传体漫画《古·赫弗》。

实和想象的混淆"也许会让人迷惑,尤其是许多朋友的照片都放在漫画里,而提供一个虚构人物的照片是很难的,为此我也感到困惑"。[50]

赫夫纳充满想象力的娱乐天赋也从他痴迷的流行文化中汲取了力量。他少年时期的兴趣涵盖了40年代美国流行文化的方方面面:摇摆舞、音乐、漫画、广播剧、通俗杂志和好莱坞电影。他喜欢格伦·米勒、汤米·多尔西和哈里·詹姆斯的大乐队的音乐,甚至还写了一段名为《A 卡布鲁斯》的摇摆舞曲。他积极争取学生在音乐和舞蹈方面的权利,公开抱怨校园舞的古板。"跳舞的大部分学生都喜欢摇摆舞,可哪怕你刚刚开始跳一个节拍,都会有人跳出来阻止你。"他发牢骚说,"如果周五晚上的舞会真的是为我们学生举办的,那为什么不给播放我们自己喜欢的音乐?"作为学生会主席,他争取在餐厅里安放一个唱片点唱机,这样学生们在午餐时间就可以跳跳舞,但未获批准。他化名"赫普赫夫"写了一篇文章,名为《关于摇摆舞的长篇故事》,以戏谑的口吻说了一段关于摇摆舞的话。"如果你们斯坦高中的学生真的跟得上潮流就应该争取跳摇摆舞,"他写道,"我看你们就是一群乡巴佬。不信,走着瞧。"[51]

此时的赫夫纳就开始显示出一个特点,这个特点能够解释他成年后的生活,那就是对女性的强烈兴趣。他的性意识初露端倪,仍然纯真浪漫,他沉浸其中。这个内向的男孩迷恋过各种各样的女孩,最终在八年级时约了一个女孩去看电影,这算是他的第一次正式约会。在高中的头两年,他喜欢一个叫贝弗莉·艾伦的漂亮姑娘。那是在一次聚会上,姑娘在"邮局"游戏里吻了他,他就陷了进去。接下来的几年里,他换了几个女朋友:贝蒂·康克林、伊迪丝·比奥斯基和多萝西·诺瓦克。[52]

随着对异性的兴趣日渐浓厚,年少的赫夫纳对充满神秘和诱惑的性所受到的种种社会限制也越来越不屑一顾。1938 年,《生活》杂志刊登了一篇名为《年轻人的悲剧》的文章,给他留下了深刻的印象。文章讲述了纽约一对少男少女的悲惨故事。怀孕的女孩自杀前留下一封遗书，最终女孩丧命，男孩被判谋杀。这个故事在 12 岁的赫夫纳心里引起了强烈反应。尽管他还不能完全理解这个事情本身，但认为这是社会规范带来痛苦而非幸福的事例。第二年，他和母亲去看重映的一部《制片法》颁布前拍摄的影片。影片中的一个女人说话时带有暗示的意味，格雷丝小声说："哦，今天他们肯定会被逮住的。"休却在心里默默地想："唉，但愿他们不要被抓住。"高中时，他为自己是否有能力决定和女孩发生性关系与母亲发生了争执。格雷丝坚持说："你这样做是在冒险，你有可能把一个生命带到这个世界上来，但你却没有能力抚养他，所以你没有这个权利。"赫夫纳争辩说，既然怀孕是可以避免的，就应该允许发生性关系。尽管他当时只有十几岁，但他不满权威剥夺自己的性权利。[53]

　　同时，赫夫纳对女人和性的兴趣又找到了一个诱人的出口。八年级时，他在一个女友家的地窖里发现了一本《君子》杂志，是那个女孩的父亲订阅的。赫夫纳开始读这些旧杂志，尤其喜欢其中乔治·佩蒂画的床头画。他笔下的这些性感、完美、千姿百态的裸女于 1933 年开始出现在杂志上。赫夫纳开始搜集这些"佩蒂女郎"，并将它们挂在卧室墙上。后来他在这本杂志上发现了艺术家瓦尔加斯画的床头画，又开始搜集"瓦尔加斯女郎"。格雷丝对此颇有微词，但她的现代思想战胜了宗教保守，最终没有强令儿子把画取下来。基思钟情于表演，卧室里贴满了明星海报。格雷丝决定允许两个孩子按照自己的意志行事。"我觉得对于我这样的保守派而言，能允许他们这样做已经很宽容了。"她后来表示。赫夫纳最喜欢的"佩蒂女郎"中的一位暗含着对未来的某种预示，那个性感的尤物出其不意地穿了一套粉色兔子服，衣服上还有两只耳朵。[54]

不过，赫夫纳现实生活中的恋爱却没能达到《君子》的标准，只是一个典型的少年恋爱过程，尴尬的追求、片刻的愉悦、偶尔的拒绝、时时的困惑和欢乐，但体现了他对恋爱的强烈兴趣。正如布罗菲所说："赫夫不断地陷入爱河，如果他没恋爱，就会觉得少了点儿什么，为此郁郁寡欢。"但赫夫纳也不是个浪荡公子，他跟姑娘在一起时往往会尴尬害羞。虽然天资聪颖、性情平和、充满活力，但他其貌不扬。"他瘦得不成样子，"小圈子成员之一的贾妮·博尔森说，"这正是他不吸引女孩的原因，女孩要找的是蒂龙·鲍尔那种男人。"但是，正如"古·赫弗"在漫画自传里所说："如果你不跟女的混在一起就找不到乐趣，因此你会痛苦；而你跟女的在一起，但处理不好，她的朋友们就会不乐意。没有了朋友，你又会痛苦。所以，很显然，不管怎样，女人都会给你带来痛苦。尽管如此，我还是爱她们。"[55]

在高中生活的最后一年，赫夫纳有了一点性经验。他与几个女孩在关系稳定后发展到接吻和抚摸，偶尔也会因为做得出格而跟好脾气的父母发生冲突。有一次，赫夫纳外出约会，凌晨才回家。格伦勃然大怒，冲他怒吼："你他妈的上哪儿去了？""这是我这辈子唯一一次听见他骂人。"赫夫纳回忆道。还有一次，他和朋友们开车出去玩，他和一个女孩偎依在汽车后排的露天座位上。父亲严辞警告他，这种行为不能容忍。赫夫纳认为："正因为这种行为不被接受，露天座位才被赋予了某种浪漫的联系。"[56]

童年和少年时期，休·赫夫纳沉浸在一个幻想的世界中，这个世界是他提取了生活中有限的因素创造而成的。情感压抑的家庭氛围激发了他对情感联系的向往。在赫夫纳家里，维多利亚时期的传统与现代社会科学产生了冲突，他既受到了残余思想的限制，又享受到了呵护和鼓励的氛围。在他看来，权威遥远、抽象和模糊。父母、学校和教堂很少对他进行约束，而他们一旦这样做，约束的效果往往比较好。

对这个聪明、有灵气的孩子来说，流行文化就意味着幸福。电影、漫画、杂志、摇摆乐和舞蹈中都有自我实现的内容，其中，恋爱、历险和个人的非凡经历是主题。到了十几岁，他把自己的生活看做电影情节，把自己看做电影人物。他不安分、有野心、沉浸在幻想中，极力寻求情感满足。和越来越多的人一样，他觉得自己有权利享受现代美国文化。

当然，关键是如何获得这种满足。1944年离开高中时代温暖的蚕茧时，休·赫夫纳有一种模糊的希望，希望成为一名漫画家，或者去杂志社当一名作家。但在这些愿望实现之前，他就被迫面临了一场国际危机，这场危机影响了所有美国人的生活，即使是中西部城市里那些衣食无忧的人们。

第二章　军营生活、大学生活和《金西报告》

　　1944年初，即将高中毕业的休·赫夫纳面临着一个不确定的未来。一方面，他为告别黄金时代和斯坦梅茨高中的伙伴而深感忧愁；另一方面，更为广阔的天地在召唤着他。自1941年末，第二次世界大战主导了美国人的生活。国家有战事，有抱负的年轻人应当参军，年轻的赫夫纳更是深切地感受到了这种义务。带着很大的决心和些许胆怯，他参军了，开始了人生的新阶段。

1

　　这一切都源自姑娘。赫夫纳参军，如同他成年后的许多轶事一样，都跟恋爱有关系。毕业前夕，他深深地爱上了贾妮·博尔森，当然这种爱是纯洁的。贾妮是赫夫纳最好的哥们儿吉姆·布罗菲的女友，她视赫夫纳为偶像，一向仰慕他的创造力。高中时代，两人保持着密切的关系。1944年初，他俩碰巧有几次独处的机会。在几次推心置腹的长谈后，他们冲动地接吻了。他们给对方写信，想要表白感情，但心里都很痛苦，因为不肯背叛布罗菲。这时，一个意外的解决办法出现了，因为赫夫纳遇见了另外一个人。[1]

　　毕业后不久，赫夫纳参加了斯坦梅茨高中的一次校友聚会，遇见一个姑娘，曾是他的同班同学。他能认出她，但叫不出名字。米尔德丽德·威廉斯恰好是能让赫夫纳动心的那种类型——活泼可爱、黑发、有刘海儿、穿短袜。两人聊了很久，偶尔也打情骂俏，最后她坐到了赫夫纳腿上。事后，他发现姑娘这样做只不过是想让另一个男孩吃醋，但两人之间毕竟还是相互吸引的。当晚聚会散场时，两人约定找机会再见面。[2]

米尔会拉小提琴，有运动细胞。她来自蓝领家庭，母亲是家庭主妇，信天主教，定期催促米尔和她的四个姐妹去做弥撒。父亲是有轨电车售票员，后来当了公共汽车司机。他在早些时候脱离了天主教。他喜欢读书，通过自学成了一名坚定的共产主义者。他经常对米尔说："我们就应该像苏联那样做。"他对家人极其严厉，甚至有些独裁，坚决反对女儿在16岁之前约会。[3]

在聚会相遇和赫夫纳参军之间的两周时间里，这两个年轻人约会过几次。赫夫纳从米尔工作的玛氏糖果公司把她接出来，然后一起去喝汽水或看电影。赫夫纳一如既往地投入，深深地爱上了这个姑娘，承诺参军后会坚持给她写信。米尔也这么表示，但显然不如赫夫纳坚定。赫夫纳把米尔融入了他的浪漫幻想中，这符合他的天性。在接下来的两年时间里，赫夫纳在部队只有一两次机会回到芝加哥短暂休假，除此之外，这段关系都靠书信来维系。[4]

参军时，赫夫纳身高5英尺10英寸，体重115磅，看上去还是个孩子。军旅生涯一开始，他在陆军特别训练预备役中担任学员。正如他的化身古·赫弗在漫画自传里所说，他离开了舒适的环境，很快"就要像同时代的很多同龄人一样扛上枪了。与多数人一样，古不喜欢这种改变，但他'动弹不得'，只能努力让日子好过一些"。[5]

赫夫纳于1944年2月离开芝加哥，赴威斯康星大学参加新兵训练。他随身带了几个手提箱，里面装满了生活必备用品：打字机、闹钟、晾衣架等等。他跟两个新室友同住一屋。在接下来的几周里，新兵们按照后备军官训练队的课程学习文化课，练习行军。赫夫纳还带了几本他创作的漫画自传来，晚上分给室友和其他新兵看。新兵们很喜欢这些漫画，进入了赫夫纳的生活轨道，打听起赫夫纳的高中生活和伙伴，一个新兵甚至问能不能给漫画中的一个女孩写信。[6]

像很多第一次离开家到部队的年轻人一样，赫夫纳变得伤感，开始想家。例如，1944年5月14日，他给父母写了一封长信来抒发感情：

> 我想，有很多话我从来没说过，有很多感激之情我从来没有真正表达过。有些东西我在来威斯康星之前从来没有真正地感激过——那就是你们为我所做所牺牲的一切。这几个月以来，我想的比以往任何时候都多……回首往事，我意识到，基思和我能够在这样一个充满了爱和公正的家庭长大是多么的幸运。我认为，咱们家是一个民主的家庭……当我得知一些孩子是在规矩太多或者爱心太少的家庭长大时，我为他们感到难过，对你们充满感激……我希望你们为我骄傲。我认为，你们是天底下最好的父母。

这封信体现出赫夫纳平和的性情，也表明日后他对童年生活的抱怨实际上起因于成年后的经历。[7]

但是，部队生活的某一方面令赫夫纳震惊。他第一次遭遇与他自童年起接受的开明价值观截然不同的社会观念。尤其是新兵之间的谈话充斥着反犹太人和种族主义的言论，他很难接受这种观点。他听到新兵肆意挖苦犹太裔的战友，还对一个跟他跳过几回舞的犹太姑娘出言不逊，有几次他忍不住顶撞了说话的人。尽管他所在的训练组里没有黑人，但他还是听到了一些带有种族主义色彩的诋毁，比如有人把他喜欢的爵士乐称作"黑鬼音乐"。在一封家书中，他承认，在外面的世界里，"你会遇到形形色色的偏见和仇恨，而我的头脑中没有这些，这让我很高兴也很骄傲"。但是，他回家休假时又抱怨母亲在他的童年里"创造了一片公正的净土"，过度保护让他脱离了真实的世界。母亲告诉他："所有的人都是好人，所有的人都有着相同的价值观和同样高尚的思想和理想。"基思·赫夫纳说："所以，当事实不是这样时，你就接受不了。"[8]

赫夫纳短暂服役期间（1945–1946）。

在麦迪逊待了几个月后，赫夫纳于1944年6月转移到伊利诺伊州谢里登堡的接待中心，开始了真正意义上的转战南北的军旅生涯。他先是去了得克萨斯州的胡德营接受基础训练。这下子是动真格的了，他在漫画自传中写道："这真是生与死的训练啊，要么牺牲，要么九死一生。"他在基础训练中的表现不错。除了在恶劣的天气条件下被严重晒伤外，没有受过其他伤。他因使用 M1 步枪的表现获得了"神枪手"的徽章，在基础训练后期接受了"魔鬼训练"，参加军事演习，扔真正的手榴弹，听见子弹在头顶嗖嗖地飞，还完成了 25 公里全副武装的拉练。在胡德营训练的最后阶段，他还接受了大量的反坦克训练。[9]

回芝加哥短暂休假后，赫夫纳于 1944 年 10 月来到阿肯色州查菲堡报到，接受步兵枪手的训练。接下来，他又去俄克拉何马州受训，继而被派往马里兰州的米德营。他在那里等候着被输送到港口，登船赴海外执行任务。此时，传来一个消息，完全改变了赫夫纳的军旅生涯。他被派往"步兵行政单位"，先后从事 S－1 的文员和人事工作，因为他会打字。赫夫纳高兴坏了，非常满意这一"极好的转折"，因为，按照他的说法，他很喜欢"华盛顿的女人"。后来，他还在俄勒冈的萨莱姆附近的阿代尔营和弗吉尼亚州的皮克特营担任过文书。[10]

服役期间，赫夫纳一直没有停止创作。他为部队报纸画了很多漫画，还写了一首名为《我要当他妈的好百姓》的讽刺歌曲，行军时战友们就唱他创作的这首歌。不论走到哪里，他都定期参加舞会，还通过少年时代最大的爱好来转移注意力。他说："在部队时，我的放松方式就是看电影。"部队几乎每周都放映最新的影片，而且只要有机会，他还会去附近的城镇看电影。当然，他还坚持创作他的漫画自传，用几十幅漫画描绘了古·赫弗的军旅生活。然而，让赫夫纳担心的是积极作战的危险，他可能会直接投入战斗，也可能会在 1945 年夏天作为占领军的一员被派往日本。1945 年 8 月初，他在漫画自传里说，广岛和长崎"标志着一个时代的到来，那就是原子能时代……接下来古会去哪里呢？

打道回府还是海外占领"？[11]

在此期间，赫夫纳不远万里地追求着米尔·威廉斯。在 1945 年 3 月 15 日至 8 月 27 日间，赫夫纳给米尔写了 80 多封信。他在信里称对方为"最亲爱的米尔"，字里行间充满了柔情蜜意，也袒露了自己的孤独无聊。在 3 月 27 日的信里，他说，听到广播里传来那首《我承诺过》的歌时，他想到了她：

> 在这样的夜晚听这样的音乐，真的让人伤感。我连做梦都想跟你在一起。在一个凉爽的春天，我们开车去郊区，广播里传来轻柔的音乐；或者在一个美丽的春天的夜晚，我们爬到山坡上，不用关心国际大事，也没有人来打扰我们。当然，作为一个恋爱中的男人，我有时会想一些你不会想的事情，基本上都跟身体有关。[12]

尽管赫夫纳思恋米尔，但这并不妨碍他在部队时与许多其他姑娘约会。在威斯康星时，他遇到当地的一个高中生，与她约会过几次。他给贾妮·博尔森写了许多长信，他们一直保持着深厚的友谊。他在一封信中承认自己与米尔的关系可能长不了。"我们在太多方面有着太多不同，偶尔我会意识到我还是那只老色狼，因为我脑子里还想着别的女人。"他写道。在威斯康星，他还约会过几个别的姑娘。

赫夫纳与女友米尔·威廉姆斯在大学舞会上。

后来到了俄勒冈的萨莱姆,那是个大学城,他参加了数十场舞会,至少跟两个姑娘纠缠不清。正如他后来所说,在部队时,他"营造了一个恋爱冒险的世界",随意的约会很多,严肃的感情投入倒没有。[13]

赫夫纳的军旅生涯最终因第二次世界大战的结束以及军人的大批复员而画上了句号。1946 年初,他晋升为下士,几个月后光荣复员。1946 年 5 月,他回到了芝加哥,继续他的生活。

2

如同战后的许多年轻人一样,赫夫纳复员后无所事事。他参加了斯坦梅茨高中的几场舞会,想要找回昔日的辉煌,但如今物是人非。他重返萨莱姆去找那些相好的姑娘,但同样找不回原来的快乐时光。最终,1946 年夏天,他开始在芝加哥艺术学院上解剖素描的课程。他承认,总的来说,"在芝加哥,我真的感到很失落"。[15]

此时,米尔在芝加哥以南 90 英里外的厄班纳,就读于伊利诺伊州大学。尽管她和赫夫纳对两人的关系都不是十分确定——她在赫夫纳服役期间也约过其他人——她还是接受了赫夫纳。所以,赫夫纳作出了一个一举多得的决定。他依据《士兵福利法案》进入了米尔所在的大学,这样一来,他不仅可以逃避芝加哥百无聊赖的生活,为开辟职业生涯迈进一步,还可以跟女朋友在一起。在参加了政府组织的几次考试后,他发现自己能够免修一些课程,如果课程安排得再紧凑一些,两年半就可以毕业了。[16]

就这样,赫夫纳在 1946 年 9 月开始了大学生活。如同对于很多其他事情一样,他对大学的期望也有些不现实,因为他之前的印象都来自电影,用他的话说就是"浣熊皮的大衣、舞会和二手车"。但是,第二次世界大战后大批退伍军人的涌入改变了美国大学的氛围,大学变得更加拥挤、更加严肃、更加以职业为导向。赫夫纳先是在学校安排的宿舍住了一个学期,然后就搬到了格拉内达俱乐部,那是一个独立的寓所,招待家在外地的年轻人。他和鲍勃·普罗伊斯成了室友,结交了一帮新朋友,投入到了新一轮的体验中。[17]

赫夫纳有一种模糊的愿望,希望成为漫画家或作家,但他决定主修心理学,因为他对人类的行为和动机很感兴趣。"我当时的想法是,如果我能解开这些秘密,那么不管对我的写作还是生活来说都是有好处的。"他辅修写作与艺术,成绩优秀。他加入了新生学术荣誉协会和老兵学术荣誉协会。大一结束时,他在年度颁奖大会上被授予"杰出学业奖"。到了大三,他的成绩在班里名列前茅,可以从事一些独立研究了。[18]

赫夫纳仍然继续着他的艺术追求。他在学校官方的学生报纸《伊利诺伊日报》以及校园幽默杂志《箭》上不断地发表漫画。他认识了吉恩·沙利特,此人在报纸担任体育编辑,在杂志担任编辑。在大学里,赫夫纳最喜欢的课程是萨姆森·拉菲尔森教授的写作课。这位著名的剧作家当时在大学里担任客座教授。他为厄恩斯特·卢比茨施写了《爵士歌手》和几部喜剧,又为艾尔弗雷德·希区柯克写了《深闺疑云》。他举办的写作研修班学生很少,赫夫纳定期到他家里听他开诚布公地传授写作技巧,他迷上了这位思想开明的犹太知识分子。"对我而言,他是一位导师，他支持的那些理念给了我一种灵感。"他日后表示。[19]

赫夫纳埋头学习，体验着大学生活中精神上的满足。母亲给予了他默默的支持。或许是觉得她的长子缺乏自信，格雷丝决定告诉他，童年时代的一次智力测试表明他的智商是152。1948年的母亲节，满怀感恩之情的赫夫纳写了一封长信，表示对自己的能力恢复了信心，也感谢慈爱的父母：

> 首先，我必须坦白，自高中以来我对自己的能力和未来就没有多少信心。关于智商的消息让我兴奋，那是一种久违的感觉。我无法向你们表达清楚它在多大程度上改变了我的看法以及我内心深处的感觉。自尊自大是危险的，但是对自己的能力充满信心对于快乐的生活是十分必要的……
>
> 我的童年和少年时代都是在快乐中度过的，为此没有人比你们付出的更多。我忘不了你们陪伴基思和我度过的大段时光，忘不了你们付出的时间和精力……我实在没有恰当的方式来回报你们为我所做的一切。[20]

赫夫纳可不是个书呆子，他在大学里参加了丰富多彩的课外活动。橄榄球是他的一大爱好。1946年当伊利诺伊校队"战斗的印第安人"获得联盟冠军时，没有比赫夫纳更狂热的球迷了。他在剪贴簿里写满了对比赛热情洋溢的描述，还描绘了某些核心球员的英姿。当这支队伍在玫瑰碗以41比14击败加州大学洛杉矶分校时，他甚至叫嚣："谁还在乎共产主义是否在欧洲取得全面胜利，巴基斯坦会不会遭遇内战？"在

"校园民谣之王"赫夫纳（中）在大学期间。

格拉纳塔俱乐部里，赫夫纳以感情热烈、爱玩爱闹出名。他喜欢跟室友玩强手棋、拉米牌和桥牌，一玩就是几个钟头。到了1947年，他已经完成了培训课时并达到了相应的飞行时间要求，终于拿到了私人飞机的驾驶执照。[21]

音乐占据了赫夫纳的许多时间和精力。他订阅了《强拍》杂志，是著名的流行音乐节目主持人戴夫·加罗韦的忠实听众，并紧跟流行音乐的潮流。他收集的唱片包括比利·霍利迪、佩姬·李等人的作品，其藏品因规模和品质在格拉纳塔俱乐部颇有名气。为了摆放唱片，赫夫纳亲手制作了几个柜子，还上了油漆。一有机会，他就丰富自己的收藏。当然，大学里少不了舞会，他经常跟米尔一起去跳舞。在伊利诺伊大学的最后一年，赫夫纳甚至在一支小乐队里演唱，来自格拉纳塔俱乐部的几个朋友用低音乐器和吉他为他伴奏。宣传海报称他为"嗓音有博普爵士乐之风的男孩"和"校园民谣之王"。他模仿流行歌手弗朗姬·莱恩的风格，也翻唱他的一些歌曲，例如《我的渴望》和《周日恋情》。[22]

　　静下来思考时，赫夫纳会与童年时期接受的宗教教育作斗争。他在拉菲尔森的写作课上写的最后一篇文章就是一部宗教题材的恐怖剧。其情节是，一位生物化学家声称自己偶然发现了上帝并不存在的证据，这引发了他与儿子之间激烈的争论，最终儿子杀死了父亲，然后自杀了。这个故事体现了"一种冲突，即世界上究竟是有知识好还是没有知识好"，作者解释说。"是真理重要，还是最好让人们生活在愚昧当中？"[23]

　　赫夫纳还就基督教教义的合理性与父母进行了长达数年的辩论。格雷丝寄给他一篇虔诚的宗教文章《善良和体面至上》，他的回信言辞礼貌，但也表示了自己的疑问。传统的宗教"试图在道德和精神生活方面宣扬一种绝对的标准，可事实有力地证明这种标准是不存在的——道德是相对的"，他写道。尽管他仍然信仰上帝，但他怀疑是不是真的像西方的基督教所说的，有一个公正的神明能够评判生活在南美洲丛林或中国城市中人们的功过是非。"我自己有一套更为合理的理论——那就是一种利他主义的对于幸福的追求，"赫夫纳补充道，"没有绝对的标准——评价一种行为要看它为人们带来多少幸福或不幸。"[24]

　　大学期间，赫夫纳将大量感情投入到了与米尔·威廉斯的关系当中。他在厄班纳的两年半里，两人感情稳定。米尔住在马诺移民镇一处独立的女生住所。赫夫纳入学时她已经读大三了。"我跟米尔到一起非得打得你死我活，"赫夫纳入学前几个星期写信给贾妮·博尔森说，"她要是知道了我当兵时的那些风流事，恐怕一辈子都不会搭理我了。话又说回来，她不再理我也可能有别的原因，因为我知道我当兵时她也没少快活。"[25]

的确,这段关系从一开始就若即若离。赫夫纳当兵时,两人很少见面,只靠鸿雁传书,而且分别约会过其他人。在接受赫夫纳追求的同时,米尔跟厄班纳的一个男孩打得火热。事实上,他们两人兴趣完全不同——米尔喜欢运动和古典音乐,赫夫纳喜欢跳舞和爵士音乐——他们搭档打桥牌时常常会吵起来。两人都表达了对于这段感情的担忧,沮丧的赫夫纳有一次甚至还做了一个表格来记录几个月来他对米尔的感觉,分数最高的阶段居然是米尔不在身边时。[26]

然而,两人的欲望在疯狂地燃烧。大学期间,他们把车开到郊区,尽情地互相抚摸。他们在性方面遭受到了挫折,这是显而易见的。赫夫纳总是在最后一刻放弃真正的性交,因为米尔担心怀孕从而影响毕业。他们偶尔会口交。两人发现这种形式的亲密接触——先是冲到巅峰的边缘,然后急刹车以避免灾难——非常影响感情。米尔认为这是"破坏性的",赫夫纳则讽刺地称之为"一段由长达两年半的前戏维持的关系"。最终,1948年春天,米尔毕业前夕,两人决定放弃童贞,去附近的丹维尔度周末。可想而知,第一次的经历令人失望。他们住进了一家条件很差的旅馆,看了一场糟糕的电影,在诸多铺垫之后发现真正的性行为令人大失所望。"那个周末可真算不上浪漫。"赫夫纳回忆说。[27]

但是赫夫纳,依其本性,对于爱情还是非常笃定的。尽管心存担忧,他还是努力增进两人之间的感情,也常常提到结婚。米尔对这段关系也不是很确定,之所以维持是因为"坦白说,除此之外,我看不到什么别的选择……他坚持说,我是那个他想要共度一生的人。"赫夫纳创造了一个爱情幻想，将米尔置于其中，尽管两人都觉得这样有些夸张。到了1948年暮春，米尔即将毕业，两人开始谈婚论嫁了。据米尔回忆，尽管赫夫纳对这段关系也有疑虑，可一旦米尔有所动摇，他就会给她打气，说她"不过是患有婚前恐惧症"。[28]

就在此时，赫夫纳迷上了一本书，这本书在战后美国引发了很大的争议，涉及了一个在私生活和知识领域都越来越吸引赫夫纳的话题，那就是性。

3

1948年，艾尔弗雷德·金西出版了《男性性行为》一书。一位评论家称之为"20世纪引发评论最多的一本书"。该书在出版后的两个月内卖出了20万册。书评出现在报纸、杂志、评论期刊、文学期刊和专业期刊等各大媒体上。民意调查人乔治·盖洛普称，该书出版后不久，每五个美国人当中就有一人阅读过或者听说过这本书。某学者表示："一夜之间，'金西'变得家喻户晓，这个名字永远地镌刻在了流行文化中。"[29]

为什么金西能够激起广大民众如此巨大的想象力呢？他确信，随着维多利亚时期道德标准的瓦解，美国人已经准备好了更加坦率地面对性这个问题。他客观地研究了性行为，以科学事实的形式发表了研究成果，"而未涉及道德观念和社会习俗"。金西及其研究团队成员花费了大量时间采访了数百名男性，提出了数十个具体问题，分析了社会阶级、种族、年龄、婚姻状况、地域、宗教信仰、教育程度、工种或者职业等影响性行为的诸多变量。在手淫、爱抚、婚前及婚外性行为等方面，金西发现了普遍的违反传统性观念的行为。他创造了著名的异性恋－同性恋序列来深入研究一些更富争议性的话题，表示婚前保持贞洁会妨碍性满足，还探讨了性高潮的实质。类似的研究成果《女性性行为》于1953年出版，揭示了美国女性也同样存在着多种多样的性行为。金西将性话题带入了公众讨论的范畴，标志着美国社会坦率面对性话题的一个新时期。[30]

美国人立即对此作出了反应。这两本被称为《金西报告》的书反映了20世纪初以来性道德的松动。其支持者称，金西不过是披露了美国人性行为的真正状况，我们只有面对这些现实才能塑造符合现实的道德观和社会政策。然而，金西的研究成果同样震惊了恪守从众消费模式和传统道德观的中产阶级社会。《男性性行为》一书的批评者指责它鼓励了美国道德观的堕落并冲击了家庭结构。一些更高深的评论提出，金西将注意力放在了性的生理方面，而忽视了文化、心理、情感和社会等方面。但不论各方态度如何，多数美国人恐怕都赞同《时代》的观点，即金西最突出的成就在于，他"敢于公开谈论性……从而将同性恋、手淫、性交、性高潮等词汇带入了诸多报纸和家庭杂志中"。[31]

赫夫纳早已做好了准备，能够回应金西引起的轩然大波。他在米尔身上遭遇到的挫败以及两人的肉体关系在性这个问题上造成了一种情感的躁动。此外，他自少年时代起对女孩和性的那种健康的兴趣在大学时期已经发展到了痴迷的地步。即便在1946年8月他要动身去伊利诺伊大学报到时，他还对贾妮·博尔森开玩笑说："上周五，我结束了在艺术学院画裸女的日子，也曾想过去里亚托（滑稽剧院）继续学习，但是那里来来往往的姑娘太多了。"随后的几年里，赫夫纳专注于性，一方面是因为肉欲受到压抑，另一方面是因为他在情感方面倾向于创造自我满足的幻想。[32]

例如，赫夫纳在大学期间为《伊利诺伊日报》和《箭》创作的许多漫画都包含性的主题。其中一幅描绘了一对男女学生在停在路边的车里亲热，这时一名警察走了过来。男学生探出头来嚷嚷："怎么啦？怎么啦？我交过停车费啦！"另一幅描绘了两个男生在人体艺术课上画一个裸女，一个男生难以置信地问另一个："选这门课真的也能挣到三个学分吗？"还有一组更为复杂的漫画，第一幅画了一个男孩正在追赶一个女孩，配图文字是："一到春天，男孩的心就很容易想到……"第二幅画了那个女孩转身向男孩跑来，配图文字是："想到女孩一年到头都在想的事儿！"[33]

在伊利诺伊大学的第二年，赫夫纳成了《箭》的总编辑，继而在此倾注了对性的热情。他为这本幽默杂志开辟了一个名为"当月女生"的栏目，这是《花花公子》中"当月花花玩伴"的雏形。这个栏目会刊登某个女孩的一张诱人的照片，旁边简要地描述她的活动、爱好、兴趣和对未来的计划。赫夫纳在编辑手记里说，一些同学要求出一期"性专刊"，他觉得没有必要，"每一期《箭》都是一期性特刊"。1948年4月，《形象》杂志中的一篇文章盘点了大学校园里的幽默杂志，但是没有提到赫夫纳的这一本。于是他写信给编辑抱怨说："你们漏掉了一本最有实力、最有猛料的杂志，那就是伊利诺伊大学的《箭》！"[34]

赫夫纳为伊利诺伊大学学生刊物《箭》创作的一幅粗俗漫画。

赫夫纳的行为也体现出了他对于性越来越浓厚的兴趣。他在格拉纳塔俱乐部的室友鲍勃·普罗伊斯被他谈论性话题时的口无遮拦给吓坏了。"我记得他谈论过性高潮和插入——他很开放，"普罗伊斯回忆说，"他说的那些话我一辈子都说不出口。"在米尔面前，赫夫纳也不隐瞒关于性的问题，他会谈起当兵时与女孩交往的情景。有一次，他甚至坦白，米尔不在的夏天，他曾与米尔的室友以及其他几个女孩相互抚摸过。赫夫纳认为他这是坦白，米尔则把这看成是他想要在两人的关系中占上风。[35]

然而，最令赫夫纳兴奋的还是金西的《男性性行为》一书。他之前就隐约地感觉到性行为对于人类的经历至关重要，而美国人是出于迷信和虚荣才对此加以掩饰，这本书证实了他的想法。他在《箭》的一篇短评中表示："这本书恐怕是1948年最有分量的书。"他认为金西的成果表明："如果美国的法律得以严格执行，那么95%的男人和男孩都会因性骚扰而入狱。"赫夫纳说，这本书之所以引起轩然大波是因为它"揭示了我们在制定与性相关的标准和法律时缺乏理解和现实思考。在性这个问题上，我们的道德要求、我们的虚荣导致了无法估量的挫折、犯罪和不幸"。[36]

赫夫纳对金西的迷恋在他创作的漫画中也有所体现。1948年夏，他发表在《伊利诺伊日报》的一幅漫画描绘了一个男人，穿着深色军用防水服，鬼鬼祟祟地溜到校园书店里，走到柜台前。一名店员对另一名店员说："他问咱们有没有兴趣卖插图版的《金西报告》。"另一幅描绘了一对年轻男女坐在一辆停着的车里。女孩穿着低胸的衣服，气哼哼地望着窗外。男孩涨红了脸，哀求道："来吧，宝贝儿。我保证如果你那样做，我绝对不会写进《金西报告》那样的书。"[37]

此外，在更宽泛的领域，《金西报告》也激发了赫夫纳的思考。在他看来，这位科学家表明了，现实生活中的性行为多于体面的美国社会所承认的，普通人违反规则和常规也是家常便饭。赫夫纳对金西的发现着了迷，把他能弄到手的相关材料都找来读。"金西对我的影响很大，"后来他回忆说，"他的研究证实了我多年以来的感觉，那就是在性这个问题上，我们言行不一，我们是伪君子，因此造成了许多伤害。"金西直接触及了这个年轻人生活中的重要内容，指明"是'他们'制定了

休·赫夫纳本人最为钟爱的一张照片。叼着招牌式的烟斗,年轻英俊的他露出自信而骄傲的笑容

身着标志性丝绸睡衣的休·赫夫纳在洛杉矶花花公子大厦里

休·赫夫纳的生活方式一直为媒体所津津乐道，他也因此成为引导美国性解放和享乐主义潮流的先驱，他体现了一种强烈的个人风格，他招牌式的家居服，他的烟斗都成为他个人的显著标志

休·赫夫纳在纽约签售《<花花公子>40年》一书，他为此书作序

休·赫夫纳在芝加哥花花公子大厦那张著名的旋转床上工作

法律，是'他们'不让我跟女朋友亲热"。[38]

但是，金西革命性的报告却没有让赫夫纳做好准备面对生活中的一场性革命。1948年6月，米尔从伊利诺伊大学毕业，秋天在该州李森特的一所高中找到了一份教书的工作。几周后发生的一场危机击垮了赫夫纳。

当时，两人去芝加哥看洛蕾塔·扬的电影《暴劫》。影片讲述了一名女教师遭到一个聪明胆大的男学生的骚扰。男学生夜里邀她搭车，在车里欲行不轨。女教师反抗，击中了对方的头部，失手将他打死。慌乱中，她把尸体推下了悬崖。镇定下来后，她想要恢复正常的生活。然而，尸体的发现和不断加剧的罪恶感令她在感情上崩溃了。在观看影片的过程中，米尔越来越不自在，散场后他们走向车子的时候，她开始神经质地哭泣。"我做了一件蠢事。"她抽泣着说，但不肯说下去。赫夫纳大感不解，坚持要她说明白。最终，米尔交待了自己曾与她任教的学校里的一名教练发生了关系。她抽抽搭搭地说，他们做了一次，但既不浪漫也不让人满足，她的心里充满了愧疚。赫夫纳听得目瞪口呆。尽管惊得差点儿说不出话来，他还是劝慰米尔说，他会原谅她，仍然会娶她。但是从内心讲，赫夫纳的平静被打破了。[39]

米尔的坦白极大地伤害了赫夫纳。后来他说这是"我一生中遭遇到的最大的打击"。事后，他待在自己的房间里听唱片，一待就是几天，一遍一遍地听比利·埃克斯汀的《我是个傻瓜》。他去米尔执教的小镇探望她时，会把车开得飞快，速度甚至超过90迈，还因超速吃过一张罚单。那一刻，痛与恨一起涌上心头。总的来说，米尔的出轨带给赫夫纳的影响是深刻而又复杂的。一方面，理性的他尽量不去责怪她，明白是社会在用苛刻的性标准来约束人；另一方面，感性的他感受到了背叛和痛楚。"这件事像阴云一样笼罩着我，直到结婚，"他说，"我们之间永远不可能跟过去一样了。"显然，这件事让赫夫纳不再相信女人以及男女之间的承诺。尽管上大学时他也曾和其他女生搂搂抱抱地亲热过，但从来没有与她们发生过性关系。这件事伤害了他作为男人的自尊，更重要的是，粉碎了一直以来他对米尔的种种美好幻想，成为他一生的伤疤。[40]

1949年2月6日，赫夫纳从伊利诺伊大学毕业。他的私生活岌岌可危，职业前景渺茫黯淡。这种混乱的状况通过一件事情就可以体现出来，那就是他决定停止创作自己钟爱的漫画自传。他承认放弃这种记录生活的方式"不是一个容易作的决定。六年多以来，它已经成为我生命中密不可分的一部分……这样做就像失去了一位老朋友"。然而，毕业和准备结婚标志着他生活的一个新阶段。"看来是时候说再见了。我想试试看能不能当职业漫画家，还想写一部小说和几个短篇故事。"他写道。

但这些愿望最终几乎统统没有实现。赫夫纳最终娶了米尔，但他没有当成职业漫画家，也没有写小说或短篇故事，更没有放弃他的漫画自传。他无法预料，若干年后他会费尽周折地寻找职业方向和驱走痛苦，最终才在战后的美国社会闯出一片天地。经历了一番漂泊后，他找到了一项事业，能够把他对流行文化的痴迷、对美国道德观的批判和对性的兴趣结合起来。从此，他的生活以及美国社会都不再是从前那个样子了。

第三章　创业契机

　　1948年秋，还差几个月休·赫夫纳就要从伊利诺伊大学毕业了。这时，他给父母写了一封信，言辞间充满了歉意。他承认自己在最近几周集中不起精力，打不起精神，因为求职和谋生的压力让人喘不过气来。"我担心能不能找到一份适合我自己的像样的工作，能不能为将来的家庭买得起房子和生活必需品。这种担心让我没心思做眼前的事情，所以有时候我看上去像是不关心身边的任何人。"他坦承。同时也劝慰父母说，这种焦虑是正常的，一切都会过去的。

　　赫夫纳的境遇并非偶然。第二次世界大战后，男性抑郁的现象非常普遍，因为数百万军人回归百姓生活，努力寻找工作，重新融入家庭，摸索生活的方向。赫夫纳读了大学，暂时性地推迟了这一危机，但如今他不得不面对这个世界，手头有的只是模糊的计划和不成熟的目标。他知道自己想结婚，也清楚艺术和新闻能够满足他的想象力，还希望成为作家或漫画家。但除此之外，他没有任何具体的想法。接下来的几年里，他经历了数次错误的开始和希望的破灭，最终他找到了自己的位置，获取了一种途径来表达自身的深层需求和价值观。[1]

1

　　1949年6月15日，休·赫夫纳与米尔·威廉斯在圣约翰博斯科教堂附近的教区长住所里举行了婚礼。他们选择天主教的婚礼是为了让米尔的母亲高兴，但由于赫夫纳不是天主教徒，他们不能在教堂里结婚，婚礼办得低调简朴，他们在当地的海外战争退伍军人大厅设宴招待亲朋好友，之后在威斯康星州黑泽尔赫斯特的斯蒂拉的伯奇伍德旅舍度了几天蜜月。回到芝加哥后，他们搬进了赫夫纳父母在新英格兰大街上的家，因为他们没有钱，战后经济型住房又长期短缺。[2]

但是，接下来的生活并不顺利。用赫夫纳的话说，这是"一段充满困惑和不安的时期"。他马不停蹄地找工作，先是在芝加哥的报社和杂志社碰运气，但他一没经验二没关系，"根本不知道怎样起步，怎样才能建立关系"。失望之余，他于1949年4月在位于南区的芝加哥纸箱公司找到了一份无聊的工作，担任招聘经理，周薪45美元。他本身就不喜欢这份工作，加上自己没有车，每天上班要让父亲开车先把他送到火车站。他受不了平淡的工作内容，也看不惯公司歧视非裔美国人和犹太人的招聘政策，仅仅五个月后就辞职了。[3]

1949年的整个秋天，赫夫纳都处于失业状态。他试着创作几幅漫画卖给报业辛迪加，但没有找到买主。不得已，1950年初，他去了西北大学，打算在研究生院继续学习，将来当一名大学教授。"有了硕士学位或博士学位，我就可以教书了（我想我会教社会学），老师（尤其是大学老师）会有大量的空闲时间，这样我就能随心所欲地写作和画画了。"他写道。但只过了一个学期，他就退学了，又开始找工作。他在洛普的卡森·皮里·斯科特百货商店找到了一份工作，撰写广告，周薪40美元。"我找到了一份写作的工作——虽说只是广告写作，但它是实实在在、真真正正的创作型写作，涉及到艺术和版面设计。"他兴奋地写道，"起薪虽然不高，但广告业前景可观，我学到了很多东西，这是我真正愿意做的事情。"[4]

六个月后，赫夫纳在《绅士》杂志社找到了一份工作，撰写宣传文字，周薪60美元。他年少时觉得这本杂志充满了成熟的魅力，如今却对它十分失望。"这份工作没有带给我成就感，"他说，"实际情况是，你每天早晨打卡上班，然后等着吃午饭。这不过是份工作而已。"此外，《绅士》即将停掉它在芝加哥的业务，编辑人员已经搬到纽约去了。后来，推广和发行人员也接到搬迁任务时，杂志社提高了赫夫纳的生活补贴，但拒绝了他提薪5美元的请求。因此，他辞职了。他隐约觉得，不管未来多么不确定，他应该是会留在风城芝加哥了。[5]

1952年1月，赫夫纳开始在出版发展公司工作，这家公司出版《现代绅士》、《艺术摄影》和《现代日光浴》。这些杂志内含裸体照片，不提供订阅，因担心邮局可能会把杂志当做淫秽材料而拒绝投递。作为销售和发行经理，赫夫纳开始结识报刊亭老板、批发商、印刷商，开始了解杂志市场。尽管周薪已经达到80美元，赫夫纳还是觉得在这里工作不开心，因为铁腕老板乔治·冯罗森让员工每时每刻都担心丢掉饭碗。因此，1953年初，赫夫纳跳槽到《儿童天地》担任发行推广经理，周薪120美元。《儿童天地》月刊由儿童培养协会出版，发行量约为25万份。[6]

就这样，赫夫纳在毕业后先后做过几份工作，都不满意，觉得他的兴趣、天分和热情无法施展。在谈到在芝加哥纸盒公司的第一份工作时，他抱怨说，"我的心情起起伏伏，做这份工作没有动力，没有成就感"，类似的话他在接下来的四年里说过很多回。在这一段低迷的日子里，他通过其他方式来抒发对艺术和新闻的热爱，接手了几个自己更愿意做的项目。[7]

赫夫纳酷爱绘画、写作、流行音乐和电影，渴望以创作来表达自我。"我想，他那时候希望成为艺术家，"米尔认为，"艺术是他的初恋。"就这样，1949年，刚刚毕业的赫夫纳找到了一份兼职，为当地的一家小报《戴尔·哈里森的芝加哥》写影评，他对此非常高兴。"让我们办一个电影专栏就好比让一个酒鬼当酒吧版的编辑，这根本就不算是工作。"他在第一篇影评中写道。不久后，他又努力创作了几部漫画作品。其中，《心理调查员吉恩·范塔斯》的主人公通过深入研究人类动机的心理学来解决犯罪问题，《弗雷迪·弗拉特》则轻松一些，描述的是校园生活中的倒霉事儿。但这些漫画都没有卖掉。[8]

每过一段时间，赫夫纳都会想要压抑这些创作的冲动，作出妥协，老老实实地过保守的中产阶级生活。在1950年圣诞节的一封长信里，他写道："米尔和我买了一辆二手车和一台新电视，我为卡森·皮里·斯科特百货公司撰写男性用品柜台的广告，工作得心应手。"但心中的不满时时翻腾。"想不明白将来要做什么时，他就很苦恼，"多年以后米尔解释说，"你知道，他的漫画卖不出去……他回西北大学读书时，想的是至少将来可以当个老师，但事实上，他内心是不愿意这么做的。"[9]

但是，创作方面的一次小小的成功激励了赫夫纳，也让他成了芝加哥的一个小名人。1951年春，他发表了原创的漫画作品《漫步喧闹之城芝加哥》，以大胆、诙谐的方式描绘了芝加哥的市井生活。这幅作品花了他好几个月的时间，最终发表时他很高兴。漫画的封面是一名女郎站在桌子上跳脱衣舞，围观的男人们在饮酒、说笑。这部漫画对这座城市的"礼仪和道德"评头论足，在芝加哥的酒吧、俱乐部和剧院里流传开来。当地报纸注意到了这部作品。《芝加哥每日先驱报》认为这是"一部无情讥讽芝加哥道德的漫画作品……像《绅士》那样的杂志可能会觉得这种漫画难登大雅之堂"。《芝加哥美国人报》认为，这部作品"会让你开怀大笑，但前提是你对这座城市有足够的了解"。"我希望这部作品能让我大赚一笔，"赫夫纳激动地写道，"但哪怕是我在这件事上不赔不赚，我也不在乎，毕竟是刚刚起步。我开始有了点儿名气，这是通往正确方向的重要一步——这个方向正是我希望的。"[10]

密歇根大街上的一家书店将这部漫画陈列在橱窗里，而赫夫纳在推广过程中也接触到了芝加哥的娱乐业。他接受了几家电台的采访，还出现在了当地电视台的一些节目中，例如休·唐的《相约午餐时间》和厄尼·西蒙的《有感而发》。后者的特点是制造荒唐笑料。当西蒙在一家电影院门口准备对赫夫纳进行采访时，一个扮成大猩猩的男人带着一位妙龄女郎走过来，而这位女郎正是漫画中的一个人物。这部作品的成功让赫夫纳兴奋，也为他赚到了几千美元。芝加哥历史协会下属的一家博物馆的馆长邀请赫夫纳在馆内为自己的几部原创漫画作品做一个专门的展览。"这是一件能够提高声誉的好事。"赫夫纳表示。[11]

次年，赫夫纳开始做的另外一件事更加能够预示他的未来。1951年秋，他考虑自己创业。他与在《绅士》工作时共用一间办公室的同事伯特·佐洛起草了一本杂志的章程，将杂志命名为《脉动：芝加哥画志》，也开始接触潜在的投资人。但他们筹不到钱，这个项目流产了。尽管如此，1951年底，创办一本属于自己的杂志的想法开始在他的头脑里发芽。[12]

50年代初，在寻找职业方向的同时，赫夫纳开始形成完整的世界观。天资聪颖的他以年轻人特有的方式在高中和大学时代接受了大量的观点和理论，从好莱坞电影到弗洛伊德，从流行漫画到达尔文，从新教思想到人猿泰山。从校园走出来时，他脑子里的问题比答案多；进入成人世界后，他努力将众多影像和思想融合成一种世界观，以便在大千世界里找到前进的方向。他逐渐将几种因素融合在一起，这些因素包括安·兰德和个人英雄主义、大众心理学、艾尔弗雷德·金西和性解放、流行文化中的情感形象以及特别重要的电影，它们是构成社会幻想的基石。

赫夫纳试图用心理学解释人类行为，这意味着他背离了父母的宗教价值观。大学期间的学习让他意识到，能够解释人类行为的是灵魂深处的冲动，而不是罪恶。"我在伊利诺伊大学学习以及在西北大学攻读硕士学位时都选择主修心理学，因为它试图回答'为什么'的问题。"他解释说，"如果我想当一名作家，就应该知道我们为什么会以某种方式行事。"赫夫纳广泛地了解了人类的本能和冲动是如何决定行为的，尽管这些本能和冲动往往是隐性的，或以扭曲了的特殊形式表现。他回忆说，弗洛伊德是他的偶像之一。[13]

同时，他刻苦钻研心理学和社会学的理论，这些理论认为，人类是深受社会和心理因素影响的动物。用他自己的话说，他学到的观点是：

"在很大程度上,人类是遗传和环境的一种表达、一种综合。他不应该因某种行为而遭到谴责,他只是一个受害者,仅此而已。"赫夫纳不认同这种决定论,表示如果大家都这么认为,那"我们就成天坐着,什么也不用干了"。同时,他指出麦卡锡主义对要求政治领域和社会领域的统一所施加的压力,迫使美国人"在意安全,在意集体,害怕与众不同,害怕表达不同观点"。他得出的结论是,所有这些观点和潮流都在破坏"自由企业制度"和"自由的民主社会"。在他看来,"抹杀自我,强调一致,你就直接步入了乔治·奥韦尔在《1984》中描述的那个社会"。[14]

安·兰德的《源泉》成为赫夫纳个人主义倾向的催化剂。这部小说坚持"客观主义",主张所谓道德就是合理的自我利益。这一点深得赫夫纳赞同。其主人公霍华德·罗克,一个坚定的个人主义者,激发了赫夫纳的自我意识。"我第一次意识到,如果你为了所谓的'个人利益'将个人的重要性从社会中剥离,抹杀他的价值、他的完整性、他的观点以及他与众不同的权利,那么永远不可能获得共同利益——只能是共同灾难。"赫夫纳回忆道。他确信,个人主义是自由社会的核心,而极权主义和法西斯主义推行的是令人压抑的集体主义。若干年后,兰德接受了《花花公子》的采访,赫夫纳惊奇地发现她是一个巴里·戈德华特派的保守主义者。尽管如此,在50年代初,兰德那些不受约束的个人主义观点还是极大地吸引了一个对麦卡锡主义和中产阶级一致性不满的年轻人。[15]

赫夫纳对于个人主义的信仰,如同他生活的其他方面,越来越集中在性行为和性标准上。1948年的《金西报告》点燃了他对于性虚伪和性压抑的憎恨之情。因此，1950年春，他在西北大学研究生院的短暂学习期间，学校要求写一篇大论文，一个题材自然而然地召唤着他。这篇论文是为社会病理学这门课准备的，题目是《性行为和美国法律》，长达78页，研究了规范美国人性行为的各种法律。赫夫纳考察了各种形式的性行为，包括婚前、婚内和婚外性行为，嫖妓、乱伦和同性恋；研究了针对上述行为的法规和惩罚措施。他得出结论说，美国人在性原则和性行为之间存在着差距，"各州在制定法规时融入了大量的虚伪因素"。许多常见的行为，如婚前性行为、口交、手淫和"下流的同居"等，都被视为非法。用赫夫纳的话说，如果这些法律得以执行，"近90%的男性公民都得进监狱"。他声称，这种状况表明，现代自由观并未延伸到性领域；而罪魁祸首是基督教，因为它压抑肉欲，提倡独身。他反击道，如果理性的光芒能够照耀到性领域，许多行为都不再是有罪的，而这些行为本身也没有伤害到任何人。"人的道德生活，只要没有伤害到别人，就是他的私事，应该由他自己做主。"他断言。[16]

更重要的是赫夫纳在这篇文章中投入的情感。用他的话说，他"以虔诚信徒般的饱满热情"投入到了研究和写作中。这件事不仅为他强烈的、兰德式的个人主义思想找到了出口，还为他提供了发泄的渠道以面对米尔的不忠带来的伤痛以及童年时代新教思想的压抑。这篇文章表达了性自由和个人解放的双重含义，把握了赫夫纳日渐成型的世界观的关键动力，预示了他在日后的职业生涯中的许多关注点。这篇论文的研究方面得到了A的分数，而结论只得到B$^+$，这让他更加确信性压抑和性虚伪已经扭曲了美国人对于性的态度。[17]

美国流行文化促使赫夫纳在情感和思想上迅速成熟起来。他继续做那些关于爱、浪漫和激情的感伤梦，而这些梦都植根于流行文化和电影中。《史密斯先生去华盛顿》、《遇见约翰·多伊》等影片中那些强壮纯朴、有正义感、坚持原则、坚强面对逆境的男性形象以及汉弗莱·博格特饰演的大量角色影响了他。他搞到了一本地下版本的禁书劳伦斯的《查泰莱夫人的情人》，还如饥似渴地阅读了巴德·舒伯格的《是什么追着萨米跑》，那是一本关于萨米·格利克和好莱坞的流行小说。读了《了不起的盖茨比》和《幻灭》（舒伯格以小说形式描写的菲茨杰拉德悲惨的晚年生活）后，赫夫纳又迷上了F.斯科特·菲茨杰拉德的工作和生活。"我不希望长大后成为父母那样的人，一定要有点儿别的什么东西，"他解释说，"而'别的什么东西'或许就存在于我做过的梦、看过的电影和读过的书里。"[18]

50年代初，赫夫纳已经形成了支持个人主义和妇女解放的观念，推崇自由表达、性解放和个人自治。他可能还不清楚自己要去哪里，但他已经具备了将把他带到那里的思想。同时，他在青年时代对于职业和方向的探寻远远不只是一种智力上的历练。这与他的私生活有着千丝万缕的联系，尤其是不尽如人意的婚姻和日渐强烈的性躁动。

2

1949年，休和米尔的新婚生活是在一种尴尬的环境下开始的。迫于经济压力，他们只能跟父母合住，把父母家的大卧室改造成了一间小公寓。赫夫纳的父母感情内敛，小两口对父母又心存感激，一家人相处起来也算其乐融融。唯一能引发矛盾的就是休和米尔两人对于做爱的热情，他们闹出的动静有时会让父母和多年的老邻居听到。一天，尴尬的格雷丝把儿子叫到一边，让他们收敛点儿，至少别闹那么大动静。抛开这些小事不讲，小两口总算是安顿下来了。休不断地跳槽，还做一些跟艺术有关的兼职。米尔在玛氏糖果公司上班。赫夫纳似乎很知足，他在1950年圣诞节时写道："我发现，我现在比结婚当天还要爱米尔。"[19]

变化始于1952年早春，米尔怀孕了。他俩花了几个星期的时间在芝加哥南区的南哈珀大街6052号找到了一套有五个房间的公寓。整个夏天，他们都忙于装修。对于赫夫纳来说，现在终于能够过上理想中的都市时尚小夫妻的生活了。他追求格林威治村一般的环境，卧室的主色调是深灰，配以白色、黄色和黑色的窗帘以及毕加索的画，还疏疏拉拉地摆放着现代派的家具，包括一张诺尔牌的橘色休闲椅；餐厅光线很好，三面墙涂成了铁锈红，一面墙上贴了菲科宾草的壁纸；长长的门厅陈列着赫夫纳的漫画作品。他们还恶搞了一把，把两人的X光胸透片镶进了相框；卧室里的墙是黄色的，配有墨绿的竹帘；孩子的房间则用波戈的卡通形象装饰。《芝加哥每日新闻》以图文并茂的形式介绍了赫夫纳的公寓，他坦承自己是想"创造出一种向往中的放荡不羁的生活"。[20]

然而，赫夫纳精心安排的生活却被现实粉碎了。事实上，他和米尔渐渐疏远，对彼此之间的关系都心存疑虑，但他们以为婚姻关系可以克服这些障碍。如同50年代初美国许多的年轻夫妻一样，他们感受到了结婚生子的压力，用赫夫纳的话说，"你就应该这样做"。可是，他们磨合得不好,随着时间的推移,挫败感有增无减。[21]

失望之情很早就露出了苗头。婚礼还算顺利,但在威斯康星州的湖畔旅舍里度过的蜜月就大打折扣,天气酷热难耐,心情百无聊赖。两人的性关系也渐渐冷淡,他们没能培养出一种紧密的情感联系,只能处于冷漠之中。他们搭档打桥牌时,摩擦就会升级,争吵总是难以避免。如同格雷丝与格伦一样,虽说很少吵架,但也没多少感情。一位朋友说:"我觉得他们更像是好朋友而不是恋人,因为我从来没有见过他们真情流露、拥抱、接吻或抚摸。"[22]

渐渐地,两人都感觉到了不满,一种情绪悄悄地形成着。"那是一种伪装,我们只是在扮演自己的角色。"米尔日后坦承。赫夫纳补充道:"我总是能够发现几乎所有事情的积极面。我知道自己在这段婚姻中从来就没有真正地开心过,但我设法说服了自己。"夫妻关系停滞不前,事业不见起色,这一切似乎标志着他年少时代的梦想统统破灭了。后来回首早年与米尔的婚姻时,赫夫纳表示,那段时间里,"我彻底迷失了"。[23]

对于赫夫纳来说,两件事情最让他感到沮丧。首先,他发现米尔对性没有什么兴趣。"他告诉我,米尔在床上不积极,他把自己知道的所有招数都用上了,就是为了取悦她,但完全没用。"赫夫纳的密友埃尔登·塞勒斯透露。其次,赫夫纳还没有做好当父亲的心理准备,他同意要孩子完全是出于社会的压力。1952年11月8日女儿克里斯蒂的降生让他欣喜,但从内心来讲,他并不是那种恋家的男人。用他的话来说:"这些事情凑在一起,让人觉得无聊。我经历着种种变化,但心思不在这里。"他没有培养出多少做父亲的责任感，1955年第二个孩子戴维的出生只能使局面恶化。米尔生下老大后就想着再添一个，赫夫纳不肯，米尔只好偷偷算好了生理期。"第二个孩子是计划之中的，只不过不是我计划的。"他懊恼地写道。[24]

同时，这段不甚美满的婚姻因赫夫纳日渐活跃的性幻想而面临着越来越大的压力。他那强烈的性欲在婚礼当天下午就暴露无遗。当时是在米尔父母家，天气炎热，亲戚们都在家里，赫夫纳就想跟米尔在卧室做爱。她拒绝了。接下来的几年里，赫夫纳对性的痴迷变本加厉。他在新公寓拍下的照片中就有一张米尔的背面裸浴照。他的自传里有一封1952年写给后代的信，那封信就是用小幅照片装饰的，照片上的美女要么衣着暴露要么干脆不穿。赫夫纳乐此不疲地在新闻里搜索与性有关的花絮。他在第二年的一封信中写道："本月，与性有关的标题两次登上了报纸的显要位置，一次是黄油产业继承人迈诺特·杰尔克被认定拉皮条，从每位电话应召女郎那里收取50到200美元的费用；另一次是克里斯蒂娜·乔根森在接受了一系列复杂手术后回到美国，从男人变成了女人。"正如埃尔登·塞勒斯所说，"他满脑子都是性"。[25]

赫夫纳对性的痴迷并非只是停留在精神层面。在一群年轻的已婚朋友当中，他是性实验的行家。他在自己的公寓里举办晚会，放映色情电影，挑逗观众的欲望，他还喋喋不休地进行评论以消除尴尬。他组织脱衣扑克和脱衣猜字等有伤大雅的游戏，游戏者会大量饮酒来消除拘束感，最后男男女女都会脱得只剩下内衣。按照塞勒斯的说法，在这些喧闹的聚会上，半裸着身子的人们跑来跑去，嬉笑打闹。"没有发生真正的性行为，但气氛是极具挑逗意味的。"他说。[26]

赫夫纳走得更远。某晚，他与米尔以及贾妮和埃尔登·塞勒斯一起观看了一部色情电影。之后，他建议四个人在同一张床上做爱，当然是丈夫与自己的妻子。他们真的那样做了，用塞勒斯的话说，"感受果真不同，很刺激"。据米尔透露，赫夫纳开始暗示交换伴侣，尤其是与塞勒斯夫妇，但这一想法未能实现。最终，类似的事情还是发生了，是与休的弟弟基思和弟媳蕾。一天晚上在公寓里，米尔最终拒绝跟基思做爱，但休和弟媳睡在了一起。[27]

很快，赫夫纳的胆子更大了。他购买了必要的设备，拍摄了自己的色情片。这部名为《化妆舞会之后》的片子是在朋友的公寓拍摄的，片中，赫夫纳与一位女友做爱，但他们戴着面具以免暴露身份。还有一次，赫夫纳与埃尔登·塞勒斯分享了一位伴侣。当时塞勒斯自己的性实验也很快升温。他把一个姑娘带回家，姑娘不介意再来一位朋友，"所以我叫了赫夫，他马上赶来了"。赫夫纳对性经历的体验非常强烈，他甚至体验了一把同性恋。据塞勒斯透露，一天晚上，在芝加哥市区，赫夫纳被男人骚扰，"开始觉得恶心，后来发现挺有意思。据我所知，那个男人只是给他口交了"。[28]

但是，赫夫纳不断发展的性解放思想并未用到妻子米尔身上。埃尔登·塞勒斯离婚后，跟赫夫纳夫妇走得更近了，常常会到赫夫纳家坐坐，有时是赫夫纳不在家的时候。这惹恼了赫夫纳。"他给我讲了一个故事，说他的一个朋友，老婆跟着他最好的朋友跑了。"塞勒斯回忆说。赫夫纳的担心不无道理，因为塞勒斯迷上了米尔。"我觉得她很性感，有一次我们在聚会上玩接吻游戏，我觉得她吻我的时候动了情，那可是法式长吻啊。"他坦白说。[29]

尽管赫夫纳在性方面玩出了这么多花样，他的态度倒是很耐人寻味。他组织、设计了这些聚会还提供了场地，也贡献了许多智慧和欢乐，但他有时候还是保持了旁观者的角色。他喜欢投身新的性冒险，但并未沉溺其中。据塞勒斯观察，赫夫纳在夫妻聚会上从来没有喝醉过，小心翼翼地保持着自控能力。米尔对此表示同意，认为丈夫"张罗这些事，但是不参与"。她认为，在某种程度上，赫夫纳的保守让他没有丧失抵抗力。但米尔也声称，丈夫在更深层次上创造出另一个自我，这个人物可以按照最深层的欲望行事，而他真正的自己却可以继续旁观。"我总觉得他是两个人，一个是想象中的自己，一个是生活的旁观者。"她解释说，"是他的另一个自己做了那些他想做却又不敢做的事情。"在某种意义上，赫夫纳创造的社会幻想中包含着他的个人幻想。[30]

很自然，赫夫纳躁动不安的性欲最终在一件事情上爆发了。在出版发展公司工作时，他跟一名护士好上了，这段关系维持了一年左右。她有魅力，很坦率，性欲旺盛，这一点与米尔形成了对比。"她想办法让我找回了在性方面的自尊，"赫夫纳说道，"她以一种特别的方式吸引着我，而这一点米尔没做到。"他觉得这种非法的关系并非不忠的表现，只是弥补了米尔对性的冷淡态度。此外，这件事也表明赫夫纳对美国那些压抑性行为的规矩越来越不满。"我不记得我当时有负罪感，"他后来说，"事实上，我只是觉得我打破了从小被灌输的那些规则。"[31]

因此，赫夫纳在职业生涯上再三出现的动力不足的现象和在个人生活上的不满以及性体验结合在了一起。他的各种尝试——性关系、风格前卫的公寓、色情片、有伤风化的聚会——都表达了一种共同愿望，那就是摒弃战后美国的社会规范。"这都是同一件事情的一部分，都是试图摆脱那种生活，"他写道，"都是为了避免像前人一样步入深渊。"他批评美国社会催生出了《爸爸全知道》的那种模式，他渴望解放。但不论在职业生涯还是个人生活中，受挫的阴影却总是挥之不去。用赫夫纳的话说："在那个阶段，不论从职业还是生活来说，我都算不上一个快乐的人"。[32]

3

具有讽刺意味的是，赫夫纳的不满是在一个狂欢的时刻爆发的。1952年12月，他与吉姆·布罗菲编排并导演了《明星讽刺剧》，这是为斯坦梅茨高中校友协会创作的筹款杂耍剧。这对学生时代的老朋友成了校友聚会的主角，唱了几首歌，演了几个小品，其中一个是轻松搞笑的《送我的宝贝儿回家》，布罗菲扮成女孩，赫夫纳为他演奏小夜曲。观众非常买账，掌声笑声不断。赫夫纳欣喜若狂，在漫画自传里写道，"谁说不能让时钟倒转？在过去的两个小时里，我们的的确确被带回到了1943年"，这次校友聚会上的表演"让我重拾自信，让我想起高中时代，那时我真的相信自己无所不能"。[33]

但片刻的兴奋很快消逝了。成功的喜悦渐渐退却，这次表演经历只能更加衬托出他在现实生活中遭遇到的烦恼。他更加敏锐地体会到对停滞不前的事业和不甚幸福的婚姻的失望，几天后这种感觉差不多要把他击垮了。在冬日的严寒里,他站在芝加哥河的一座桥上,望着河水,拼命想要找回高中时代的温暖记忆。那时候,他是小团体中颇受拥戴的小头头儿,处处有艳遇,未来充满了可能性。"我站在桥上……觉得自己的生活仿佛要完蛋了。我放弃了童年时代所有的梦想,痛苦极了。"但正是这种痛苦让他痛下决心,"一定要做点儿什么出来"。[34]

几周后,他着手创办自己的杂志。这个想法他之前就有过,但这一次是真正地投入进来,融入了所有的兴趣、想法和激情。这本杂志的核心就是越来越激发他想象力的那个主题——性。"我决定自己来做这件事,没有别人,做就是了。"他说。在出版发展公司工作时的经历让他确信,美女裸照是有市场的,因为这家公司出版的那些低俗杂志都能卖掉。他还认为,《绅士》在删除了床头画和漫画后已经在走下坡路了。"我确信我有能力办出一本好杂志,我有绝对的把握,清楚自己在做什么。"[35]

赫夫纳开始与好友谈论这个想法。他喜欢和埃尔登·塞勒斯在他家公寓的地下室里打乒乓球,休息时,他谈起了自己想要创办杂志的计划。"他对自己要做的事情有很成熟的想法——他谈论这个想法的方式也让我很激动,希望参与其中。"塞勒斯说。赫夫纳还联系了他的朋友,曾在《绅士》杂志社工作的伯特·佐洛,此人目前效力于一家公关公司。赫夫纳谈了他的计划:

> 我希望创办一本娱乐杂志,目标读者是都市男性,风格活泼,内容时尚。美女照片会保证初期的销量——但这本杂志也

会有质量……我们将为读者呈现知名作家的作品回顾、本土艺术家的顶级作品，还有漫画和幽默，或许还会添加一些彩页让它显得有档次……等我们在银行攒够了钱，就可以提高质量，少用美女照，吸引广告，把它办成《绅士》那样的杂志。[36]

1953年春，为了实现梦想，赫夫纳采取了具体措施。在他位于南区的公寓里，他整晚趴在卧室的牌桌前工作，一直到天亮。他决定将杂志命名为《男人聚会》，也勾勒出了杂志的轮廓。他成立了HMH出版公司，邀请埃尔登·塞勒斯参与进来，以此融资。同时，他联系了全国的批发商，在他们中间推销新杂志的预订单。他是在出版发展公司工作时认识这些人的。他的推销信宣称："这笔买卖会让我们双方获利。《男人聚会》——一本为男性打造的全新杂志——今秋就要面世了。"他承诺，每一期杂志"都会有一整幅诱人的美女照片，是逼真的彩色照片！现在你明白为什么我敢说这是您卖过的杂志中最畅销的一本了吧"。[37]

赫夫纳为自己的新事业激动不已，全身心地投入其中。他在桌前一坐就是几个小时，为杂志做设计，梳理手头的文章和漫画，整理批发商不断发来的订单。"他都没怎么睡过觉，几乎整晚都在工作。"米尔说。赫夫纳的热情感染了其他人。伯特·佐洛起初对这件事情有所保留，但也被赫夫纳打动了，他认为赫夫纳是"一个很有创造力，同时又很现实的家伙，他会成功的"。[38]

赫夫纳努力地向亲戚朋友筹款。塞勒斯的一名有钱女友投资了

1953年末，赫夫纳在自家公寓的牌桌上编辑了第一期《花花公子》。

2 000美元，赫夫纳从当地银行借了200美元，在一家贷款公司用家具作抵押借到了600多美元，佐洛投入了300美元，基思为哥哥的事业贡献了1 000美元。尽管对这本杂志有所保留，格雷丝还是拿出了1 000美元。心存感激的赫夫纳在给母亲的信中写道："这件事情来得突然，我也知道这本杂志的大部分内容与我的那些漫画一样，都不会是您个人完全喜欢的类型，所以您能这样做才更伟大。"最终，赫夫纳为出版第1期杂志一共筹集了8 000美元。[39]

这时，赫夫纳手头已经接到了批发商发来的不少订单，他与伊利诺伊州罗谢勒一位相识的印刷商敲定了印刷事宜。该印刷商有一台新印机，赫夫纳给的时间也充裕，因此他同意以赊账方式印刷《男人聚会》，完成后30天内付一半的款，60天内付另一半。赫夫纳还作出了一个重要决定，聘请一名艺术指导来负责杂志的视觉效果。他联系了芝加哥的一位形象艺术家，名叫阿特·保罗，请他为一个故事配插图，但被保罗陈列出来的各种插图迷住了，于是邀请他担任一个更为重要的角色。在来到这位艺术家的工作室时，赫夫纳衣服皱皱巴巴，愁眉苦脸，但对新杂志的热情由内而外地散发出来。"我当时就想，这人要么飞黄腾达，要么走火入魔。"保罗回忆说。艺术家答应兼职为杂志设计形象，赫夫纳支付的报酬一部分以现金支付，一部分以新公司的股权支付。[40]

当然，赫夫纳最为重要的举措还是他买下了一张照片的版权，那就是当时最炙手可热、最性感的女演员的裸照。1952年，凭借着影片《夜阑人未静》、《彗星美人》和《飞瀑怒潮》，玛丽莲·梦露一跃成为当红影星。在随后铺天盖地的宣传中，一则消息被披露出来，一名洛杉矶的摄影师曾在1949年为她拍摄了几张用于挂历的裸照。梦露开玩笑说，拍摄时，她"身上什么也没穿，只开着收音机"。赫夫纳从报纸上得知，位于芝加哥的挂历公司拥有其中一张照片的版权，但由于邮局对于淫秽材料的限制，这家公司不肯通过邮寄的方式来递送挂历。赫夫纳深知，第1期杂志要想卖得火爆就必须来点儿噱头，他立即驱车赶到这家公司。他说服约翰·鲍姆加斯把这张照片的版权卖给了他。照片上的梦露坐在红色天鹅绒的背景里，姿势极其挑逗。[41]

可就在杂志即将出版时，一场意外的危机出现了。1953年9月，赫夫纳收到一家律师事务所的来信，这家事务所代理的是《男人晚会》杂志社。该杂志社认为《男人聚会》侵犯了它的名称，威胁要起诉。赫夫纳、米尔与埃尔登·塞勒斯召开紧急会议，酝酿其他名字，例如，《礼帽》、《单身汉》、《君子》、《先生》、《好色之徒》和《面孔》等等，但好像一个也不合适。最后，塞勒斯想到了《花花公子》。米尔觉得太土，让人想起20年代。但赫夫纳认为，喧嚣的20年代"是与高调的生活、聚会、美酒、女人和歌声联系在一起的，而这些恰恰是我们这本杂志想要传达的"，因此他喜欢这个名字，便立刻采用了。漫画家阿韦·米勒已经为杂志设计好了标识，那是一只雄鹿，穿着睡衣，叼着烟

69

斗，举着高脚杯，站在壁炉前。很快，兔子替代了雄鹿。不久后，阿特·保罗创造出了著名的兔头侧影标识，它看上去"气质高贵、喜欢享乐"。[42]

1953 年，第 1 期《花花公子》的出版准备工作已经就绪。过去的几个月里，这本杂志已经吸引了 7 万份订单，但没有人知道它到底会不会畅销。第 1 期杂志从印刷机里出来时并没有印上出版日期，因为赫夫纳这位年轻的编辑兼出版人尽管相信这本杂志会吸引人，但不确定其销量是否足以支撑第 2 期的出版。不管是在物质上还是感情上，赫夫纳孤注一掷，现在只能等待结果了。

II
声名鹊起 Ascent

1954年，《花花公子》早期，充满活力的赫夫纳在办公

第四章　如何赢得朋友和煽动读者

1953年11月的第一个星期，惴惴不安的休·赫夫纳在芝加哥闹市区的大街上走来走去，不时地转悠到报刊亭前看一眼他的新杂志。第1期《花花公子》刚刚诞生，他像一位急切的父亲一样担心孩子的状况。几周前，他凭借手中的订单，与分销商帝国新闻公司谈下了一笔划算的买卖。10月中旬，他驾驶着自己那辆1941年的破雪佛兰，驱车75英里，来到罗谢勒印刷公司，同行的还有埃尔登·塞勒斯和阿特·保罗。他们花了几个小时校对杂志清样。当印刷厂最终敲定清样、添加封面、装订成册时，赫夫纳异常激动。他描述说，这是"我生命中最伟大的时刻之一"。[1]

此刻，赫夫纳站在报刊亭前，貌似随意地翻阅《花花公子》，假装好奇地浏览目录，还不忘偷看一眼玛丽莲·梦露的照片。有人买了一本，他就很激动；有人拿起来又放下继续赶路，他就很失望。他甚至趁着报刊亭老板不注意，将《花花公子》摆到一个更显眼的地方。一连几天，他都在想，如果这本杂志卖得不好，他的梦想就破灭了，恐怕很快就会破产。[2]

其实，赫夫纳并不需要担心。在很短的时间内，这本杂志脱颖而出，销量直线上升。之前专家预测，这本杂志能够卖出60%左右，这已经是很好的成绩了。但结果是，《花花公子》卖掉了近80%，也就是5.4万册左右。对于一本预算很少又没有做过什么宣传或者广告的新杂志而言，这个数字是惊人的。此时，第2期杂志已经成型，12月初问世。更加自信的赫夫纳把自己的名字印上了刊头，结果第 2 期比第 1 期多卖出 2 000 本左右。[3]

即便是赫夫纳本人也为《花花公子》引起的强烈反响感到震惊。这本杂志似乎很快触及了一根神经，不仅是读者，还有美国文化，至少是美国的众多男性公民都做好了接受这本杂志的准备。这本杂志的魅力从第 1 期就开始散发出来。《花花公子》大胆、刺激，甚至有些淫秽，但它不危险，不颠覆，表达的是战后美国的许多主流价值观，并赋予它们一些生机勃勃的新形式。这本杂志的目标读者是那些在新的繁荣的社会和经济环境中努力立足的男性，它为这样一个阶层提供了关于美好生活的生动设想，他们渴望引导生活潮流，只是自己未必意识得到。《花花公子》开始将一种潜在的群体性的社会幻想呈现出来。

1

尽管赫夫纳为自己的新杂志感到骄傲，但他深知这本杂志不论是在品质还是风格上都离他的期望相差甚远。第 1 期《花花公子》内容活泼，风格朴素，但看上去不够档次。赫夫纳开玩笑说，它是拼凑起来的，"有一点新，有一点旧，有一点借来的，有一点黄"。但是，这种粗糙的框架已经体现了这本杂志的雏形，以后的杂志就是在此基础上改进和扩充的。正如阿特·保罗所言，创刊号"是后来杂志的蓝本"。[4]

在第 1 期杂志的封面上，玛丽莲·梦露微笑着挥手，而旁边的文字承诺说，读者将在杂志中找到这名女演员的裸照，"是所有杂志中第一次曝光的，全彩色的"。翻开杂志，映入眼帘的是一篇轻松活泼的卷首语，宣称这是一本为全新的男性读者群打造的全新的杂志：

如果你是一名年龄在 18 岁到 80 岁之间的男性读者，《花花公子》就是为你打造的。如果你希望以幽默、高雅和有情调的方式提供娱乐，那么你一定会喜欢上这本与众不同的《花花公子》。

我们想要在一开始就把话说清楚，这不是一本"家庭杂志"。如果你是某人的姐妹、妻子或者岳母，又不小心拿起了这本杂志，请把他递给家中的男人，然后接着看你的《妇女居家指南》……

如今，多数"男性杂志"关注的都是户外活动——穿越丛林或者漂流。我们偶尔也会涉及这些内容，但不妨提前透露——我们打算把精力主要放在室内活动上。

我们热爱自己的公寓，喜欢喝点儿鸡尾酒，尝一两道开胃菜，在留声机上播点儿感伤的音乐，邀请一位要好的女伴说点儿悄悄话，谈谈毕加索、尼采、爵士乐、性……

国家大事不是我们的讨论范围。我们不奢望解决什么世界问题或者证明伟大的道德真理。如果能够在浮躁的原子能时代给美国男性带去一点笑声、一点轻松，我们就觉得自己的存在是有意义的。[5]

这段话言简意赅，承诺为年轻的都市男性提供一种高雅的娱乐。这些男人在充满压力的工作之余寻求解脱，比起狡猾的鳟鱼、烟熏火燎的篝火和其他难缠的自助项目，他们更喜欢（或者说，更需要喜欢）现代艺术、电影和异域美食。用赫夫纳那句著名的话说，这本杂志将成为"符合男性品位的娱乐入门书"。[6]

快速浏览一下第 1 期的内容，你就会发现这名年轻的芝加哥人创办的杂志的性质。性挑逗无处不在。一篇文章解释了在无聊的聚会上如何用刺激的"脱衣问答"游戏来活跃气氛；另一篇介绍了加利福尼亚州的裸泳活动；节选的《十日谈》讲述了一个"关于通奸的幽默故事"；漫画则体现了粗俗的主题，其中的一幅描绘了一个窈窕少女在写日记，她问一个朋友："'处女'这个词的过去式是什么呀？"；此外，还有"花花公子的聚会笑话"等栏目。其他文章标题有《全能后卫归来》、《多尔西兄弟》和《现代办公室的办公桌设计》。"男性商店"栏目呈现了最新的男性消费品；"马坦萨斯爱情故事"介绍了古巴的美食和饮品；重印的阿瑟·柯南道尔和安布罗斯·比耶尔斯的故事充满了神秘和历险的色彩；"1953 年的掘金小姐"讽刺了贪婪的妇女为了获取赡养费而操纵司法系统的做法。

然而，《花花公子》第 1 期的核心当属专栏《当月甜心宝贝》。如同封面上承诺的那样，它展示了玛丽莲·梦露的性感形象。"她与德怀特·艾森豪威尔和迪克·特蕾西齐名，与金西博士一道垄断了今年的性领域。"文章表示，"她是自然之性的化身，举手投足处处流露出性感的韵味，这就是为什么我们在芸芸众生中自然而然地选择她作为我们的第一位'花花公子甜心宝贝'。"梦露的几张照片，包括她以红色天鹅绒为背景拍摄的那张裸照在内，为这段话提供了佐证。杂志向读者保证,"在今后每一期的《花花公子》里,我们都会附带一张全彩色的美女床头画"。[7]

这本大杂烩的杂志究竟是如何吸引到读者的呢?当然,最初是那些诱人性感的照片,特别是梦露的裸照,吸引住了一批男性读者,他们原先都是通过地下渠道获取香艳的材料,内容淫秽,制作粗糙。但《花花公子》的魅力更是深深地植根于战后美国的社会和文化土壤中。

50年代的中产阶级生活已经摆脱了30年代的大萧条和40年代第二次世界大战的动荡。大萧条中,国家的经济秩序遭到破坏;第二次世界大战中,社会秩序和大众心理遭受创伤。关于破产、丧失抵押权、战场创伤和痛苦分离的记忆还残留在美国人的记忆里,刺激着他们的心灵。数百万普通民众进入战后时期,渴望用安定替代不安,用稳定驱走动荡,用占有取代需求。美国是战胜国,专家们也开始提出"美国世纪"的说法,提供了实现这一切的手段。

以经济强国的形象走出第二次世界大战,美国已将方向从战备转移到了消费。到了50年代,繁荣成为美国生活的标志。中产阶级民众享受到了一种富足经济,商品前所未有的充裕。根据《士兵福利法案》中关于抵押贷款的规定,大批新的购房者推动了住宅建设的繁荣,催生了如雨后春笋般涌现的郊区,例如莱维敦和长岛,这些郊区在1949年后建设并销售了1.7万套房屋。汽车工业也步入了繁荣时代,以通用为代表的底特律的那些汽车公司为中等收入居民生产出了更宽敞、更时尚、性能更强劲的汽车。高就业率和稳定增长的收入刺激了休闲活动,带动了度假游的兴起和电视机的热销。大量消费品涌入中产阶级家庭,引得《财富》杂志在1956年惊呼："从来没有一个民族像今天的美国人一样花这么多钱购买了这么多东西。"史学家戴维·波特在一本颇有争议的书《富足的人民》中得出结论，作为两个世纪以来推动美国发展的主要因素，物质富足在战后已经达到了顶点。《生活》杂志在1959年的一期名为"美好生活"的特刊中感叹道，当今美国，"一夜之间，原先看似少数派的享乐阶级已经成为了多数派"。[8]

美国家庭成为了新的消费经济的核心。随着40年代末和50年代初对婴儿潮的宣传达到顶点，家庭在战后重获重要地位。一种以"家人团聚"为内容的新的文化准则将郊区农场生活、乘车旅行、和家人一起收看《爸爸全知道》和《天才小麻烦》这样的节目理想化了。美国人接受了一种对于新的家庭体验的憧憬，用一位史学家的话说就是，"通过充满活力、勇于表现的个人生活来满足几乎所有家庭成员的个人需要"。[9]

物质富足和家庭团聚的环境要求重塑美国人对于个人主义的信念。早年间，美国社会强调的是一种严格的个人准则，即公民需要凭借勤奋、坚忍和自我约束来照亮通往成功的道路。但是在战后令人陶醉的日子里，一种新的社会经济环境要求上述准则的变革。经济日益被大公司控制，官僚做派而非企业家能力成为新的竞技场。在这种情况下，"人格"包括良好的形象和突出的个人技巧——而不是严格的道德观中那些旧式的"品质"。这种"人格"有助于"团队协作"以及个人在企业里的晋升，成为一种成功的新标志。牧师兼治疗师诺曼·文森特·皮尔在其超级畅销书《积极思考的力量》中敦促读者借助一种"更大的力量"

获得自信和改善精神健康状况以巩固幸福和繁荣的基础。[10]

冷战的压力将物质富足、家庭和团队协作融合成了一种美国式的生活方式。从经济上看，政府的防御条约在很大程度上保证了50年代的繁荣。从宣传上，美国宣扬一种反共产主义的信条，将美国的富足与家庭、政府机构的效率以及充满活力的个性与斯大林时期死气沉沉的集权主义进行对比。公司管理、全国范围的广告宣传和郊区的社会风气带来了一种要求一致性的压力，而反共的意识形态又加剧了这种压力，因为反共需要团结起来对抗"红色威胁"。1959年，《生活》杂志刊登了一个轻松的故事，还配了几张照片，那是一些新婚夫妇在防空洞里度过为期一周的蜜月，他们被包围在极大丰富的物质中。[11]

然而，随着50年代的推进，美国人的生活方式受到了挑战，雄伟的建筑上出现了越来越大的裂缝。这些挑战多是以隐蔽的方式出现的。1955年前后，猫王和摇滚乐开始动摇中产阶级关于性和情感反叛的种种限制。"垮掉的一代"，通过杰克·克鲁亚克这样的小说家和艾伦·金斯堡这样的诗人强烈批评了中产阶级的物质主义，创造出一种放荡不羁的反文化，主张不受约束的个人表达。评论家纷纷攻击从众心理以及美国资产阶级贫乏的想象力，他们的作品包括威廉·H. 怀特的《组织人》(1956)、戴维·里斯曼的《孤独的人群》(1950)和德怀特·麦克唐纳的《大众文化理论》(1957)。麦克唐纳的话代表了这些评论家的观点："一种温吞的、软弱的中庸文化慢慢出现，威胁着将一切吞没在它的泥沼中"。[12]

正是在艾森豪威尔时期，《花花公子》及其编辑用自己的才华表达出了一种方式，既能满足主流社会的渴望，也能照顾边缘社会的不满。赫夫纳的杂志尽管叛逆，但不挑战战后美国生活的准则。相反，它为雄心勃勃、傲睨一切、往往又才华横溢的年轻人找到了一种表达的渠道，让他们摒弃美国生活的刻板守旧，为它的种种限制松绑。它表达了一种生活方式上的异见。《花花公子》及其读者试图让"会玩"跟"能干"一样在美国人的观念中占据重要地位。他们努力为享乐消除障碍，尽情享受美国充裕的新财富。通过分享自我实现的梦想，他们立志于提高，而不是颠覆美国人对于富足生活的憧憬。

因此，《花花公子》尽管让旧式宗教和道德的卫道士感到震惊，但也吸引了越来越多沉醉于物质丰富并急于摆脱束缚的人们。赫夫纳在一定程度上意识到了这本杂志的文化含义。"我要为都市男性创办一本轻松、高档的娱乐杂志。"他在1954年初表示。同时，他相信别人也拥有同样的愿望。"这本杂志的核心是都市里的单身男人，有自己的公寓，有一部好车，有美食美酒，准备一顿浪漫的晚餐。这些是最重要的。"的确，文化层面上的这种美好生活是赫夫纳的杂志与读者之间的纽带。[13]

2

多年以后，站在某一高度上回首，赫夫纳意识到，他的杂志当时处于反对50年代守旧风气和压迫行为的阵营中。"《花花公子》问世前，对于中产阶级的一员来说，唯一道德、得当的生活方式就是成家、立业、生子。从此过着幸福的生活，而这种生活意味着什么并不重要，"

他解释说,"我们敢于表明还有其他的生活方式存在。"他认为,宗教和政治的有害结合形成了一种苛刻的公众道德观和严格的家庭观。他还谴责麦卡锡主义迫害共产党嫌疑人,愚弄第二次世界大战时期的民主目标,将反共变成了一种政治和社会迫害的手段。赫夫纳得出结论说,《花花公子》通过主张自由表达性爱来支持文化自由。"我们知道,仅仅通过在这本杂志里刊登裸女照片,我们就吹响了革命的号角。"他表示。[14]

但是,《花花公子》在50年代中期接触到美国大众时扮演了更为复杂、甚至模糊的角色。其叛逆主张是真实的,但很难说是革命性的。在很多方面,它甚至是有力地支持了战后美国的价值观。赫夫纳试图对制度进行内部瓦解而非外部攻击,以此促进美国生活方式的重建。"《花花公子》倡导享受'美好生活',这是每一个美国人的传统。只要他愿意表现出一点点主动性和勇气,而不是满足于工作稳定、从众、家人团聚、默默无闻和寿终正寝,这个愿望就能实现,而正是这种主动性和勇气缔造了一个伟大的国家。"他如此告诫冷战时期的美国,"顺便说一句,美国人在争取成功时表现出来的创造力、思想和主动性以及敢于标新立异的勇气,为这个国家提供了重回世界巅峰的唯一机会。"《花花公子》通过各种方式不断地表达追求个人成功和社会繁荣的目标。[15]

这本杂志呼吁读者通过追求休闲、娱乐和物质富足来享受生活。它鼓励人们分享这些令人兴奋的新机会而不是延迟享受。"我们的读者相信美好生活,我们也是,"它在1954年对有意投稿的作者们说,"因此,

赫夫纳于1971年买下并立即开始翻修的花花公子大厦

希尔顿酒店的继承人尼基·希尔顿(左)、休·赫夫纳与帕丽斯·希尔顿(右)在花花公子大厦举办的仲夏夜之梦晚会上

社交名媛帕丽斯·希尔顿在花花公子大厦的晚会上

他将寻欢作乐发展成了一种艺术形式，将花花公子大厦开辟成了公开的娱乐场所。在这座梦幻之家中，他得以大张旗鼓，真正追求一种以单身汉的自由和物质富足为标志的生活方式

拳王迈克·泰森与萨拉·艾布拉姆森在洛杉矶花花公子大厦2005年万圣节娱乐表演晚会上

主人休·赫夫纳与霍莉·麦迪逊在花花公子大厦举办的万圣节盛装晚会上

赫夫纳与姑娘们在花花公子大厦举行的"2008年度最佳花花玩伴"的晚会上

休·赫夫纳过着美国男人梦想的生活方式。在工作的同时,他对《花花公子》杂志中宣扬的生活方式身体力行,成为名副其实的"花花公子先生"

休·赫夫纳的万圣节娱乐表演晚会

休·赫夫纳与帕梅拉·安德森在花花公子大厦举行的"复活节搜蛋晚会"上

ENTERTAINMENT FOR MEN   OCTOBER 1971 · ONE DOLLAR

PLAYBOY

最为经典的杂志封面之一。封面上的模特达里娜·斯特恩,是第一个登上《花花公子》封面的非裔美国女性,当时她23岁。照片上纯黑的背景和椅子靠背的白色花花公子兔头标志形成强烈对比,在中间摆好姿势的达里娜对着镜头绽放迷人微笑

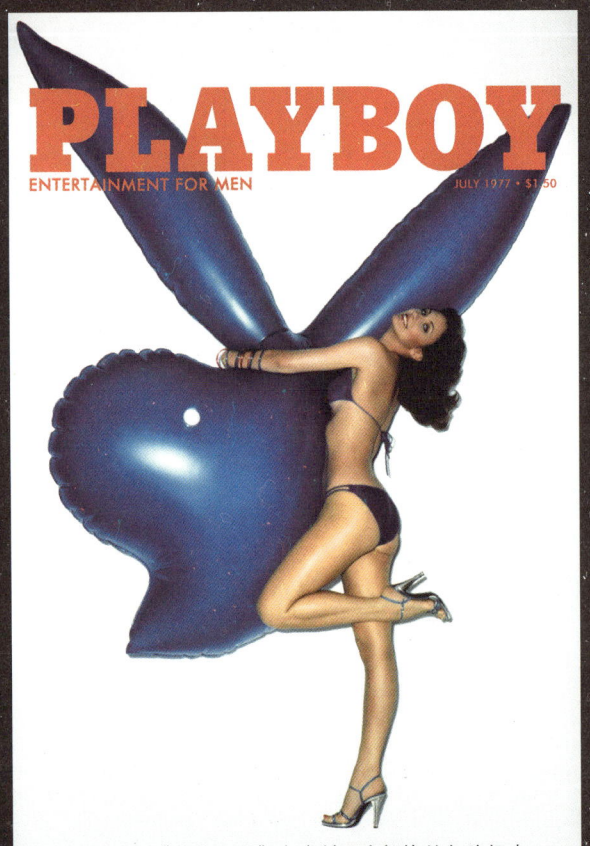

休·赫夫纳在公司著名的兔头标志前留影,看上去仿佛长了一对兔耳朵

1977年7月《花花公子》杂志封面女郎抱着兔头标志

镶刻在花花公子办公大楼墙上的兔头商标

著名的商标"兔头"。赫夫纳之所以以此为商标,是因为它看起来"气质高贵,喜欢享乐"

自由投稿人如果能够拿出与红酒、女人和歌曲有关的文章，我们会很高兴。至于钓竿、钓线和诱饵桶，我们不感兴趣。"杂志的助理编辑告诉读者，"美国生活"意味着"美食美酒、上等读物和温顺的女伴"。[16]

《花花公子》一再地将追求享乐与50年代美国人提升自身社会与经济地位的能力联系在一起。在一周年庆典之际，它报告说："《花花公子》的读者一般比他不读《花花公子》的兄弟受过更好的教育，拥有更好的职位和收入。"次年，它在《广告时代》上刊登了一则广告，引用一位读者的话说："不要指责我。我工作勤奋，前程远大。但我喜欢享受，喜欢考究的衣服、美食、美酒和女人。不，我只有29岁。我上过大学，薪水不错，前程似锦。我相信自己，也相信未来。我不担心明天，我活在当下。"[17]

1955年，一份针对《花花公子》读者的调查得到的统计数据证实了这本杂志对于年轻富有、雄心勃勃的年轻人的吸引力。这次调查由古尔德、格莱斯和本市场调查公司开展，结果表明，《花花公子》的多数读者年龄在20岁到34岁之间；70%多受过高等教育；近63%是商界的职场男性或即将步入商界的学生；88%拥有汽车；几乎所有的人都定期休假；多数拥有摄影、阅读或音乐等爱好；抽五花八门的烟，喝各种各样的烈酒和啤酒。《花花公子》由此得出结论，其读者通常是"热爱美好舒适生活的都市青年"。[18]

然而，《花花公子》对于社会成功的定义及其对美好生活的追求是在1956年的一场广告宣传中表达得最清晰。这则广告问道："花花公子是什么？"

他仅仅是不成器、赶时髦的废物和混混吗？事实远非如此。他可能是头脑敏锐的年轻企业家、艺术工作者、大学教授、建筑师或工程师。他可能是各行各业的人，只要他拥有自己的观点。他必须视生命为愉快的时光而非烦恼的岁月；他必须将工作看作乐趣的源泉而非生活的目的和全部；他必须是一个思维敏捷、关注生活、有品位、懂享受的人，一个没有沾染好色之徒或浅薄涉猎者的习气而能够完全享受生活的人。

换言之，《花花公子》的读者是这样一群人：他们追求经济上的成功，又享受这种成功带来的物质和情感果实。[19]赫夫纳同时抓住了更为细微的一点，即《花花公子》既包含社会幻想，又体现社会现实。它既能照顾到人脉广泛的股票经纪人、思维敏捷的年轻律师和把握时尚的建筑师的需求，又能满足筋疲力尽的售货员和雄心勃勃的中层经理的愿望，而后者急于证明他们也在前进的快车道上。赫夫纳在1955年的一次访谈中坦承，从某种意义上说，《花花公子》是一本"逃避主义者的杂志"，描述了"读者一部分内心希望过的生活"。它"引领读者进入美酒、女人和歌声的世界，带来想象中的一种逃避"，他说，"而他的另一部分内心说，他必须回到家庭和工作中去"。[20]

《花花公子》对美好生活的设想的核心，自然是动摇性领域的传统限制。最初几期杂志表明，性是人类健康、自然的冲动，没有肮脏到需要压制的地步，也没有神圣到需要升华的高度。杂志中的色情照片、图片、漫画、笑话及文章准确地传达了这一信息。例如，《裸体与外国电影》以图文并茂的形式比较了美国电影和欧洲电影在表现裸体方面的不同。"美国的电影审查员考虑过裸体问题，最终得出结论说，这是不符合道德的。"杂志宣称。但没有人有权"将自己的观点、品位和态度强加于人。我们一贯瞧不起审查员，因为我们认为，民主中没有他们的位置"。[21]

赫夫纳捍卫《花花公子》的性主张。"这是男人的兴趣所在，我们没有理由为此道歉。"他在1955年接受采访时说。有一种观点认为，杂志中的性内容会腐蚀美国青年，赫夫纳对此不屑一顾。他辩解道，那种必须"把我们的文学和娱乐降低到20岁的欣赏水平的想法简直不可理喻"。他坚持认为，健康的性是美好生活的一部分，《花花公子》表达的这种情感"为都市青年接受，使他们真正认同这本杂志"。[22]

早期的《花花公子》呼吁男性从婚姻和家庭中解放出来。它们宣扬单身，刊登了《1953年的掘金女》之类的文章。文章警告说，在法庭的支持下，贪婪的妇女正利用离婚财产清算的手段来"迫使前夫交出他的很大一部分收入，这种支付有法律依据，从离婚当天算起，一直到他生命的终结"。一名愤怒的妇女写信来抱怨很多男人都是肆无忌惮地玩弄女性的骗子，表示他们在逃离婚姻时"应该掏钱，掏钱，掏钱"。《花花公子》的回答是："啊，闭嘴！"《单身汉渔猎期》描述了女人为不设防的男人设下的种种婚姻陷阱。《针对多配偶制的投票》以略带调侃的笔触写道，"可耻的一夫一妻制的试验恐怕很快就要结束了"。赫夫纳及《花花公子》的早期读者反对50年代家庭观的强烈影响，将性幻想成某种形式的游戏，剥离它与婚姻及生育之间的联系。[23]

除了性,《花花公子》还主张利用丰富多彩的娱乐活动来提高美好生活的品质。《布鲁克斯兄弟看过来》认为,考究美观的衣着是生活必需品。文章称:"妈妈,把我的佐特服烧掉吧,风格保守的东部服饰是这一季的流行。"杂志在 1954 年聘请托马斯·马里奥担任美食美酒版的编辑后,美食也成为美好生活中不可或缺的一部分。马里奥为追求享受的时尚男性详细讲解了"牡蛎的美妙之处",传授了"室外烹饪技巧"。性自然也是焦点。用马里奥的话说,"当你端上一块肉质厚实、外焦里嫩的烤牛排,再递给她一只烤好的甜玉米,她的眼睛里闪烁着温柔喜悦的光芒。这个时候还用再说什么吗"?[24]

《花花公子》源源不断地提供着一份娱乐菜单。它简要地介绍了奥森·韦尔斯、史蒂夫·艾伦和弗兰克·劳埃德·赖特等名人,以及唱片、电影、书籍和运动,让读者把握流行文化的脉搏。著名音乐人戴夫·布鲁贝克分析了"新爵士乐的听众"。1955 年开始刊登的《下班后的花花公子》评论了芝加哥和纽约的餐馆;新上映的英国音乐剧《男友》;梅布尔·默瑟、弗兰克·西纳特拉和比利·霍利迪的唱片;影片《罗伯茨先生》和《忧郁的凯利》;以及哈罗德·罗宾斯和乔治·阿克塞尔罗德的书。每年一期的"校园特刊"在男学生中开展了调查,研究"他们的梦想,包括单身公寓、高保真音响、收藏丰富的酒鬼、跑车,以及与他们共享这一切的、眼神暧昧的美女,当然,这些梦想都是《花花公子》创造出来的"。[25]

《花花公子》为享乐做准备的过程就是在帮助读者做好准备面对提升自身经济和社会地位的挑战。谢泼德·米德在《如何在商界轻松取胜》一文中以讽刺的形式就如何驰骋商界给出了明智的建议。正如他所说:"交朋友、拿主意和攒人脉的能力会帮助你前进。做通才而非专才,你才能到达顶峰。"另外一些文章为那些立志成为美食家的读者解释了一长串"在大陆背景的餐馆里会见到的常用菜单术语"。伊夫林·沃的《绘画之死》评价了摄影艺术和抽象表现主义对现代艺术的影响。[26]

《花花公子》刊登的小说试图提高读者对于生活中美好事物的鉴赏能力。杂志提供的稿酬不菲,因此一流作家纷纷响应,贡献了短篇故事。他们包括雷·布雷德伯里、W.萨默塞特·毛姆、查尔斯·博蒙特、约翰·斯坦贝克和詹姆斯·琼斯。其中一些作家拿出的是精品,例如布雷德伯里的未来主义惊悚故事《华氏451度》和博蒙特的关于爵士乐手的动人故事《黑乡》,而其他作家没有提供得意之作,《花花公子》对此并不介意。的确,这本杂志在刊登在《作家文摘》上的约稿信中就表达出了它需要什么类型的作品。"小说应当具有现代风格、关注外界、笔法老练、有文化修养但不是'文学的';评论应当探讨都市读者感兴趣的话题,风格应当轻松、随意、不学究;幽默应当是粗俗且/或讽刺的;""性,作为美好生活的一部分,在上述三个类别中都占有重要位置。"换言之,《花花公子》这所学校传授的文化课程旨在提供浮华的表象而非实质的内容。它为那些在大学里勉强能够得到C,甚至做梦才能上大学的人编辑了一本文化领域的"克利夫笔记",抛给他们的是赏心悦目的花边新闻,内容就算有挑战性,也只是一点点。[27]

赫夫纳和《花花公子》认为,50年代美国面临的障碍主要来自生活方式和品位。这一观点并非独树一帜。史学家杰克逊·利尔斯指出,当时很多颇具文化修养的批评家也把注意力集中在美学角度，指责乏味的从众心理和缺乏品位的消费已经吞噬了中产阶级，他们对于美国生活的批评"是围绕品位展开的"。[28]与精英主义者只会指责的做法不同，赫夫纳利用了"能够做到"这一中西部的精神动力。用两份色情、一份智慧，再加一点点略带不恭的幽默，他轻松地调出了一杯文化鸡尾酒，帮助雄心勃勃的年轻人更加充分地享受美国生活的方方面面，不论是在物质上还是精神上。

3

赫夫纳描绘了一张通往美好生活的路线图，其吸引力在《花花公子》的销量上可见一斑。第1期杂志印了7万份，之后稳步增长，一年后达到18.5万份，1955年底达到50万份，1956年底达到110万份，超过了《绅士》杂志，销售额达350万美元，税前净利润约为40万美元。读者数量的剧增使得这本杂志获得了美国出版史上空前的成功。[29]

赫夫纳心情不错，在第1期杂志出版的几个月后写道：

> 当梦想成真时，你会说些什么？……我拥有一本杂志，一本真正属于我自己的杂志……的确，我生命中的大部分时间，尤其是过去三四年，我都在为它做准备。在这个世界上，没有一件事情能让我像编辑和出版《花花公子》杂志一样专注……或许几个月后我就会从梦中醒来，所有的一切都将烟消云散。但此时，1954年1月，生活比我所有能够想象到的还要

美好一点点。[30]

然而，赫夫纳没有满足于已经取得的成绩。《花花公子》初期的成功驱使这名年轻的编辑更加疯狂地工作。"你问我赫夫对第1期杂志的反应？那就是全力出击。"埃尔登·塞勒斯回忆道。他几乎没日没夜地工作，很少见到妻子和女儿。赫夫纳写道："《花花公子》用掉了每周7天的时间，我每天工作超过12个小时，通常是凌晨1点半或2点才收工。"[31]

赫夫纳本人对于《花花公子》的认同几乎是百分之百的。"我总是在为自己编辑这本杂志，假设读者的品位与我的差不多。杂志的理念随着我成长和扩充。"他对一名当地记者表示。不断增长的利润自然让人欢欣鼓舞，但他真正的满足还是来自编辑和出版的过程。这种工作是出于热爱，用他的话说，反映了"一种交流的渴望，一种表达自己的智慧和观点的渴望"。此外，赫夫纳开始制订扩张计划——开辟广告版面、出版编辑手记《〈花花公子〉集锦》，以及授予日历和卡片等特色商品的专营权。[32]

销量的增长也引起了机构的扩张。前三期杂志是赫夫纳在自家公寓的牌桌上编辑的，但到了1954年初，手头积累的利润使他有能力在近北区圣名主教座堂对面的东苏必利尔11号的一栋四层楼里租下办公室。赫夫纳对这个地方非常满意，它处于芝加哥的闹市区，周边有写字楼、小商店、古董铺、公寓，还有酒吧、脱衣舞场和俱乐部。《花花公子》杂志社最初只是租下了一层楼，但随着不断的扩张，它用了不到一年时间就买下了整栋的四层楼。[33]

杂志的利润还将赫夫纳及其家人从债务中解救出来。前几期杂志的销量使得他们能够从当铺赎回家具。1953年圣诞节，赫夫纳为家里添置了一辆新的斯图贝克车。1955年中期，他有了充足的钱为自己买下了一辆新的凯迪拉克爱都。他和米尔还准备搬进一栋宽敞舒适的湖畔别墅。他写道，当初梦想创办自己的杂志时，"我并没有意识到它能为我带来财富，但眼下的事实正是如此"。[34]

更为重要的是，《花花公子》迅速提升的知名度将这位年轻的编辑推进了公众的视线。他出名了，先是在家乡小有名气，后来逐渐为全美民众所熟知。他成了讨论和思考的对象。"他的脸庞棱角分明，通常带着一种严肃甚至憔悴的神情，偶尔会莫名其妙地笑，"《芝加哥》杂志在一篇特写中这样描述，"他语速很快，语气温和，用词丰富，偶尔会用些流行的俚语。"1956年中期，有关赫夫纳和《花花公子》的文章出现在《时代》和《新闻周刊》上。赫夫纳还在迈克·华莱士主持的《晚间节奏》中担任嘉宾，这是纽约一档当红的电视节目。他成为了符合霍雷肖·阿尔杰传统的美国成功故事。正如他对一名记者所说："从我高中毕业到这本杂志取得成功，我从来就没有开心过。现在我觉得仿佛又回到高中时代，而且舞台更加广阔了。"[35]

赫夫纳的成功引发了一场激烈的争论。《花花公子》开始引起关注的同时，审查的问题也出现了。1954年10月，杂志申请永久性的二级邮递许可证，这种许可证通常颁给期刊，当时《花花公子》手里的临时许可证即将到期。美国邮政部先是对此申请延期处理，后来干脆拒绝了，理由是《花花公子》因制作原因跳过了一期杂志的出版，因此不能算作定期出版。杂志再次申请，再次被拒绝，这一次的理由是内容淫秽。邮政部部长亚瑟·萨默菲尔德告知赫夫纳，如果对杂志内容进行调整，就有可能获得许可证。于是，HMH 出版公司于 1955 年 11 月在哥伦比亚特区的联邦法庭对萨默菲尔德提起了民事诉讼。

赫夫纳希望获得一纸禁令，阻止邮局干涉杂志的投递，要求法庭责令邮政部颁发二级许可证。他质疑邮政部提出的"审查权"，发表了振聋发聩的宣言。"我们认为，邮政部部长萨默菲尔德先生跟编辑杂志扯不上什么关系，他管好邮件的投递工作就行了。"赫夫纳愤慨地表示，"这不是一场新的斗争，从来就不是。昨天是安东尼·科姆斯托克，今天是亚瑟·萨默菲尔德。"赫夫纳在法律上取得了全面胜利。法庭发出禁令，禁止邮局干涉杂志的投递，责令它颁发二级许可证，同时判决《花花公子》获得 10 万美元的赔偿。[36]

数月后，争端再起。位于芝加哥的西北大学禁止《花花公子》出现在校园内的书店里。该大学声称，很多人对这本杂志提出了抗议，包括英语教授、预备役的海军、妇女服务机构、助理足球教练、大学生联谊会的女舍监等等。然而，学生报纸《西北日报》在调查了上述所谓的"投诉信"后，断定这些所谓写信人都是捏造出来的。同时，赫夫纳致信校方表示抗议。"在一所致力于民主原则以及言论和出版自由的大学里"，审查制度显得尤为格格不入，他写道。"当然，即将担任审查官的这些人或许会认为大学生还没有能力来选择读什么，看什么，听什么……下一步，很自然地，他们就会查抄西北大学的图书馆，那里肯定有大量的不适合年轻人读的书。"[37]

伴随着《花花公子》引发的争议和取得的成功，休·赫夫纳成为了战后美国文化的领头羊。这本杂志中关于性欲满足和物质享受的内容反映了美国当时正在经历的从工作文化向休闲文化的巨大转变。在一种空前的、普遍的物质丰富的环境中，对于娱乐的新追求超越了对于工作的传统需求。在长期遭受经济萧条时期的物质匮乏和为战争作出牺牲后，越来越多的美国年轻人希望寻找乐趣，享受美好生活。中西部地区一名不安分的青年察觉到了这些愿望——事实上，他自己也有这样的愿望——为愿望的表达开辟了一片天地。在50年代的后半期，他的杂志还会继续创造出一个成熟的幻想世界来满足这些愿望。

然而，《花花公子》的迅速崛起掩盖了它粗糙的组织结构。创刊号面世几个月后，一名编辑和几名助理的班底显然不够用了，不管他们多么能干。赫夫纳以一如既往的精力投入到了机构扩充的工作中。

第五章　享乐主义公司

随着《花花公子》展开第一年的出版工作，赫夫纳面临着一个愉快的问题：工作让人忙不过来。销量激增带来了大量的编辑和出版任务，而仅凭赫夫纳本人和几名兼职助理根本应付不过来。于是，为了解决这个问题，赫夫纳聘请了一些人来充实队伍，包括编辑、艺术指导、摄影师、营销专家、商务人员和后勤人员。

这一举措将一批有能力、有才华的人招致麾下，使出版社成为有创造力、思维活跃的场所。机构扩充是分两个阶段进行的。第一个阶段是在1954年，几名资深编辑加盟，《花花公子》的核心班底从此形成；第二个阶段是在1956年，一轮更大规模的招聘吸收了一些新鲜血液，他们将重塑杂志社的基本框架和形式。在扩充的全过程，赫夫纳几乎在所有的相关事务上都体现出了创造力，留下了自己的烙印。50年代末，这位年轻的出版人构建好了组织结构，为未来几十年杂志社的发展奠定了基础。

1

早期的《花花公子》，和所有成功的新企业一样，体现出一种强烈的激情和期待。随着前几期杂志的销量节节攀升，赫夫纳在1954 – 1955年初形成了出版社的班底。阿特·保罗加盟杂志社，担任艺术总监，雷·拉塞尔担任编辑助理，文斯·田尻担任图片部主任，乔·帕采克负责转载和版式，玛乔丽·皮特纳担任前台、订阅经理和簿记员，埃尔登·塞勒斯负责广告、发行和商务，帕特·帕帕格里斯担任赫夫纳的秘书，约翰·马斯特罗担任制作经理。

这个团队受到一种精神的鼓舞，那就是他们在创造一些新鲜有趣的事物。他们在苏必利尔大街的楼里办公，目标一致，气氛融洽，每个人身上都有一种使命感。"在最初的日子里，我们真的是团队作战，竭尽全力地挖掘出令人激动的、有意义的东西。"皮特纳说，"我们这些人之所以能够走到一起，是因为我们热爱自己正在做的这件事。"[1]

这个团队人数不多，但关系密切，工作时没有特别严格的分工。皮特纳回忆说："那时候，我什么都做，在制版员和印刷商之间传递图片和文字资料，把订阅人汇来的支票存入银行，在杂志上贴标签以便投

位于东苏必利尔大街的《花花公子》杂志社正在召开员工会议。（从左到右）阿特·保罗、乔·帕采克、赫夫纳、雷·拉塞尔和杰克·凯西。

递。"她还为杂志打印稿件，甚至帮忙为"聚会笑话"栏目挑选经典情色作品，直到有一天，赫夫纳对她的品位皱起眉头，不许她再瞎掺和。《花花公子》创刊后的第一个圣诞节，杂志社的工作人员凑在一起，为杂志装信封、贴标签，匆匆忙忙赶出门，把它们塞进邮筒以便读者及时读到，当时他们边干活边听的是弗兰克·西纳特拉的专辑《凌晨时分》。[2]

办公室的气氛是亲密无间的。用约翰·马斯特罗的话说，"我们是一家人，目标一致，都清楚自己要做什么，也明白杂志办好了对大家都有好处"。赫夫纳买下自己的第一辆凯迪拉克时，大家聚在一起恭喜他。而在杂志社的圣诞晚会上，赫夫纳则自掏腰包给大家发奖金，感谢他们的辛勤工作。一名早期的员工说："在办公室里，人与人之间有一种亲近感，我想大部分原因是我们在做一件新鲜事。"[3]

在这种温暖的氛围中，有几个人发挥出了尤为重要的作用，从不同方面塑造了这本杂志。阿特·保罗最初只是给《花花公子》打零工，赫夫纳把照片和其他艺术作品在自家的厨房和保罗的小工作室之间传来传去。保罗拿的只是兼职的报酬。随着这本杂志的热销，他最终同意加盟，担任艺术总监，并以杂志的股票来代替尚未支付的部分薪水。他很快创造出一种冷峻、时尚、叛逆的图片风格，而这也成为了杂志的标志。[4]

保罗生长于芝加哥，在艺术学院和设计学院接受过培训。职业生涯之初，他是一名自由职业的设计师，对爵士乐、古典乐和电影有着浓厚的兴趣。加盟《花花公子》后，他与赫夫纳就设计、沟通和表达进行了广泛的交流。在早期的杂志中，他们密切合作，疯狂工作，往往是到了付梓前的一分钟，保罗还在调整版面，赫夫纳还在修改文字。[5]

与赫夫纳一样，这位艺术总监决心为杂志打造与众不同的视觉风格，用他的话说，"我真的想试试能不能创造出一种全新的视觉语言"。他追求干净、清新的设计风格，"要的是一种强烈的戏剧感"。保罗参与塑造了《花花公子》的每一个视觉因素：选择艺术作品、编排图片、指导版面和字体设计、为漫画和复制画提供指导意见、构思专栏形式。在封面设计上，他起到了关键作用，封面不仅显示了本期主要内容，还包含了《花花公子》的兔子标志（后者很快演变成一种游戏，读者努力找到巧妙隐藏在封面上的兔头和兔耳标志）。不论具体任务是什么，保罗总是试图在语言和图片之间建立一种强有力的联系。他相信，在某种程度上，视觉必须"拓宽故事的范围或者激发读者的好奇心"。[6]

保罗与赫夫纳合作塑造了《花花公子》的视觉形象，雷·拉塞尔则帮助赫夫纳处理编辑上的琐事。他也是在芝加哥长大的，在古德曼剧院学习表演，在芝加哥音乐学院学习音乐，第二次世界大战中在空军短暂服役。他原来是《沃尔格林胡椒粒》的编辑，那是沃尔格林药店自己的刊物。其间，他在当地的一家书店看到了第 1 期《花花公子》。他注意到杂志走的是稳妥路线，因为里面转载的文章显然是低价买来的。于是，他寄了几篇自己写的故事到杂志社，还附了一张幽默的便条，建议这本杂志"聪明一点，刊登一些写作年代晚于 1889 年的故事"。让拉塞尔吃惊的是，几天后，他接到了一个电话，对方是"一个年轻人，故意压低了声音，希望听上去像是 50 岁"。他们约定 1954 年 1 月在一家酒吧碰面，拉塞尔希望通过会面拿到一两个约稿。赫夫纳赴约时带着他那只塞满了艺术作品和版面设计图的超大公文包，两人一见如故，赫夫纳当场给了拉塞尔一个编辑职位，拉塞尔爽快地接受了。[7]

几周后，拉塞尔加入了赫夫纳和保罗，开始在苏必利尔大街上班。"我们仨构成了《花花公子》整个的编辑和艺术设计班底。我们连个秘书都没有，赫夫和我自己动手打印信件。"拉塞尔回忆说，"我们进进出出彼此的办公室，聊天，偶尔争执，不时地冒出新的想法，涌现新的激情。"拉塞尔参与到这本杂志与文字相关的方方面面中。他筛选投稿，编辑拟采用的稿件，起草配图文字和征订广告，撰写书评、影评，改写薄伽丘和巴尔扎克的经典作品。他甚至写了一些关于在世的名人弗兰克·劳埃德·赖特和戴夫·加罗韦的文章，观点新颖。他最有影响力的一个贡献就是创作了那篇题为《花花公子是什么?》的征订宣传文章，成为杂志多年来最重要的宣言之一。[8]

拉塞尔看上去是一个小号的奥森·韦尔斯，他的身材矮胖，留着胡子，喜欢抽雪茄，有个性。杂志社人手有限，他投入到大量的工作中。当成箱的新杂志从装订商那里运来时，他帮着赫夫纳一起搬上楼，在婴儿秤上过磅（这只秤是赫夫纳的母亲贡献出来的，赫夫纳小时候曾经用过），再把这些杂志分给发行商。他甚至还清理垃圾桶。他匆匆忙忙地赶在出版日期前完工，往往每个月都要和赫夫纳以及保罗一起去位于罗谢尔的印刷厂，在机器的轰鸣声中熬一个通宵，杂志的清样刚刚从印刷机里出来，他们就开始校对。尽管如此辛苦，拉塞尔还是热爱自己的这份工作。早期的杂志"粗糙但有价值，尽管充斥着低级错误，但也洋溢

着清新朴实的气息",他表示。⁹

赫夫纳聘请的第三位重要人物是图片编辑文斯·田尻。他是日裔美国人,在南加利福尼亚州出生长大。这位自学成才的摄影师曾在第二次世界大战期间效力于著名的第442步兵团。后来,他搬到了芝加哥,拍摄婚礼,也为一些杂志干零活儿。他在出版发展公司工作时与赫夫纳成了朋友。他拒绝投资《花花公子》,因为担心其中的风险,但是几年后赫夫纳邀请他加盟时,他同意了。"我加入时,图片部只有我、一个文件柜、一位秘书、两把椅子。"他回忆说。当时,田尻心里还直犯嘀咕,担心工作少,没事可做——赫夫纳日后时时提醒田尻他曾经还这样说过——但很快就开始努力为《花花公子》创造一种清新的图片风格。他认为这种风格"精巧随意,介于广告照片与新闻照片之间,不仅体现在裸女照片上,还体现在时装、美食、美酒以及生活的方方面面,所有这一切构成了杂志的风格"。¹⁰

田尻有一种完美主义者的特质,肯花费大量的心血从他拍摄或收到的数百幅照片中挑选合适的,有时摄影师拍七八张才能让田尻满意。"我们拍的照片比需要的多,"他解释说,"举个例子,我们通常为每一位'最佳花花玩伴'拍摄120张左右……我们的采用率大概是五十分之一。"事实证明,田尻对赫夫纳的审美取向十分敏感,尤其是涉及年轻女孩时。用他的话说,赫夫纳喜欢自然的感觉,女孩"正在做事,或者刚刚忙完什么,然后抬头看镜头,好像要跟读者交流什么,摄影师捕捉的正是这个瞬间"。这种方法同样适用于时装和美食的拍摄,田尻擅长传达"你可以拥有或享受的乐趣,美食的味道,美酒的味道"。其摄影风格成为了《花花公子》的标志之一。"这种风格很华美，但我们尽可能加入一些随意、生动和真实的感觉。"他解释说。[11]

随着《花花公子》利润的不断增长，它终于有能力在1956年搬进俄亥俄大街上的一栋四层写字楼，第二阶段的机构扩充随之展开。4月，赫夫纳在给弟弟的信中写道："生意方面，我能汇报的都是好消息。杂志每个月的销量都远远好于上个月，简直令人难以置信，显然，这种形势不可能永远持续下去，但至少目前还没有终止的迹象。"由于杂志一直都卖得很好，杂志社除了花费32.5万美元为整栋写字楼做了翻修之外，还能够支付每年约50万美元的租金，而赫夫纳也有能力聘请到几名重量级人物，他们将发挥重要作用，为《花花公子》带来更多的读者和更大的影响力。[12]

赫夫纳最重要的举措是聘用了奥古斯特·科姆特·斯佩克特斯凯。1956年7月，《花花公子》宣布，这位纽约的知名记者和文坛名人将加盟该社，担任二把手。赫夫纳认定，一个在东海岸站得住脚的人能够帮助杂志赢得更多尊重。《花花公子》此前刊登过斯佩克特斯凯的一篇故事《有些家伙会明白》，当时他用的是笔名。赫夫纳决心聘请一名文学编辑时，斯佩克特斯凯的名字浮现在他的脑海。赫夫纳开始诱惑斯佩克特斯凯到芝加哥来。通过一次电话后，赫夫纳觉得对方有兴趣，于是飞到纽约面谈，发出了正式的邀请。斯佩克特斯凯亲临芝加哥考察《花花公子》杂志社，最终接受了这个职位。[13]

聘请的协议很快安排好了——年薪3.5万美元，一份报销单，优先认股权，搬迁补贴，工资抵押贷款来结清原来公寓的租金并签下新公寓

赫夫纳与《花花公子》的权威编辑部主任斯佩克特斯凯在一起。

的租约。赫夫纳很高兴能够请到这位编辑部主任。他对斯佩克特斯凯的文学成就以及在作家圈中的人脉印象颇深,称他是"真正的重量级"人物,能够"处理许多事务性的工作,从而将我解放出来,更多地从事专栏设计和长期规划等工作"。斯佩克特斯凯对自己的新工作也很满意,相信自己和赫夫纳在天赋上能够互补。他对赫夫纳说:"只要有了你的直觉和我的品位,就没有什么咱们做不到的。"同样重要的一点是,斯佩克特斯凯满足于置身幕后,支持赫夫纳作为杂志的象征出现在公众面前。"我认为,赫夫这个年轻人慧心巧思,又是杂志社的核心,应该让他抛头露面。"他在一份内部备忘录中写道。[14]

斯佩克特斯凯为这本新兴的芝加哥杂志带来一股成熟、高雅的气息。他来自大城市,1910 年出生在巴黎的俄罗斯移民家庭,直到四岁还只会说法语。后来,其父母为躲避第一次世界大战来到了纽约。他毕业于纽约大学,主修物理和数学,但他在写作方面很有天分,曾任职于《纽约客》杂志社。40 年代,他在《芝加哥太阳报》担任了六年文学编辑,后来回到纽约,职业是作家和编辑,关注的范围包括电影、电视和新闻。50 年代初,他写了一本引发大讨论的书《远郊居民》。他高个子，留着寸头，大眼睛，态度懒散。高雅脱俗的气质彰显了他的都市背景，而年龄（他比杂志社里的同事年长10到15岁）也为他平添了几分权威。[15]

加盟《花花公子》后不久，斯佩克特斯凯就为杂志建立起与东海岸文学圈的联系。他和妻子西奥在纽约举办了几场晚会，把赫夫纳介绍给重要的作家、出版人和经纪人。"赫夫谁都不认识，我就挽着他的左胳膊，一个一个地给他介绍新朋友，这样他能腾出右手来握手。"西奥说，"我不能介绍完后就把他一个人扔在那里，不然他就会一言不发，他很害羞。"此外，斯佩克特斯凯开始利用他在文坛的人脉来提高《花花公子》中小说类和非小说类作品的质量。例如，他的私人朋友肯·珀迪很快就成了杂志的固定投稿人。与他一样的还有小说家约翰·斯坦贝克、詹姆斯·琼斯、杰克·克鲁亚克、雷·布雷德伯里、P. G. 沃德豪斯和查尔斯·博蒙特，以及非小说类作家万斯·帕卡德、菲利普·怀利、拉尔夫·金兹伯格和亚瑟·C. 克拉克。[16]

同样重要的是，斯佩克特斯凯开始组建一支才华横溢又踏实肯干的编辑队伍。尽管他是个大人物，但态度温和，善解人意，最终几乎所有的人都喜爱他、尊敬他。例如，雷·拉塞尔起初非常憎恶这名纽约客的到来，但很快就"发自内心地喜欢上了斯佩克，而且很佩服他"。阿琳·布拉斯是一名审稿人，能力出众，他发现斯佩克特斯凯是一名出色的线性编辑，在谈到风格、内容和语言等问题时，他又是一个很好的对话伙伴。一名助理编辑评论说："他不仅是我遇到的最专业的编辑，他还能写。他口述文章，直接录入机器，很少改动。"在《花花公子》杂志社，斯佩克特斯凯承担了大量的任务——从联系作者到审阅付印的每一个字，从整合编辑力量到协调编辑部门与发行部门的关系，从与图片和照片部门协调到在赫夫纳最终排版之前审阅版面。"如果《花花公子》背后有一个人，"若干年后他接受采访时说，"我想，那个人就是我。"[17]

斯佩克特斯凯公开表示对这个职位很满意。"比起刚到《花花公子》时，我现在是一名更好的作家。"加盟《花花公子》五年后，他对采访者说，"这份工作帮助我梳理了关于性关系的思考，涉及到性关系，总是有人欢喜有人忧……我也改变了对于许多事物的僵化观点，我从前都没有意识到自己有这些观点。"他也很享受这份工作带给他的财富。他买了一套大公寓、一艘帆船，加入了游艇俱乐部，在圣克鲁瓦买下一栋别墅。

然而，从内心来讲，斯佩克特斯凯对为《花花公子》效力怀有一种极其复杂的心情。他从来都没有摆脱一种想法，那就是这份工作对他而言有些屈才。原因是多方面的。[18]

一方面，斯佩克特斯凯把为杂志社工作看作是他文学生涯失败的标志。"他想要创作出流传千古的作品，"他的妻子回忆说，"想在文学史上占据一席之地，但他觉得在《花花公子》工作，他永远都不可能得到这些。"他的好友兼同事布拉斯也同意这种说法。"他渴望成为文学巨匠，但这是他一生都不曾达到的高度，"她透露，"我相信，他明白自己具备创作的能力，只是痛恨自己没能做到。"斯佩克特斯凯渴望成为《纽约客》的编辑，未能如愿后就有些轻视自己。例如，他会讲一个关于自己的故事。当赫夫纳邀请他加盟《花花公子》时,他正在联系著名的文学评论家莱昂内尔·特里林。斯佩克特斯凯担心接受了赫夫纳的邀请就对不住特里林,但据他自己说,特里林对此的回答是,"你没有什么对不住我的资本"。斯佩克特斯凯讲这个故事是出于一种谦虚的姿态,但很多人认为这件事令人尴尬伤心,真实地反映了斯佩克特斯凯的内心。[19]

斯佩克特斯凯的矛盾之处还体现在他与赫夫纳之间那种爱恨交织的复杂关系。在公开场合,有时也在私下里,他会赞扬老板的智慧,称他是"一位业界奇才,一位关注内容甚于利润的出版人"。他认为,赫夫纳对于什么内容适合他的杂志有着清晰的直觉,人格中也有非常宽容的一面。同时,斯佩克特斯凯非常鄙视自己眼中的赫夫纳的那些缺点——审美品位糟糕,不愿意他人在智慧上挑战自己,与朋友和同事保持着情感上的距离,极度自私,工作时间和决策过程难以捉摸。有时候,他的挫败感会爆发出来。"你想让每一篇文章都按照你的想法来写,从来不肯接受任何一篇作者按照自己的想法写出来的文章。"他在1957年向赫夫纳抱怨道。《花花公子》的进步必须综合地进行考量,而不应该是"夜深人静时,你认为某一篇文章让你受了惊吓或者有了挫败感"。斯佩克特斯凯开始(在背后)把赫夫纳叫作"哥斯拉"。据雷·拉塞尔透露,他在很多时候遇到赫夫纳时,"要么怒气冲冲地望着天花板,要么有气无力地晃着脑袋,要么悲观厌世地发出一声叹息"。[20]

但是,他渴望获得老板的肯定。"他跟赫夫纳之间有着一种很特别的关系,"斯佩克特斯凯的妻子说,"有点像父子关系,但表达的方式恰好相反。我也不明白他为什么如此急切地想要取悦赫夫纳，但他的确是这样做的。"随着杂志越来越受欢迎，赫夫纳表扬了编辑团队，斯佩克特斯凯为此得意洋洋。但是，60年代中期，他正值豆蔻年华的女儿因医学并发症离开人世，而赫夫纳是唯一没有表示哀悼的同事，他开始变得绝望。"有时候我对赫夫纳的恨超过了对所有我不喜欢的人，"斯佩克特斯凯曾经坦白说，"可是，要像我一样对他恨到极致，就不得不爱他。"[21]

几乎与斯佩克特斯凯同时，还有一个人加入了《花花公子》杂志社。他将成为这本杂志历史上最具影响力、也最受争议的人物之一。维克托·洛恩斯是在一场晚会上认识赫夫纳的，那场晚会是为崭露头角的喜剧演员乔纳森·温特斯举办的。两人一见如故，开始结伴出入俱乐部和酒吧。几周后，赫夫纳为洛恩斯提供了杂志社的一个职位，于是芝加哥的这个年轻人就成了营销部门的头儿。在接下来的十年里，他还将担任花花公子俱乐部的营销经理。[22]

维克托·洛恩斯在佛罗里达州长大，出身优越，父亲是富裕的建筑承包商，祖父母和外祖父母都很有钱。"在我的那个环境中，有专人驾驶的皮尔斯银箭和诸如此类的东西。"他曾对采访者说。在新墨西哥州读完私立高中后，他进入了芝加哥大学，娶了阿肯色州一名有钱的牧场主的女儿为妻，并在祖父的一家公司里找到了一个职位。尽管他在芝加哥郊区过着上流社会的舒适生活，有一栋漂亮的房子和两个小孩，可他越来越厌倦自己的生活。他觉得自己陷入了一个以网球俱乐部和鸡尾酒会为主题的圈子里，职业生涯停滞不前，手头有的只是几个棘手的推广和广告任务。因此，1953年，洛恩斯离了婚，离开家搬进了单身公寓，开始约会歌女舞女并张罗闹哄哄的聚会。正是在这样的一次聚会上他结识了赫夫纳。据两人共同的朋友埃尔登·塞勒斯透露，从此，洛恩斯开始"追求"这位年轻的出版人，因为他对赫夫纳本人和《花花公子》印象深刻，想要成为杂志社的一员。[23]

洛恩斯的魅力和时尚也极大地吸引了赫夫纳。他拥有赫夫纳梦想中的一切——英俊、自信、睿智、衣冠楚楚。他爱穿布克兄弟牌衣服，勾引过不计其数的女人。"赫夫模仿维克托——他真的希望自己成为维克托。"西奥·斯佩克特斯凯说。《花花公子》的职员评论说："只要维克一开口，赫夫纳就恨不得一字一句地模仿。"这两人成了真正的哥们儿，一起在伊斯特酒店吃饭，一起在拉什街的酒吧逍遥。[24]

张扬的个性和夸张的幽默感很快就使洛恩斯成为《花花公子》的一个传奇。他在杂志社加班到半夜时，发现当地电台有一档节目叫作《主教书房》，也就是一名天主教牧师为打电话来的听众提供建议，帮助他们解决问题，而这档节目的热线电话跟杂志社的办公电话只差一位数。所以，洛恩斯常常接到许多打错的电话，于是他就假装是主教的助手，给出了很多骇人听闻的建议，比如教唆妇女离家出走，撺掇年轻人婚前同居。一天晚上，有人打电话来问主教哪里去了，洛恩斯回答说，"出去喝酒了"。这档节目在接到大量抗议信后不得已更换了电话号码。还有一次，洛恩斯劝说一个没头脑的美女在买狗之前先从"赫兹租狗公司"租一条狗养着试试。那个美女赶忙在电话簿里查询这家公司的号码时，杂志社里的所有人都憋着不敢笑出声来。[25]

洛恩斯的恋爱生活就像是《花花公子》中那些故事的真实再现。他热衷于玩弄女人，也喜欢锦衣玉食，吸引了无数的姑娘与他做爱。"那段日子里，数量比质量更重要。"他后来承认说。洛恩斯与埃尔登成了室友，他们的住处成了聚会的场所。洛恩斯把四张双人床拼在一起，称之为"游戏场"，在上面铺上大床罩。他和塞勒斯用柚子汁和酒精调出一大碗催情酒。附近皇悦夜总会的舞女收工后会来这里玩，有时玩脱衣游戏，常常闹到凌晨。赫夫纳也常常加入这种狂欢。[26]

洛恩斯为《花花公子》的营销部门投入了大量的精力和创造力。他说服赫夫纳建立起高校代理的网络来充分利用这本杂志在男大学生中的巨大影响力；他壮大营销队伍，很快就占据了俄亥俄大街办公楼的一整层；他拟定了订阅广告、营销类的文章并为报刊或杂志的专栏准备好了营销内容。他开始出名了，因为在杂志社的会议上他的新点子层出不穷。"他工作起来像是一杆霰弹枪，"一名同事说道，"为了做一件事，他会发射出12种不同的方法，总有一种会击中目标。"洛恩斯最大的成就是赫夫纳最得意的项目，即1959年的"花花公子爵士音乐节"。按照老板的要求，他组织并操办了整场活动——为期三天的音乐节吸引了康特·巴锡、埃拉·菲茨杰拉德和斯坦·肯顿等人物，2万余名爵士乐爱好者汇聚芝加哥体育馆。[27]

同时，洛恩斯我行我素的作风和张扬的个性也招来了麻烦。他不肯下放权力，又很任性，令下属感到害怕和捉摸不定。"我的很多点子都大获成功，因此我认为我的点子都是好的，其他人应该毫不犹豫地接受，"后来他坦白说，"他们一旦不这样做，我就用眼神给他们施压。"

当营销部门陷入纷争或混乱时，赫夫纳批评洛恩斯为了创造力而牺牲掉了执行力。"你要给我的不仅仅是奉献，不仅仅是创造力和才华，"他写道，"我还需要组织和效率，要求会议有执行的期限，要求遵守程序。"[28]

此外，洛恩斯还显示出了性格中阴暗的一面。他有时很残酷，即使是仰慕他的人，他也照样疏远，常常会很霸道。他擅长压制人，发现了别人的弱点后，常常用讥讽和嘲笑折磨他们。"他跟谁都合不来，"西奥·斯佩克特斯凯说，"他虐待每个人，常常冲着别人大吼大叫。"同事们说他"残忍"、"狠毒"、"卑鄙"。他的这种傲慢行为一部分源于他的家庭背景，他是一个被宠坏了的富家子弟；另一部分是源于一场悲剧。他小时候在一次狩猎时无意中开枪打死了一个同伴。《花花公子》的一名同事认为，他之所以这么残忍地对待他人，是因为在潜意识里，他希望别人都因那次可怕的意外而憎恨他。[29]

洛恩斯的粗鲁作风在营销部造成了严重的影响。他是典型的欺软怕硬的主儿，用一名同事的话说，对下属"实行彻底的恐怖式管理"。例如，他不会礼貌地批准或否决下属提交的方案，而是用一枚特制的橡皮章在方案上盖戳儿，章上的图案带有罗马风格，是一只握紧的拳头，要么拇指朝上，要么拇指朝下。偶尔，他的暴躁态度会让整个团队"集体辞职，所有人都走出大门。这时候赫夫纳就会跑出来好言相劝"。有一次，他对下属的虐待引起了自己的短暂内疚，他就在办公桌上放了一罐硬币，告诉下属，只要他再说什么过分的话，他们就拿走一枚硬币。那个罐子很快就空了。[30]

洛恩斯贬低和统治他人的欲望在对待女人的问题上找到了一个让人愤慨的发泄渠道。这些粗鄙行为引起了社会不安。他喜欢性征服,随心所欲地抛弃女人,要求女人无条件地服从他。他的一个女友说过:"你穿什么,是他说了算;你做什么,也是他说了算。"有一次,他半夜想起一个馊主意,让赫夫纳到他的公寓来,爬上床,假装是洛恩斯来跟熟睡的女友做爱。结果,他们遭到了应有的报应。那个睡得迷迷糊糊的女友借口去洗手间,打电话报警说,有一个"神经病"闯进了她的家。警察很快就赶到了,尴尬万分的赫夫纳不得不找尽理由来摆脱困境。朋友们意识到了洛恩斯对待女人的恶劣态度,在一次聚会上给他颁发了"最佳伤害奖",他假装发表获奖感言:"我要谢谢所有的评委……"尽管他行为暴戾自私,但并不影响他成为50年代末《花花公子》杂志社的一颗耀眼的星星。[31]

还有另外几位有影响力的人物也几乎是在同时加入了杂志社。杰克·凯西1956年加盟时是一名助理编辑,用"布莱克·拉瑟福德"的笔名帮助杂志确立了风格。在接下来的十余年中,杂志里很多关于男性时尚的文章都出自他手。对于《花花公子》描述的美好生活,他身体力行。其穿着一直很有品位,用同事的话说,"他住在单身公寓里,有高保真音响和小吧台,在所有的高档餐厅里用餐,懂得喝什么酒开什么车"。他常常和雷·拉塞尔一起在办公楼附近吃午饭,妙语连珠,推杯问盏,酿成一段佳话。[32]

"烟鬼"安森·芒特来自田纳西州,为人和气,平素里总叼着烟斗。他成了杂志社里大学橄榄球方面的专家,领导着大学部,开创了每年秋季进行的著名的"猪皮预测",为《花花公子》在全美范围内选择球员。他有着深厚的宗教背景,后来成为杂志的代言人,在全国展开巡回演讲,与批评赫夫纳哲学的原教旨主义者辩论。与凯西一样,他完全认同"花花公子式"的生活方式,袖口上和徽章上都有兔耳标志。只要对方愿意听,他会滔滔不绝地谈论《花花公子》。[33]

艺术家勒罗伊·奈曼也加入了杂志社。他是赫夫纳的老熟人,赫夫纳在卡森·皮里·斯科特百货公司上班时两人就认识。他在芝加哥艺术学院学习过,在部队里画过壁画,最终选择了从事时尚插图工作。1954年,他第一次为《花花公子》配了插图,故事是查尔斯·博蒙特的《黑乡》;次年,他又画了一些素描,还设计了一期封面。到了1956年,奈曼的油画和素描多次出现在《花花公子》上,成为杂志的一大特色。几年后,他开辟了"休闲男人"系列,在《花花公子》上留下了永久的印记。这个系列展示了世界上最诱人、最高档的社交和运动场所。勒罗伊描绘的伦敦和威尼斯的酒店套间、巴黎的马克西姆餐厅、戛纳电影节、英格兰的全国越野障碍赛马、摩纳哥的国际汽车大奖赛和马德里的斗牛成为"花花公子"生活方式的集中体现。后来,他又为杂志创作出了著名的"费姆林",这是一个长发的小精灵,只戴黑色长手套,穿黑色长袜。他笔下的人物优雅修长,颜色大胆鲜明,气质高雅脱俗,这种印象派的艺术风格非常符合这本年轻的杂志。奈曼本人就像一个时髦的街头混混,举止粗鲁无礼,总是叼着雪茄,一头乱蓬蓬的黑发,留着浓密的胡子。他简直就是办公室的一景。[34]

随着《花花公子》杂志社人员的壮大,气氛逐渐发生了变化。原来密切的私人关系逐渐为公司化的管理替代，争地盘的现象频频出现。一位内部人员透露，斯佩克特斯凯、保罗、洛恩斯和田尻"花在你争我斗、背后中伤和争名夺利上的时间远远多于花在为杂志的利益合作的时间"。但是，激情还在，用赫夫纳的话说，那种感觉像是"坐上了火箭"。这些有活力、有才华的青年男女聚在一起，形成了轻松的氛围，空气中弥漫着色情的味道。"《花花公子》杂志社在50年代有很多与性有关的娱乐方式，"赫夫纳回忆说，"在办公室里做爱是司空见惯的事情。"[35]

就这样，50年代中期，赫夫纳构建起一个组织，他本人保持着领导地位。他全身心地投入了《花花公子》，在杂志的方方面面留下了自己的个性和品位。他将年轻人特有的热情和疯狂的工作方式结合在一起，领导了一群才华横溢的精兵强将，朝着他心目中理想的方向前进。用他的话说，他聘请到了这样一批人，"他们能很好地实现你的想法，效果甚至好于你自己做"。作为这本杂志创新的动力，他的生活和工作也变得不可分割了。

2

《花花公子》出版最初几期后，财务上刚刚立足，赫夫纳就全心投入了这本杂志。他和他的小团队在1954年初搬进苏必利尔大街的办公室时，他为自己挑选了位于第四层的办公室，那里附带卧室和厨房。他常常睡在办公室，家人见到他的机会越来越少。毫不夸张地说，他是为工作而活。

赫夫纳的工作时间令下属感到不可思议。在出版《花花公子》这件事上，他显示出了惊人的精力、专注和热情。一名同事说他是"偏执狂"，称"或许女人是他的消遣，但《花花公子》是他的命"。他几乎每天都住在苏必利尔大街，偶尔出去散散步，或在办公室旁边的卧室里睡几个钟头，然后又开始工作。"他是一个非常投入、非常专注的人，"文斯·田尻说，"他每分钟运转1 000次，而我们一般人只能转400次，他自己是这种工作强度，自然对别人就没有太多耐心。"他在各任秘书那里都以健忘出名，常常想不起人名、日期和各种琐事，用一个秘书的话说，"他满脑子想的都是自己正在做的事情"。[37]

搬到俄亥俄大街的办公室后，赫夫纳还保持着原来的工作强度，行为越变越古怪。他的新办公室也有一间卧室，还有洗手间和更衣室。他常常工作到凌晨，抓紧时间睡几个小时，第二天下午又开始工作了。"每天下午，他都会冲进办公室，像是刚从炮里发射出来，天地都为之一震，"阿琳·布拉斯描述道，"他进出每间办公室，发布命令，查问为什么昨天交代的事情还没有做，他总是对手下人提出更高的要求。"因为赫夫纳是每天下午才开始工作，制作经理约翰·马斯特罗就开玩笑说："赫夫，我还是没弄明白你过的时间是比我们早一天还是晚一天。"正是在这一时期，赫夫纳那几个著名的习惯开始养成。首先，他喜欢穿着睡衣工作，因为在他身上，工作和生活的界限已经消失了；其次，他喜欢在办公室里堆放大量的材料，地板上、桌子上到处都是。"他的办公室很大，走进去会发出悉悉索索的声音，因为到处都是杂志、书籍、漫画草稿、清样、文档，以及过去和将来的'花花玩伴'的资料。"一篇报纸文章这样写道。漫画家谢尔·西尔弗斯坦说,访客"走进他的办公室,还真得小心翼翼,不然就会碰到或者踩到什么东西"。[38]

赫夫纳也不再像从前那样热情了。例如,《花花公子》还在苏必利尔大街办公时,有一次斯坦·肯顿顺路来拜访,感谢杂志在第一次爵士乐调查中授予他荣誉,他曾经是赫夫纳的偶像之一。据勒罗伊·奈曼说,赫夫纳听到消息后,冲下楼梯来迎接自己的偶像,"当时他就是这样容易激动"。仅仅过了两年,杂志社搬到俄亥俄大街后,同样是肯顿来访,这次是来为杂志拍照片。赫夫纳从办公室出来看报纸、喝可乐。他扫了一眼,看见肯顿"坐在泛光灯下的长凳上",他说,"哦,嗨,斯坦",然后接着溜达去了。[39]

但是,比起完美主义倾向,他的种种怪癖都不值得一提了。这个特点使他参与到《花花公子》的方方面面。他期待所有人对杂志都倾注与他一样的热情,从而制定了极高的做事标准。"他对我们的要求超出了我们的能力,逼着我们做到最好。"布拉斯解释说。有一次,马斯特罗抱怨杂志制作过程中的某一处修改会花很多钱,赫夫纳回答说:"约翰,你只管改,钱的事我来操心。"[40]

《花花公子》创办初期,赫夫纳对手下要求很高,但他同时也是一位很慷慨的老板。他抽时间跟玛吉·皮特纳、帕特·帕帕格里斯等人谈话,了解他们生活中的困难,还曾经为一名职员垫付了一大笔钱,让他花几个月时间治疗精神方面的疾病。赫夫纳本人是工作狂,对下属却不苛刻。"赫夫,我真的干不动了。"有一次约翰·马斯特罗对他说。"我知道,约翰。"赫夫纳这样回答他。他有一种特殊的本领来传递热情,鼓励下属努力工作。他的"说服力",埃尔登·塞勒斯评论说,"几乎能带你进入一种催眠状态"。他机智的幽默感往往可以活跃气氛。他调侃严肃的斯佩克特斯凯说:"我现在总算是明白你们两口子为什么能这么脱俗了,你们是为了寻求刺激才对彼此忠诚的。"斯佩克特斯凯认为他的老板"能看到一个人的美德和优点,也能发现他的局限和缺点",如果有必要,他会严厉地责备某人,"然后再给他打气,让他心情愉快,更加热爱工作"。[41]

同时,赫夫纳与他人保持距离,耐心也越来越差。他对杂志社里级别低的人还算宽容,但对中层却越来越暴躁,常常打断别人说话,"来吧,说正事儿"。他的执着和期望使他不肯,也不能表扬杂志社的员工。例如,阿特·保罗就观察到,赫夫纳在称赞编辑、艺术家、摄影师和制作人员时都要经过一番挣扎,"你几乎能看出来他是刻意这样做的"。赫夫纳只是希望别人能够像他一样在这本杂志上投入绝对的热情,保持极高的标准。[42]

尽管如此,他的领导风格仍然能够激发下属的才能,从更大的角度看,也提高了杂志的质量。赫夫纳在与阿特·保罗在图片问题上出现分歧时,会退一步,说"你是艺术总监"。1959年,雷·拉塞尔坚持要刊登非小说类文章《污染物》时,赫夫纳也保留了自己的意见。这篇文章讲的是放射性污染,赫夫纳担心这一题材对于一本娱乐杂志有些沉重,可能会引发争议。后来,这篇文章赢得赞誉时,他也很高兴自己之前的判断是错的。赫夫纳后来说,他为这本杂志做的"更多的是引导而不是逼迫,努力将下属培养成我理想中的样子,不论他是漫画家还是艺术总监"。[43]

50年代中期，随着《花花公子》的壮大，赫夫纳日益关注一个核心任务，那就是形成杂志自己的观点。他努力让所有栏目都围绕"享受美好生活"这一中心思想展开，也始终保持了不俗的品位。1956年，在写给员工的一份备忘录中，他描述了以下目标：

> 我不希望《花花公子》的任何因素违背我们的基本编辑方针……（我们希望）不仅所有的栏目本身都具有娱乐性，连那些关于美食、美酒、时尚和旅行的服务性栏目都能使生活更加舒适……在评论专栏里，在评论音乐（不论是古典乐、流行乐还是爵士乐）、书籍、戏剧和电影时，我们能够亮出自己的观点，我们的评论是有分量的（当然评论的形式是活泼的）……非小说类的作品也可以涉及一些深刻的题材，而不仅仅是说在人群中揩姑娘的油多么来劲，我们这样做并不违背杂志的基本方针……我不需要说教或浮夸的文章，也不探讨国际时事、宗教或种族冲突。[44]

赫夫纳花费大量精力围绕"基本编辑方针"全面打造《花花公子》。据田尻说，他用"钻石雕刻家般的细致"审阅杂志有意刊登的每一幅照片以确保它符合整体风格；阿琳·布拉斯从赫夫纳那里收到了大量的备忘录，内容是字体风格、编辑、标点和校对等方面的要求，这一切构成了杂志形式的基础。赫夫纳坚持采用黑色圆点而非空白来区分段落，这形成了一种规范。"就算上帝现身，要求我们用空白，我们也不答应。"他表示。赫夫纳下令说,那些庸俗广告,不论利润多高,我们都不会刊登,"我们不接受任何以性为噱头的广告"。[45]

赫夫纳对细节的关注渗透到了杂志的方方面面。他审阅男性服饰方面的文章,确保它们代表了"标新立异的最新时尚";他筛选照片,表示"我不希望《花花公子》只是追随潮流——我希望它创造潮流,指引方向";他批评影评中含有过多的艺术术语,"《花花公子》不是为少数的精英而办的……我们应该下功夫让评论更加符合我们的编辑方针",他说,"我们现在这样做等于在上一堂电影艺术课"。他要求一篇文章在评论查理·卓别林时采取更为同情的态度,因为在《花花公子》看来,"所谓的梦想家和理想主义者是这样一群人,他们不一定总是循规蹈矩,不一定总是正确的……他们可能在艺术上能够取得辉煌成就,但在其他方面却很低能,这就是天才"。[46]

音乐尤其贴近赫夫纳的内心,得到了他的极大关注。他请到了著名的爵士乐作家和批评家伦纳德·费瑟写一系列关于爵士乐历史的文章。他要求这些文章"解释清楚不同类别的爵士乐之间的区别,它们的演变史,对它们的发展产生过重要影响的人物和事件"。电影《上流社会》的原声带发布时,赫夫纳要求评论家在评论中将感伤主义(赫夫纳的一个标志)和通常的流行评论结合起来。这张唱片"让我整晚沉浸在温暖和浪漫之中",他对斯佩克特斯凯说,"让我们在硫酸中加点儿糖……这些歌曲都是科尔·波特的原创,蕴含着真正的美"。他还要求员工更多地关注电视这种新兴的娱乐形式。[47]

当然,赫夫纳在推广《花花公子》时总是不遗余力。其老友伯

113

特·佐洛的公司负责杂志的推广工作，赫夫纳在给他的一封长信中抱怨推广没有成效。他坚信这本杂志的推广做起来应该不难。"一群芝加哥人在十年间创造了杂志史上最疯狂的成功，而没有一家芝加哥的报纸为此刊登过一篇文章。"他抱怨说，"我们希望从一家人脉广、专业强的公关公司得到特别的服务，而这根本就没有实现。"很快，他签下了一家新的公关公司。[48]

归根结底，赫夫纳成功的关键在于他是在为自己编辑《花花公子》，体现的是自己的品位和价值观。"赫夫纳常常对我们说，他做这本杂志是为了让自己满足，如果他喜欢，那么别人也会喜欢。"杰克·凯西透露。维克托·洛恩斯说："这本杂志对于赫夫纳本人，就像是对于数百万男大学生一样，都是一本指南。"斯佩克特斯凯也赞同这种说法："他之所以做得这么出色，是因为他一人多能，既当编辑和出版人，又当读者。"赫夫纳常常请大家提出意见和建议，但最终拿主意时他还是凭自己的感觉。提及这一点时，他干脆地说："这本来就是一本私人杂志，一项私人事业。"后来，他又详尽地进行了解释："我是为了自己才做这本杂志的，但它是……我理解中的都市男性与异性之间的联系。我创造出一种浪漫的、理想化的都市单身汉形象，然后按照这个思路打造这本杂志。"[49]

1956年，一项评估显示了他是多么适合这份工作。赫夫纳请一家公司为杂志社包括自己在内的所有管理人员进行心理测试。最终的测试报告表明，他"非常胜任目前担任的《花花公子》杂志总编辑兼出版人的职位"，肯定了他超凡的智力、出众的创造力、极大的动力和对工作的热情。评估者同时指出他性格中的几处弱点：缺乏计划性和监督力，制订行动计划时容易冲动、不够成熟，习惯于工作到体力透支，不能有效授权，而这一切随着机构的扩张都会带来麻烦。总的来说，这份测试得出结论说，赫夫纳如果从事"创造性的事业，会做得很好，这个方向能够满足你自我表达的强烈愿望"。[50]

显然，赫夫纳是入对了行。作为美国出版史上最伟大的成功之一，《花花公子》在1956年扶摇直上，在全美杂志畅销榜上由第80位上升到第49位，超过《绅士》杂志，实现了102%的发行量增长，堪称业内之最，净销售额超过300万美元。到了1959年底，发行量攀升到每月100多万份，总收入增长到550万美元。杂志越做越厚，内容越来越丰富，这也反映了它越来越受欢迎。1957年1月的那一期杂志是80页，有19篇专栏和文章；而1960年12月那一期几乎是它的两倍，有150页和28个专栏。[51]

随着杂志的增长，赫夫纳信心大增。他突发奇想要拍摄外国电影，一位中层管理人员回答说："唯一的麻烦在于，赫夫，你必须待在国外。"赫夫纳说："那好吧，既然这样，我们就拍自己的电影。"但赫夫纳对自己的成功显然是心存感激的。1958年12月，《花花公子》创刊五周年时，他表达了自己的感激之情：

> 今天，当我坐在花花公子大楼的办公桌前回首1953年秋创业时，一切都显得那么不真实。当我编辑完第1期薄薄的《花花公子》时……我只希望它能获得足够的成功，让我继续

从事热爱的工作而不用在不感兴趣的事情上耗费一生。但正是这项出于热爱的工作成就了我们这个时代杂志业最辉煌的成功，在五年里带给了我一生都不敢奢求的名利。我想，我是世界上最幸运的人之一。[52]

那么，又是什么使得《花花公子》越来越受欢迎呢？赫夫纳认为是人们"一开始就很快意识到了这不仅仅是一本杂志，而且是幻想生活的一种体现"。那么幻想的内容是什么呢？《花花公子》的幻想中真正引起人们共鸣的又是什么呢？事实上，赫夫纳的杂志准确地把握住了战后美国文化的两大潮流：性解放和消费热潮。基于这些因素，《花花公子》编织了一个诱人的梦，那就是让对约束越来越没有耐心的人们获得肉体和物质方面的愉悦。[53]

第六章　追求幸福

1956年秋，休·赫夫纳出现在纽约的当红电视节目《迈克·华莱士访谈》中。几年后，主持人迈克·华莱士作为哥伦比亚广播公司的国内新闻记者名声大振，而当时他已经因咄咄逼人的采访风格而小有名气了。他总是直截了当地挑战嘉宾。"今晚，我们请到的嘉宾是出版界最炙手可热的杂志的幕后操纵者，他只有30岁，"他开门见山地说，"我们今天就要看看他为什么创办了《花花公子》，这本杂志到底是不是一本淫秽刊物。"华莱士提到，这本杂志会刊登裸露程度不同的女孩照片，问赫夫纳是不是很享受从这一"过度色情的"事业中赚取利润。

赫夫纳为自己辩护。他承认性是《花花公子》一个重要的组成部分，因为这对都市青年男性读者非常重要。但他表示，杂志同时包括许多关于服饰、音乐、汽车、美食和美酒的内容，也刊登许多知名作家的作品。华莱士暗示，赫夫纳出售的其实是"一本高档的淫秽书"，赫夫纳反驳道："性本身没有什么肮脏的，除非我们把它想得肮脏了。美女照片是任何年龄的男人都应该欣赏的。"他坚称："如果在性当中发现了邪恶的、淫秽的东西，那么这个人的头脑一定是病态的。"但华莱士不肯让步，赫夫纳最终恼怒了。"我估计，任何一期《花花公子》中与性有关的内容都不会超过5%，可我们好像花了整个节目的时间来讨论这个问题。"他毫不客气地说。[1]

这种言辞上的短兵相接反映了后来所谓的"性革命"的最初迹象。随着美国的中产阶级在50年代享受到新一轮的繁荣以及他们自我否定的旧习渐渐消退,一种对于愉悦的追求渗透到了人类生活最隐秘、最私人的领域:性。许多享受到富足生活的人开始逐渐地挑战19世纪确立的性价值观。这场运动集结了几种力量:希望赋予文化性别特征的人、倡导重新定义家庭生活和性别角色的人、把性当作政治工具来攻击资本主义生活的人、为多样化的性行为争取更大容忍度的人。他们发现了一个共同敌人,那就是在教堂、国家和中产阶级价值观的支持下对性行为进行限制的传统。随着异见者和煽动者不断施压,在美国文化中居于主导地位的性礼仪开始松动,而这种礼仪表现在音乐、电影、大众文学和约会等方面。[2]

《花花公子》因刊登的香艳照片和前卫的编辑立场成为最早公开表明反叛态度的力量之一。主流文化的捍卫者注意到了这一点。1957年,《纽约客》上的一则漫画描绘了一位国王在成群妻妾的包围下津津有味地读着《花花公子》。同年,《国家》杂志的一篇长文探讨了美国蓬勃发展的时尚产业,列举了《名利场》、《君子》、《时尚》、《哈泼氏》等杂志,也注意到了一名后来者。"时尚业的最新动向就是《花花公子》的兴起,"它解释说,"最初它的风格是淫秽的、粗糙的,后来逐渐进步,变得含蓄。"杂志刊登了美国大街上一些青春靓丽的女孩照片。"我不得不为这种新形式的色情鼓一鼓掌,这一切都源于编辑随心所欲、热情奔放的态度。"作者评论道。[3]

性革命直到60年代中期才达到高潮,但在50年代已初露端倪。或许比起其他人,赫夫纳都更体现了反叛的第一个阶段,因为《花花公子》表达了一种对于新的性准则的渴望,这种渴望方兴未艾,愈演愈烈。

1

后来，赫夫纳常常声称，促使他创办《花花公子》的是一种愿望，那就是要颠覆 50 年代美国社会对待性的普遍态度，在他看来，造成这种假装正经、言不由衷的环境的罪魁祸首是美国历史上的清教徒传统。他从小到大受到的教育都是，性反映了人类的动物本能，对它应该持有怀疑和压制态度。"我开始质疑许多愚蠢的宗教思想，即人的灵和肉是相互冲突的，上帝掌管精神，而魔鬼控制肉体，"他写道，"我想要编辑一本杂志，里面的性不带有负罪感。"在这种精神的指引下，《花花公子》为寻求新的性道德的人提供了一个表达的机会。[4]

尽管赫夫纳意识到了《花花公子》所扮演的解放者的角色，但他却认错了敌人。赫夫纳追随了 H. L. 门肯的步伐，这位文学及社会批评家在 20 世纪前 20 年对清教主义流传久远的残余思想进行了抨击，言辞活泼辛辣。但事实上，文化上的阻力另有来源。令赫夫纳感到压抑的性环境来自 19 世纪维多利亚时期的思想，而不是 17、18 世纪的清教主义思想。那种认为欲望需要自我否定、肉欲需要自我控制的想法植根于数个世纪以来的基督教思想，通过 19 世纪维多利亚时期的道德主义者完整地表达出来，而这些人的世界观是在迅速发展的市场资本主义和活跃的基督教新教思想中塑造而成的。维多利亚时期的人坚信，不加限制的欲望会破坏勤奋工作的能力、操行高尚的私生活以及友好和谐的公共生活。性，自然而然就成为他们眼中最需要压抑的肉体享受之一。西尔维斯特·格雷厄姆等大众读物作家教育青年男女，纵欲会导致道德沦丧、身体损耗和社会灾难,到了 19 世纪末,性领域的正统观念催生了一系列反对不道德行为的规范,例如禁止邮递淫秽材料的《科姆斯托克安东尼法案》(1873)。安东尼·科姆斯托克是一位反对淫秽材料、避孕和堕胎的无畏战士,担任美国邮政部的特别代理,花了 30 年时间来将与性有关的物品从包括商店在内的大众传播渠道中剔除。他最终成为维多利亚时期性道德的符号。[5]

20 世纪初,维多利亚时期的思想有所松动。对新兴的消费经济持倡导态度的人们鼓励休闲、享受和娱乐,主张放弃自我牺牲。自我满足的新思想引发了一轮广告热潮,向人们承诺购买商品可以获得幸福;康尼岛之类的新建游乐城体现了娱乐的功效;为读者提供建议的文学作品,例如戴尔·卡内基的《如何赢得朋友和影响他人》强调了鲜明个性,而不是正直人品的重要性。维多利亚时期的思想尽管在很多领域有所退步,在性文化上却维持了主导地位,直到 20 世纪中期。性领域的正统思想扎根于美国的乡村小镇,在城市里得到了天主教和新教教堂的支持,第二次世界大战后又受到了"家人团聚"的大众信念的推动,这种信念视家庭和睦为美国生活的标志以及对抗共产主义的力量源泉。[6]

因此,赫夫纳在艾森豪威尔时期遭遇到了势力强大、根基深厚的反对力量。在性问题上,维多利亚时期压抑克制的思想在美国文化中仍有较大影响。正如一位史学家所说,中产阶级的体面生活"为性行为提供了一套明确的准则,其核心是一条简单的限制:婚外性行为是绝对不能容忍的"。社交礼仪为约会划分了几个复杂阶段(确定男女朋友关系、交换定情物、订婚),明确了与这些阶段对应的、双方认可的身体接触程度（拥吻、抚摸腰以上的部位、抚摸腰以下的部位、隔着衣服抚摸、直接抚摸身体）。家长和学校通过一系列措施来限制年轻人性接触的机会，比如说宵禁、限制用车、鼓励两男两女一起约会。[7]

尽管如此，50年代还是出现了一些对性领域正统观念的零星挑战。《金西报告》分析了男女性行为，揭示了现实生活中的性行为在多大程度上违背了传统价值观，因此引起轩然大波。而一些大众流行读物——格雷丝·梅塔利尔斯的畅销书《冷暖人间》、《秘密》等八卦杂志、米基·斯皮兰创作的掺杂着暴力和色情的侦探小说，提出了性礼仪的尺度问题。以猫王及其扭动的屁股为标志的摇滚乐将有节奏的感官享受和含有性暗示的歌词传达给跳舞的年轻人。反抗传统性道德的势力逐渐地积蓄力量。[8]

50年代，赫夫纳和《花花公子》普及了性解放的思想，腐蚀着传统价值观。赫夫纳就像是20世纪中期的托马斯·佩因，将复杂的思想用明快的文章和生动的画面表达出来，以性革命的宣传册作家的形象进入了大众生活。在用语言和影像攻击性礼仪的种种束缚时，他强调了若干主题思想。

赫夫纳宣扬了一个看似简单的观点，即性意味着乐趣。《花花公子》创刊后的第一个十年里，他攻击了"性要么是神圣的要么是罪恶的"这种传统思想，也驳斥了"性只能严格地局限在婚姻里"的文化准则。在当今社会，他声称，性可以不再是只与生育挂钩，只在教堂和国家的许可下才能发生。其存在有多重目的。用他的话说，"性可以是为了娱乐；可以是身份的认可，让你明白你是谁；也可以是爱的表达"。

赫夫纳希望将性本身合法化。[9]

整个50年代，《花花公子》都在宣扬一种理念，即性是为了人类的愉悦。赫夫纳曾打趣道："我们认为，性应该与饮酒、赌博一样，想做就做。"在其编辑方针的指导下，杂志刊登了一系列文章、故事和照片。《不要在清晨痛恨自己》告诉男性读者，少妇自己也是需要婚外性经历的。"许多妇女也开始接受单身汉的性态度，她们需要肉体的愉悦——或者你愿意称之为'放松'也行——不需要为此付出代价，不需要承诺一生相守。"《迂回战术：怎样把手放在姑娘身上》教给年轻人一些招数，比如故意轻抚她的手臂、帮她进出计程车、凑到她耳边闻闻香水味。这些微妙的身体接触提供了一种"释放压抑情绪的途径，只是人们很少意识到这一点"。《大波之战》驳斥了某医生的观点，该医生近年来呼吁人们不要过分重视女性的乳房，这样会让女性忧虑，也会形成文化上的思维定式。"我们只是不能认同这种观点，它削弱了乳房的重要性，"杂志评论道，"我们承认人们对那对东西的兴趣很大，但我们认为这也不过分。这种兴趣是正常的，增添了世界上的欢乐。"[10]

《花花公子》的照片也体现了"性即乐趣"的主题。"花花公子的游艇聚会"展示了四位衣着暴露（偶尔全裸）的姑娘在一群殷勤水手的陪伴下乘坐游艇悠闲度假；"花花公子的豪宅聚会"描绘了类似的一群人在迈阿密的一栋海边别墅里嬉戏打闹，度过一个昼夜；其他经典栏目介绍了全美各地的美女。例如，"好莱坞美女"提供了15位美女的私房照，文章称"好莱坞位于阳光灿烂的加州海岸，吸引了世界各地的美女"。"明斯基在拉斯维加斯"描述了滑稽大王哈罗德·明斯基及其大受欢迎的半裸表演女郎在杜尼斯酒店的情景。《花花公子》还刊登了一些好莱坞小明星的艳照，这些急于成名的女孩包括索菲娅·洛伦、金·诺瓦克、杰恩·曼斯菲尔德、碧姬·巴铎、斯特拉·史蒂文斯和玛丽莲·梦露。[11]

《花花公子》颠覆传统观点对于谈论性话题时应该持有的审慎态度，不断地用幽默来调节气氛。"有人认为拿抢银行开玩笑没什么不妥，反正你不会真的去做，但同样的推理却不适用于通奸。"赫夫纳说。他写了一篇幽默的文章《贞洁：一份关于重要事情的重要协议》。其中他开玩笑说，多数男人都觉得贞洁这东西很棘手，越早丢掉越好。不幸的是，"这么重要的信息大多数女人却不知道"。然而，他以轻松的笔调分析了男人可以用来说服勉强的女伴上床的理由。他坦白自己倾向于"弗洛伊德法"，也就是强调压抑性欲的危害；还有"原子能时代法"，就是假设明天就会发生核毁灭，所以今晚要抓紧时间快活。[12]

谢泼德·米德的《怎样轻松搞定女人》系列调侃了一生都在寻找女伴的男人。他说，一个男孩注意到自己的生理发生变化因而可以成为真正的男人后，"还必须等待看似很久的一段时间，尽管也只有10到12年"。他继续说，"在人类文明的进程中，从来没有这么多人为一件事等待这么久，但既然前人都熬过来了，这件事一定有值得等待的地方"。《花花公子》对于性的轻松态度也影响了一些人的漫画作品，他们是杰克·科尔、埃里克·索科尔、约翰·登普西和加德纳·雷。一幅经典漫画刻画了一个面红耳赤、迷迷糊糊的醉鬼向两个正在敲低音鼓的救世军战士问道："你们的意思是，如果我种下酒和女人就能收获酒和女人吗?"定期出现的栏目"粗俗经典"刊载了一系列关于勾引女人和风流韵事的幽默小品文,而充满色情意味的"聚会笑话"也努力用欢笑来代替严肃的性态度。[13]

《花花公子》在50年代重新诠释了引诱的概念,认为它既非不得体亦非不道德,不过是一种社会习俗,充满了浪漫、激情和凄哀。赫夫纳在杂志中以图文并茂的形式告诉人们穿什么衣服才能增添性魅力。美食编辑托马斯·马里奥通过一些文章阐述了美食和美酒在引诱时发挥的作用,其中一篇的《破戒:两个人的早餐食谱》教给年轻的男人在鱼水之欢的第二天清晨怎样为女人准备早餐,怎样送到她的面前。布莱克·拉瑟福德(助理编辑杰克·凯西的笔名)发表了很长的一个系列,阐释穿着优雅简单的衣服怎样能散发出性魅力。而介绍高保真音响、调制马提尼、时髦跑车的大量文章不断地强调物质享受与性诱惑之间的联系。"花花公子的阁楼风情"出现在1956年9月和10月的杂志上,图文并茂地展示了设计前卫的寓所如何为吸引和取悦迷人女郎提供理想的环境。1955年11月,赫夫纳开辟了"下班后的花花公子"栏目,根据浪漫气氛对娱乐场所进行评价。总体而言,《花花公子》所描绘的诱人景象强调的是浪漫、时尚和享受。[14]

赫夫纳一再呼吁重新定位"性",强调在美国建立"健康的异性恋文化"的社会需求。他认为,来自时尚界的现代压力和传统的约束结合在一起,歪曲了女性美的形象。性别形象的混乱模糊了区分男女的视觉和情感界限,引发了社会性的恐慌。在赫夫纳看来,重燃男女之间性交的激情能够为美国社会带来新的活力。《花花公子》,他一再强调,"是

50年代末,赫夫纳在他的第一档电视节目《花花公子顶层公寓》的录制现场。

一本异性恋的杂志"。它不会"因男女关系而感到尴尬",承诺"一如既往地支持异性恋的社会,直到更好的模式出现"。[15]

在支持异性恋的同时,赫夫纳特别抨击了女性时尚杂志,认为它们造成男女不分的局面。他评论说,数十年来,这些杂志推崇的女性形象都是高挑、苗条甚至骨感、平胸、薄唇。许多女性趋之若鹜,但多数男人不敢苟同,因为这样"丝毫也不性感"。赫夫纳称,男人眼中的女性魅力在于"丰满、细腰、肥臀、健康、充满活力"。赫夫纳不遗余力地倡导这种形象,即"十足的女人味儿、圆润、柔和,最大程度地展示女性美"。[16]

赫夫纳认为,同性恋,与时尚界男女不分的现状一样,也对构建健康的男女关系构成了威胁。他不憎恶同性恋,甚至要求人们对这种性取向采取宽容态度。但是,和50年代大多数进步人士一样,他把同性恋看作是一种异常、失调的表现。"男人对丰满圆润的女人感兴趣，这种异性恋才是正常、健康的。"他对一本杂志表示。为什么男人喜欢驾驶跑车、穿时髦西装、听新唱片、享受美食和美酒呢？他问道："难道是为了跟一个哥儿们坐在角落里吗？我对此很怀疑。"他表明，《花花公子》探讨的是"现代社会中男女之间的关系，是异性恋行为"。这与男性户外杂志形成了对比，那些杂志建议男人出去狩猎、饮酒以及找兄弟的时候把女人留在家里。"按照弗洛伊德的逻辑，你可以把他们看作是一种公然的同性恋。"他宣称。[17]

赫夫纳在芝加哥参与了哥伦比亚广播公司的一档电视节目的圆桌讨论，详细地阐述了上述问题。他尖锐地指出，时尚杂志将高挑瘦削的美女形象理想化，形成了所谓的"时尚模特"，而这种做法还产生了另一种影响：

> 如果你想进一步了解这种糟糕的状况发展到了什么程度……你会发现在纽约的剧院里情况也大致如此，那里聚集着大批这种类型的所谓"美女"。整个时尚界出现这种情况基本上可以归咎于男人，但这又不是一种异性恋的概念，我认为大致上是一种反女性的概念。

节目的另一位参与者问道："你是说这是一种同性恋的概念？"赫夫纳答道："他妈的还真是这样，真是这样。"[18]

赫夫纳于60年代初撰写的《花花公子哲学》一文总结了他在性革命早期的思想，对上述观点进行了阐述。他指出，一位重要的性学者研究了"美国社会普遍存在的同性恋和性变态现象",坚称只有更加重视男女之间的性关系才能解决这一问题。赫夫纳赞同地表示,"如果我们想要得到一个健康的异性恋社会,就必须开始重视异性恋;否则,社会还会像现在这样病态和混乱"。由此可知,尽管赫夫纳不反对同性恋,但他清楚地意识到,《花花公子》所支持的健康的异性恋是医治男女不分和性别混乱的药方,只有这样才能恢复美国社会的活力。[19]

赫夫纳提出的"干净性"的概念在当时风行的违背道德和法律的肮脏行为之外提供了一种健康的新选择。他宣称,宗教将性与生育捆绑在一起,一旦有人违反规则就会招来口诛笔伐。类似的扭曲状况在大众杂志中屡见不鲜。《生活之友》、《妇女家庭杂志》、《大都市》里面充斥着耸人听闻的文章,讲的都是性功能障碍、婚姻破裂和种种绯闻。这种"常见于妇女杂志的病态的、拙劣的性刺激"不断地呈现给读者"恪守妇道的妻子"、"因妒生恨的情人"、"性变态狂和性骚扰儿童者"等形象。挑逗无处不在。"我们正在努力推广一种对待性的正确态度。"赫夫纳解释说。《花花公子》表示,"在50年代,干净、健康的性是建立健康的美国社会的先决条件"。[20]

赫夫纳一面大力宣扬性解放,一面确保《花花公子》的高雅品位。他支持色情却避免淫秽。能够引发健康的性冲动的图片和文字是好的,他坚信,尤其是它们散发出浪漫气息时,但涉及煽情、性虐待和淫欲等内容的作品不在考虑的范围内。然而,要想分清二者之间的界限有时不是一件容易的事。当一名广告商因杂志中的裸照威胁要撤资时,赫夫纳请求他关注美国社会性文化的变迁,重新考虑这个问题:

关于这个问题，当今社会正在发生转变，这在电影、书籍和杂志中表现得非常明显。我们的国家日益成熟，能够公开讨论和评价10到15年前被视为禁忌的话题……《花花公子》无意于哗众取宠——它从来就没有这样做……但如果我们把与性有关的内容从杂志中拿掉，那也是自欺欺人，我们知道这一点。同时，我们注重保持高雅的品位……然而，一方面要用成人的方式对待性，另一方面不要丧失高雅的品位——做起来恐怕比听起来难。[21]

因此，赫夫纳成为战后性革命的宣传者。他坚信，"现代人需要一种新的性道德，它必须更加现实、理性、尊重人性、高尚"，这种观点远在他创办杂志之前就形成了，他表示。他是利用《花花公子》来不断地追求这一目标，而种种迹象也逐渐表明，"性不再意味着内疚、羞耻和虚荣，取而代之的是一种新的诚实，新的宽容，以坦率公开的方式讨论性问题的新意愿——这是一种思考、表达和享受的自由"。[22]

当然，正如谚语所说，一图抵万言。《花花公子》为争取性解放所作的斗争最集中地表现在视觉方面。每一期杂志插页部分的"当月最佳花花玩伴"的艳照成为了美国的一个符号。如同赫夫纳在多年以后评论的那样，"在性革命中，插页本身和'花花公子哲学'一样是一种宣言"。[23]

2

《花花公子》创刊号上有一张玛丽莲·梦露的著名的裸照，背景是

PLAYBOY
ENTERTAINMENT FOR MEN

50c

FIRST TIME
in any magazine
FULL COLOR
the famous
MARILYN
MONROE
NUDE

VIP ON SEX

1st ISSUE

玛丽莲·梦露是《花花公子》第1期的封面女郎及当月甜心宝贝（"花花玩伴"的前身）

不同年代的《花花公子》杂志封面

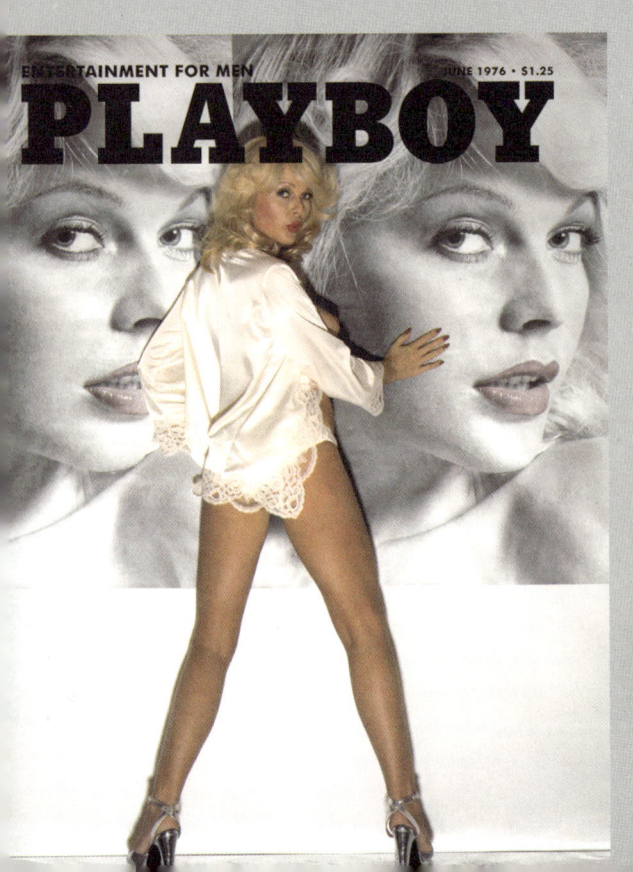

休·赫夫纳被"兔女郎"包围着

休·赫夫纳与"兔女郎"们在机场

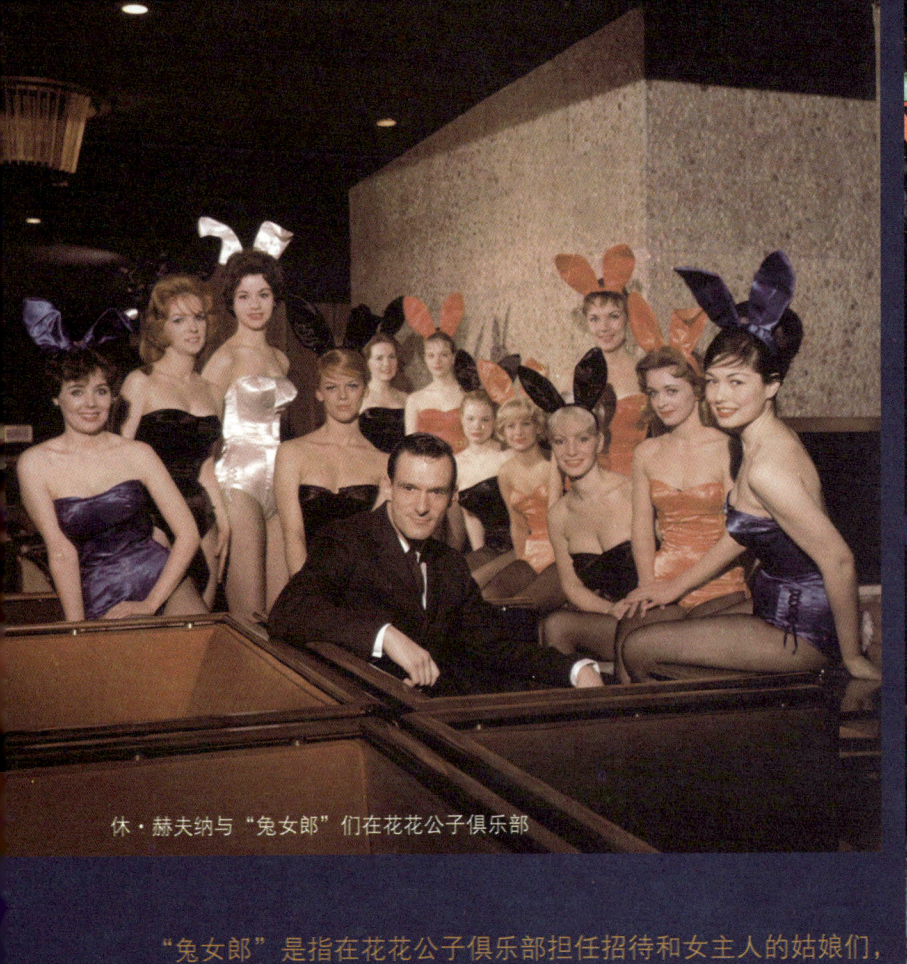

休·赫夫纳与"兔女郎"们在花花公子俱乐部

创刊55周年庆祝会上的"兔女郎"们

休·赫夫纳与"兔女郎"们

"兔女郎"是指在花花公子俱乐部担任招待和女主人的姑娘们,因其装束而得名,很快成为丰富多彩的花花公子王国的主要象征

奢华的红色天鹅绒,她是"当月甜心宝贝"。到了第2期,这个栏目变成了"当月最佳花花玩伴",还有了固定的形式——某位迷人女郎的一组照片,有些比较色情,插页则是一张全彩的裸照,其他照片围绕在周围。这个栏目很快成为了杂志的招牌。起初,赫夫纳聘请的都是职业模特,但他很快开始寻找另一类型的"花花玩伴",即气质清新健康的"邻家女孩",他在美国的大街小巷寻找这些姑娘。读者对这一类型的女孩反响强烈,喜剧演员莫特·萨尔甚至开玩笑说,那个年代的美国男人都以为女孩的身体中央有一枚订书钉。

50年代,赫夫纳寻找"花花玩伴"并不用费多大力气。1955年春,他请杂志社订阅部经理尼·卡拉卢斯查兰为杂志的插页出镜。一番说笑后,她表示,只要赫夫纳肯买一台邮件地址牌印刷机来减轻她的工作负担,她就同意。这真是一份别出心裁的协议。卡拉卢斯是一位高雅、丰满、健康的金发女郎,相貌姣好。她出现在当年第7期杂志中,化名"珍妮特·皮尔格林"。赫夫纳之所以取这样一个名字,是因为他想巧妙地调侃一下信奉清教主义的前人。他本人的形象也出现在这张插页上,身穿礼服,背对镜头。插页照片上不断出现男性形象其实是一种性和引诱的暗示。《花花公子》诠释了它对"最佳花花玩伴"的理解:

> 我们认为,如果你觉得这些标致的"最佳花花玩伴"散落在世间的各个角落,这种想法是很自然的。事实上,你身边的很多人都有可能成为"最佳花花玩伴":你们办公室新来的秘书、昨天午餐时坐你对面的电眼美女、在你最爱光临的商店

里为你挑选衬衫和领带的售货员。第7期的"最佳花花玩伴"就是在我们杂志社的发行部门挖掘出来的。她的工作是处理订单,名字叫珍妮特·皮尔格林,不光人长得漂亮,活儿干得也漂亮。[24]

读者对这一期"最佳花花玩伴"反响强烈,皮尔格林又于1955年12月和1956年10月两次出镜,这个记录至今无人打破。她成了名人,求爱的卡片和信从全美各地如雪花儿般地飘来。1956年秋,皮尔格林已经成了人尽皆知的人物,她接受了邀请,在达特茅斯学院亮相。她在英语课上与学生会面,接受校园广播站的采访,在校园报纸的办公室里举行了记者招待会,参加了以她的名义举办的教工下午茶活动。《花花公子》利用她的名气打出了一则特殊的广告。"只要您终身订阅《花花公子》,珍妮特·皮尔格林就会亲自给你打一个电话,"它承诺道,"我们想不出更特别的方式来感谢您,只能让《花花公子》最著名的'当月最佳花花玩伴'在平安夜或圣诞节当天亲自给您打个电话,不论您在美国的哪个角落。"邻家女孩的形象就此诞生,成为杂志插页的一个标志。

床头画艺术在美国有着悠久的传统,可以追溯到20世纪初。世纪之交,"吉布森女郎",即插图画家查尔斯·吉布森钢笔画中的女孩,代表了女性美的极致,她们衣着华美,细腰纤纤,卷发精心地盘在头顶。到了20年代,海报上衣着暴露的"齐格菲尔德女郎"渗入了大众文化,随后数十年流行的是《绅士》杂志的"佩蒂女郎"——艺术家乔治·佩蒂的线条流畅、风格别致的裸女画，以及"瓦尔加斯女郎"——阿尔韦托·瓦尔加斯的绰约女郎画。第二次世界大战期间，贝蒂·格拉布尔等女演员的明星照在世界各地士兵和水手的宿舍里都能见到。所有这些艳照都有一个共同点，那就是高度的模式化和理想化，这些女性迷人，但是可望不可即。[25]

"当月最佳花花玩伴"改变了这一传统。《花花公子》没有把焦点放在电影明星或模特身上，呈现的都是来自日常生活的女孩，她们（至少在理论上）都是可以接触到的，亲切随和，拥有健康的性欲，为美女床头画增添了生活气息。这些"花花玩伴"就是"我们在全美各地都能遇见的迷人姑娘"，赫夫纳在1956年对迈克·华莱士解释说。"在过去的一年里，一位'花花玩伴'是空姐，一位是纽约的接线员，一位是大学里的优等生。"同时，她们还具有现代观念。《花花公子》的插页在50年代是性解放的一个符号，像赫夫纳所说的，表明了"好姑娘也喜欢性"。[27]

赫夫纳在1956年写给《花花公子》摄影师的一份备忘录中表达了他的想法：

> "最佳花花玩伴"的拍摄应该取自然景，而不是摄影棚的枯燥环境。模特本人看上去应该轻松自然……读书、写作、调制饮料、试穿新衣等简单活动都会大大增添她的魅力，可选的活动是无穷无尽的……当然，"花花玩伴"的脸蛋儿和身材都应该是诱人的，但更具体地说，我们喜欢健康睿智的美国面

孔——这个女孩看上去应该像是干练的秘书或者瓦萨学院的学生。我们喜欢清新的新面孔……喜欢一种自然美。

在同年的一封信里，他向一位企业客户解释说，杂志呈现的是"我们能找到的看上去最清纯、最美国化的女孩"。"最佳花花玩伴"，他声称，已经成为"许多男性在图片中的梦中情人"。[28]

"最佳花花玩伴"的配图文字更是增添了这种自然真实的魅力。它们介绍了这个女孩的工作或者活动，讨论她的兴趣、爱好和观点。这些文字"将这个姑娘真实化，她不再只是破烂货和一把头发，她是活生生的、会呼吸的人。"赫夫纳说，"这些姑娘是真实的人，只要你努力工作，尽情享受，她们就是生活中你能够拥有的美好事物之一"。这种"邻家女孩"的概念，他后来评论说，"是为了让我们的'最佳花花玩伴'对读者而言更像是真实生活的一部分"。[29]

同时，一些重要的幻想因素也融入了这些"真实"女孩的表现中。她们的姿势摆得很巧妙，为的是制造她们没有摆姿势的错觉。配图文字是一种文学创作（风格通常很夸张），为的是增强"最佳花花玩伴"生活的"自然感"，突出她们对性的兴趣。《花花公子》巧妙地打造了一种色情形象。事实上，绝大多数美国女孩没有那么漂亮、那么健康、那么匀称，或者坦白说，在一个采取原始节育措施的年代里对于性也没有那么大的兴趣。《花花公子》塑造的"最佳花花玩伴"平凡但动人，愉快地追求性满足，是幻想中的邻家女孩。

50年代的"最佳花花玩伴"栏目体现了这种真实和不真实的融合。

它大致占据六页的篇幅，包括两张折页，1956年后发展到三张。与此同时，"插页"这个词也进入了大众语汇。这些照片相对保守，被拍摄的女孩通常在腰间系一块布，或者是摄影师从侧面和背面拍摄以免暴露私密部位。乳房是裸露的，但很少露出乳头。配图文字会介绍这些女孩是演员、售货员、学生、服务员、法务秘书或其他一些普通的职业，总体上营造轻松、愉快、自然的氛围。《绅士》等传统男性杂志中的性有偷窥的嫌疑，"好像漫画中的老色鬼觊觎模特一样"，《花花公子》的一名员工这样说。而赫夫纳的插页照片呈现的是一种轻松、甚至是单纯的感觉。尽管"最佳花花玩伴"只是一张二维的照片，但她真实亲切，面带迷人的微笑注视着男性读者，提供了一种性满足的承诺。[30]

在早期的《花花公子》杂志中，两位"最佳花花玩伴"代表了插页的风格。莉萨·温特斯是一个自信的姑娘，一头淡淡的金发，在1956年12月的杂志中担任"花花玩伴"。配图文字称她为"全国的摄影师都在不断寻找的那种清纯美女"，还介绍说她喜欢读书，尤其钟爱伊丽莎白·巴雷特·布朗宁的诗歌以及艾伦·坡、海明威和基普林的小说。温特斯小姐自称"宅女"，喜欢通心面和巧克力冰淇淋等大众食品，喜欢幽默的男人，讨厌小气鬼。栏目中展示了她的五张黑白照片，衣着端正，在她家乡的不同背景下拍摄；还有两张彩色裸照，穿着透明睡衣；插页照片是她爬出泳池，小心地用手臂遮住胸部，仰着脸享受阳光。[31]

弗吉尼娅·戈登出现在1959年1月的杂志中，标题是"眼镜女孩"。《花花公子》称，过去人们习惯于把图书管理员看作乏味的老处女,"多萝西·帕克还创作了诗句来嘲讽戴眼镜的女孩,这一切使我们没有在全国的图书馆里搜寻插页女郎。当然,只要我们摆脱偏见,略加思考就能得出结论,没有理由能够证明图书管理员不能像别的姑娘一样可爱,像十进制一样干脆利落,像她管理的书架一样亭亭玉立"。文章称,戈登喜欢"水上运动、下棋和猜字游戏,也承认自己暗地里希望拥有一辆雪佛兰"。四幅黑白照片表现的是她衣着整齐地在工作,彩色插页展示的是她的裸体,她正在用浴巾擦头上的水,浴巾上写着"他的",她娇羞地抬起一条腿来遮挡腰部,肘部则小心地护住乳头。[32]

"最佳花花玩伴"捕捉到了 50 年代性革命早期躁动的色情能量,也实现了另外一个重要目的。赫夫纳利用他从全美各地搜罗的姑娘来抵制他所意识到的战后美国社会的一大威胁,即女人试图用婚姻绑住男人。艾森豪威尔时期深入人心的"家人团聚"的理想家庭观念在赫夫纳看来无异于一剂毒药。他鼓励年轻人精神百倍地抵抗这一观念。《花花公子》的性解放立场在某种程度上是为了将性享受从错综复杂的家庭义务中解脱出来,而家庭应当是以女性为主导的。

杂志的创刊号就抨击了美国社会中妇女对于婚姻的操纵。伯特·佐洛撰写的《1953 年的掘金女》揭露,赡养费是贪婪女人的一种武器,可以让男人倾家荡产。现代社会中,离婚往往谈不上谁对谁错,但法庭无视这一事实,只是依照惯例,要求前夫支付高达一半的薪水给前妻。一系列令人愤慨的案例应该让男人意识到,"全美国的女人已经堕落到认为接受赡养费也是一种天赋人权的地步了"。几个月后,佐洛又写了一篇《单身汉渔猎期》,对婚姻展开了更为猛烈的攻击。现代妇女首先希望得到经济和社会的安全感,他认为,"为此不惜牺牲男人爱冒险、爱自由的天性",证据是"受到严格管教的男人伤心地走在这个女人控制的国家里每一条女人控制的街道上"。在男性自由受到威胁时,佐洛认为,真正的花花公子应该"享受女人能够提供的愉悦,但不要为此付出真情"。[33]

整个50年代,《花花公子》都在继续嘲弄婚姻幸福的传统观念。例如,1955年,一篇带有调侃意味的文章《为多配偶制投票》称,一夫一妻制的婚姻是历史上的一种非正常现象。这种制度由攻陷罗马帝国的野蛮人带入了西方文明,"长期以来遭到了伊斯兰教徒、佛教徒和南加州居民的抵抗"。男性天性喜欢尝鲜,总是希望有多个性伙伴,而女性在人口中的比例迅速超过男性,那么未来是很明确的:"就是回归到更古老、更实际的社会和性的组织,即一夫多妻制。"1958年,《花花公子》展开了一项读者调查,结果显示了已婚和未婚男士的比例:"在《花花公子》的读者中,约一半(48.8%)是自由人,而另一半只在精神上是自由的。"[34]

赫夫纳也支持这种"婚姻怀疑论"。他在50年代表示,男人如果一定要结婚,那也是越晚越好。当一名记者问及他是否愿意把自己的姐妹嫁给《花花公子》的编辑时,他反唇相讥:"我根本就不愿意我的编辑娶任何人,然后脑子里装着那么多愚蠢的想法,什么'家人团聚'啦,房子啦,家庭啦,等等。"他相信是社会压力迫使人们早早结婚,还举了自己的例子。"我从来就没有真正独立过,从来就没有真正自由过,这就是为什么独立和自由的精神对我而言如此重要的原因。"他说。

不久后，他的婚姻结束了。他庆祝重获自由，"我想做什么就做什么，想上哪儿就上哪儿"。[35]

在60年代初发表的《花花公子哲学》中，赫夫纳表达了对于美国式婚姻的反对。"美国社会广泛存在的清教徒思想是导致人们早婚的重要原因，因为清教主义禁止婚外性行为。"他宣称。许多悲剧由此发生。为了缓解这种局面，人们需要更加轻松和现实地接受"婚外性行为的正当地位"，更加敏锐地把握年轻人的情感需求。"一般来说，男人都是在没有完全成熟的时候选择配偶，迎娶她，然后过一辈子的。这个时候的男人跟其后漫长岁月里的那个他还是不一样的。在我看来，这跟蒙眼捉迷藏的游戏没有什么区别。"他写道，"换个角度看，如果男人多过几年单身汉的生活，努力工作，尽情享乐——那么婚姻来临时，他的准备会更为充足。"[36]

赫夫纳的性解放观念引起战后美国许多男性读者的共鸣。《花花公子》以轻松的风格呈现的动人开放的女性形象以及随心所欲的性享受激发了生活在物质富足之中的年轻单身汉的想象力。"最佳花花玩伴"与那些仅仅为了经济和社会保障而抓牢丈夫的贪婪女人不同，因此也为年龄稍大一些的已婚男士提供了一个性冒险的形象空间，他们已经陷入了老婆、孩子、旅行车和庭院烧烤的世界。赫夫纳在50年代的性革命思想迎合了男性的烦恼、自由、挫败和欲望。

《花花公子》的色情主张最终推动了一场更大的文化运动。它加速了传统的维多利亚道德观的灭亡，这种道德观宣扬的是自我控制、延迟享受和性格塑造。《花花公子》鼓励的是一种新观念，即幸福来自欲望的满足。自我满足的文化兴起于20世纪初，第二次世界大战后得到迅猛发展。一位史学家曾经描述过这一过程，旧式的、清教徒的"通过自我牺牲来实现救赎"的思想被一种新思潮取代，即"重视自我实现——这种思潮的特点是关注身心健康，但对健康的定义十分笼统"。赫夫纳关于性解放的思想在其重要的历史转折中起到了关键作用。50年代美国的物质富足——赫夫纳称之为"历史上前所未有的增长和繁荣时期"，创造了一种对于享受生活的新认识，用赫夫纳的话说，"在社会革命的同时发生了性革命"。[37]

《花花公子》的幻想世界描绘了随心所欲的人们在社会中愉快地寻找和发现肉体愉悦和情感满足。它呈现了免受婚姻之苦、尽情享受性爱的时尚男性和动人的女性形象。赫夫纳告诉读者，在自我满足的现代文化中，"性本身就可能成为一个正当的目的。只要性能够成为自我满足的一种手段，那么它的存在就有了足够的目的和意义"。这也是一位社会学家在50年代初所说的"享乐哲学"的基本表述。在现代美国道德观的转变过程中，她声称，"从前人们怀疑甚至视为禁忌的享乐，如今成了一种义务。大家不再觉得过度享乐有什么罪过，相反，谁要是不会享受才会觉得可耻"。[38]

赫夫纳关于性解放的幻想体现了这种新观念。"我认为这本杂志反映了现实世界，以及幻想世界。"他说，"我认为涵盖两者或许是件好事情。失去梦想和期待，生活会变得极其乏味。"让读者们庆幸的是，《花花公子》中关于性解放的内容描绘了一个丝毫也不乏味的世界。[39]

第七章　富足生活

赫夫纳认为,《花花公子》的主旨是鼓励享受。杂志中的性因素是显而易见的,但是在谈到杂志的主旨时,他总是加入另一个因素,那就是希望推动"物质主义带来的好处",以此"为生活增添一些娱乐和享受"。赫夫纳相信,享受丰富的物质,如同享受性一样,对于几代人都背负着清教徒传统之负担的文化而言,会引起负疚感。他想要改变这种状况。他表示,尽管金钱买不来幸福,但人们可以利用它"来为自己和他人提高生活品质,这正是我们在杂志中努力倡导的"。[1]

赫夫纳利用一种"娱乐风向标"来促进进取心、世俗的成功和物质繁荣,毫无保留地表现出对于战后美国经济中消费品不断丰富的支持。"人们第一次有了钱,他们从战争中走出来,有了那么多新事物可以选择,有了那么多的机会来享受。"维克托·洛恩斯解释说,"国家的生活水平和生产力都在快速提高,《花花公子》体现了这一切。性革命和物质主义并肩而至。"[2]

《花花公子》教导那些雄心勃勃的年轻人如何在日新月异的经济发展中,对那些琳琅满目的商品进行选择,帮助他们在美国中产阶级面对的物质繁荣的陌生世界里立足。如同礼仪方面的书籍在 19 世纪教会了美国富人文雅的言行举止一样,《花花公子》也是一本指南,指导人们享受 50 年代丰富的消费品。通过每月一期的杂志,赫夫纳坚持表达,享受富足生活,如同享受性一样,都能够摆脱自我牺牲的束缚,增强人们的幸福感。

1

《花花公子》从第 1 期开始就用物质丰富的景象来诱惑读者。"男性商店"栏目介绍了一种冰桶，它的表面是用高度抛光的铝点缀的，上面覆盖着小牛皮；一只用来挂西装的红木衣架；一只便携式酒柜，"顶部是黑色福米尔家具的塑料贴面，点缀着红色、绿色、象牙色和黄绿色的塑料"；还有一只黄铜的衣帽架。很快，"花花公子集市"这一购物指南类型的栏目登上了杂志，展示可供有钱有品位的读者选择的最新消费品。这本杂志用多种方式表明，时装、美食、美酒、跑车等商品的消费和都市的休闲娱乐活动是现代美国美好生活的本质。[3]

这种观点并非独树一帜。史学家莉丝贝特·科恩曾经评论道，一个成熟的"消费者共和国"在 50 年代建立起来了，"决策者、商界、工会和市民组织都跃跃欲试，要把大众消费置于战后美国复兴计划的核心"。这一计划塑造了社会的方方面面，从社会期望到居住模式，从广告策略到公民意识，从市场行为到政治决策。而对此施加影响的人当中有一个重要的类别，那就是宣扬物质享受能够带来幸福的文化人物，赫夫纳就是其中的典型代表。[4]

《花花公子》指导读者如何在战后消费品充足的社会中生活，为他们介绍享受的机会，提醒他们当心某些陷阱。其专栏、广告和信息展示了成功的年轻人可以购买的琳琅满目的商品。更为重要的是，它鼓励年轻人参与到消费热潮中以获得愉悦的享受。"随着财富的积累，一个人怎样打发休闲时光并从中找到意义比从前显得更加重要了。"赫夫纳评论这个新时代时表示。本杰明·富兰克林曾经写过一本生活指南书,当时生活俭朴、工作勤奋是边疆社会生活的生存基础。如今,"《花花公子》应运而生,为都市社会提供了一套道德观"。这本杂志的编辑立场言简意赅:享受生活。因此,50年代,赫夫纳在为性革命摇旗呐喊时,也为消费革命担任了大众宣传员,不断地告诉读者,享受物质成果是无可厚非的。[5]

《花花公子》对于消费的倡导集中在几个主题上。它强调在购买商品和享受娱乐时要注重品位。它帮助年轻的男性读者培养对于生活中美好事物的鉴赏能力,他们中的许多人是第一次面对消费选择的难题。杂志在1955年提及它的典型读者时说:"你能够在剧院、音乐厅或小型爵士乐演出中见到他,他正处于生命中最大的消费热潮中,汽车、相机、音响、时装、白兰地和香烟,应有尽有。"[6]

《花花公子》指引了这一场消费热潮,成为在美国物质富足的社会中追名逐利的年轻人的品位鉴赏者。《吧台基础》介绍了如何布置吧台,以便"在家中能够以恰当的方式提供恰当的酒水";《资深乐迷》和《立体声》提供了高保真音响设备的最新发展动态;《揭秘酒的真相》解释了饮酒的礼仪;《精品跑车》介绍了最快、最高贵的美国车和欧洲车;《花花公子跑车》邀请读者一起为经济条件优越的时尚青年设计完美的跑车。《花花公子》非常重视自己承担的"消费顾问"的身份,有时候会拿自己开涮。例如,1955年,它发表了带有调侃意味的《调制完美马提尼》。文中,一名极其挑剔的男管家用试管提取杜松子酒和苦艾酒,为的是得到准确的毫升数;用测井器测量橄榄,为的是得到准确的毫米数；搅动这种鸡尾酒整整 25 下，还在上面覆盖一片薄薄的柠檬片来装饰，尽管没有柠檬片，酒也不会洒出来。[7]

《花花公子》最受欢迎的一个消费栏目出现在 1956 年。通过两期杂志，《花花公子的阁楼风情》带领读者参观单身公寓，建议如何营造时尚的都市青年居所。"《花花公子》从零开始，为都市单身汉规划、设计和装修了一间阁楼。都市单身汉是享受生活的人，是艺术、美食和美酒的高超鉴赏者，是男人女人意气相投的好朋友，或者就是一个像你这样的人。"一系列彩色的素描勾勒出这间公寓，餐厅是时尚的斯堪的纳维亚风格；厨房里有洗碗机、带玻璃窗的烤箱；男主人卧室的床头有各

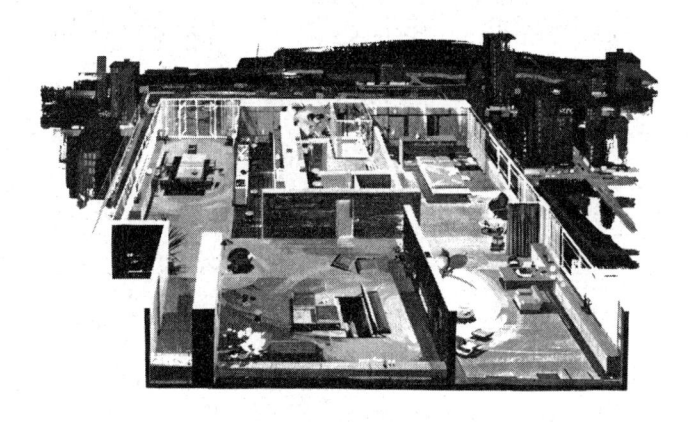

1956 年的一篇文章《花花公子的阁楼风情》代表了杂志宣传的消费品富足。

种按钮，能够控制公寓里所有的灯、窗帘和音乐；浴室里放有巨大的浴桶和宽敞的淋浴间；天窗、带照明的鱼缸、瑞典式壁炉和软木地板为公寓增添了"充满男性气息的奢华和激情"；墙壁上有抽象艺术的画作；宽大的窗户保证了充足的阳光；野口勇、布鲁诺·马松、沙里宁、埃姆斯和诺尔等品牌的家具提升了房间的时尚感。这间公寓看上去是"单身汉的一个港湾，为有品位的时尚男性设计，充满了男性魅力。这是男人的地盘，能够照顾他的情绪，满足他的需要，反映他的个性"。[8]

时装在《花花公子》的消费指南中占有特殊地位。整个 50 年代里，杂志为读者介绍了男性服饰的最新流行趋势以及各种社交场合的着装规范。"时尚大学生"栏目为年轻人的校园着装提供建议；而频频亮相的布莱克·拉瑟福德在十年里探讨了无数的时装话题，他偏爱大陆风格的服装。通过这些信息类的文章，《花花公子》耐心地指导读者提高品位。例如，1959 年的一篇文章就教给读者如何挑选夏天穿的"高雅美观的正装"：

> 毫无疑问，一件黑色或白色的无尾礼服是夏季或者热带气候下得体的着装……西裤一定要是深蓝色或黑色的，其他颜色统统不考虑……黑色皮鞋或便鞋都常有人穿，当然，袜子永远都应该是黑色的……从来没有什么时候像即将到来的这个季节一样让你的正装衣橱变得如此重要。为什么？因为，这个 6 月、7 月和 8 月，乡村俱乐部、游艇俱乐部、海滩俱乐部和综合俱乐部会越来越繁荣……同样，如果你去了度假胜地、大酒

店或者登上了游船，你会发现晚上穿一件无尾礼服是多么必要。

尽管上述内容有一些幻想的成分——人们会问《花花公子》的读者当中到底有多少经常出入游艇俱乐部或者登上游船——但这本杂志的建议反映了中产阶级一种新的关注。消费要有一点风格，否则就无异于愚蠢的囤积货物和简单的以量取胜。[9]

《花花公子》刊登的广告强化了杂志传达的时尚消费的理念。杂志的广告策略营造了一种高档消费的氛围。赫夫纳决心把他的杂志跟一般的裸照杂志和低俗刊物拉开距离，拒绝刊登庸俗或低档产品的广告。他拒绝了超过75%的兜售"枪械、函授课程和生发剂"的广告商，因为这些产品不符合繁荣和成功的理想形象。"从一开始，我们就只接受那些与杂志的编辑方针一致的广告。"赫夫纳在回绝一家广告公司时写道。[10]

赫夫纳坚持自己的立场，即使从短期来看这意味着利润的损失。1955年，杂志签下了"春姑娘牌"床单的广告大订单。最初的一则广告描绘了一对私奔的情侣刚刚爬下梯子，惊魂未定的男孩扶着一只嫁妆箱，脸蛋红扑扑的女孩对他说，"我们当然得带着这些东西……这是'春姑娘牌'床单，我也有满满一箱嫁妆呢"。《花花公子》努力争取主流广告商，最初几年不太顺利，因为许多公司不愿意跟这样一本有伤风化的杂志扯上干系，但随着这本杂志的畅销，越来越多的广告商妥协了。[11]

到了 50 年代末，赫夫纳成功地将《花花公子》和高档消费联系在了一起。1959 年 6 月的那一期杂志就是典型。其中的广告介绍了 20 多款男装，包括六点之后的晚礼服、弗兰克兄弟的男装和暇步士有型又舒适的服饰；介绍了十多种酒，包括波本威士忌、百家得朗姆酒和雷尼尔啤酒；还介绍了一些交通方面的信息，包括宝马轿车、欧洲自助游租车公司和剪影 II 型帆船。

家居用品的广告也俯拾即是，从侧风家居的沙滩巾、沙滩袍到点滴缎子牌床单，从静电工具箱的唱片擦到曼斯菲尔德 II 型的相机，从莱斯利的唱片架到室外高保真扬声系统电子之声的音乐播放器（可供在露台和泳池欣赏音乐使用）。个人护理用品的广告包括龙森电动剃须刀、蜜丝佛陀理发服务、罗杰斯打火机、梅林金饰和英国皮革牌须后水及化妆品。其他产品包括蔻蒂香水（"没有什么东西能比它更能增添女性的魅力"）和巴奇记事本（"一种新型的地址簿，帮您记下每一个细节，避免社交中出现的混乱，做到万无一失"）等。

《花花公子》还刊登了一种新型消费品的广告，那就是信用卡，它能带来更大的便利和更强的购买力。广告称，大来信用卡"几乎在任何地方都可以使用，可以用来支付成千上万种商品和服务——衣服、餐费、住宿费、船、酒、轮胎、汽车、机票、行李、速记服务、录音服务、相机、钓鱼用具、礼品、鲜花——许许多多的东西。"[12]

正是通过诱惑读者购买"许许多多的东西"，《花花公子》成为了 50 年代美国消费热潮的中坚力量。它甚至在 1957 年开辟了一项特殊的服务来帮助读者购买商品。《花花公子》杂志社设立了读者服务部，如果你"对《花花公子》上数以百计的商品（最佳花花玩伴除外）感兴趣"，该部门将提供"你所在区域的购买方式等信息，而你只需要在《广告名录》里查找自己感兴趣的商品"。这本杂志一贯喜欢强调性与富足之间的联系，这一次也不例外。它声称，读者服务部是由珍妮特·皮尔格林领导的。照片中的她正在地板上画脚印，男人们在她身旁走来走去。[13]

此外，赫夫纳敏锐地感受到，美国的消费社会在战后发展到了一个新阶段，它不仅仅包括购买商品，还与一种更为广泛的享受、休闲和娱乐的思潮紧密联系在一起。不受约束的消费依靠的是自我满足的情感愉悦，而不是自我牺牲的道德满足。《花花公子》在50年代通过一系列文章和专栏鼓励的正是这种自我满足的信条。

娱乐在杂志中占据了主导地位。"花花公子在打牌"讨论了牌桌上的必胜秘笈；"旅行的艺术"指导那些经验不甚丰富的旅行者如何"轻松悠闲地"游历美国乃至世界，介绍了旅行指南书和旅行社，探讨了如何制订符合个人兴趣的旅行线路，如何评估旅行团的线路套餐。"邀您登游艇：花花公子水上游乐指南"考察了豪华船只及其对于周末度假者的功用。杂志中的广告向时尚的年轻人及其女伴推荐了许多夜总会：芝加哥最有人气的莫顿、黑鹰以及修道院博物馆，洛杉矶的星光和拉斯维加斯的金沙。[14]

音乐欣赏在《花花公子》的娱乐菜单中占有重要位置。赫夫纳是爵士乐的铁杆乐迷，杂志中对爵士乐的介绍俯拾即是。《鸟》介绍了萨克斯大师查利·帕克及其如泣如诉的表演风格。著名的爵士乐评论家伦纳德·费瑟撰写了多篇专栏文章，其中《当埃拉遇上杜克》研究了偶像埃拉·菲茨杰拉德和杜克·埃林顿；《西纳特拉》分析了这位当时最有影响力的歌手。"花花公子爵士音乐大投票"始于1957年，此后的每一年读者都投票选出最佳歌手和乐队中每种乐器的最佳乐手。当年的约2万张选票选出了最佳乐队领队斯坦·肯顿、最佳小号手路易斯·阿姆斯特朗和迪齐·吉莱斯皮、最佳长号手J. J. 约翰逊和杰克·蒂加登、最佳单簧管手本尼·古德曼、最佳钢琴手戴夫·布鲁贝克、最佳电颤琴手莱昂内尔·汉普顿、最佳萨克斯手保罗·德斯蒙德，最佳男女歌手分别是西纳特拉和菲茨杰拉德。这些人在当时都是大名鼎鼎的人物。[15]

运动主题也定期出现在《花花公子》上，尤其是赫夫纳的两大爱好：拳击和大学美式足球冠军赛。杂志每年都进行拳坛预测，例如《拳击1956》就点评了洛基·马西亚诺、阿奇·穆尔、弗洛伊德·帕特森和休格·雷·鲁宾逊等拳手的前景。1957年9月，《花花公子》推出了第一期大学美式足球冠军赛的预测。过去一直主管大学部的"烟鬼"安森·芒特接手了这项工作，一干就是15年。事实证明，他是全国最厉害的预测者，"猪皮预测"也成为一年一度的经典专栏。自始至终，《花花公子》都抓住每一个机会将运动和消费联系在一起，推出了一系列运动产品，例如阿贝克隆比－费奇的高尔夫球杆，赫德兰的滑水橇、裸潜面具和水下照相机。[16]

赫夫纳的另一爱好——电影——在《花花公子》中也有所体现。"下班后的花花公子"介绍最新上映的欧美电影，而关于电影、演员和好莱坞的文章也常常出现。《恐怖的艺术》研究了好莱坞恐怖电影对于大众的吸引力；《卓别林：一个男人的成长及天分》回顾了这位才华横溢的喜剧明星的演艺生涯；《魅力比利》分析了好莱坞最炙手可热的编剧、制片人兼导演比利·怀尔德。杂志也关注戏剧。1956年2月，两位资深评论家——《纽约客》的沃尔科特·吉布斯和《戏剧艺术》的沃德·莫尔豪斯通过《刚刚过去的一季和即将到来的一季》一文表达了他们的观点。[17]

《花花公子》为读者奉上内容丰富的幽默作品，而体现着赫夫纳自身爱好和背景的漫画作品也成为杂志必不可少的部分。早期的投稿人包括杰克·科尔和加德纳·雷，50年代中期又涌现出一批新的时尚幽默家。1956年，谢尔·西尔弗斯坦通过关于自助游的系列漫画将他另类、敏感的风格融入了杂志。在一幅漫画中，白金汉宫的男管家严肃地对他说，"先生，我可以很负责任地告诉您，玛格丽特公主没有兴趣担任一月份的'最佳花花玩伴'"。1958年8月，《花花公子》推出了"朱尔斯·费弗的变态小天地"，称这位漫画家"在性格上更像是心理分析家和社会批评家"。费弗擅长于在视觉上采用极简派抽象主义，侧重于男女之间丰富的对话，以幽默的形式表现人的小缺点和小虚伪。加恩·威尔逊那些荒诞不经的惊悚作品也成为《花花公子》的最爱。在一幅经典漫画中，蓬头垢面、身着白大褂的科学家死死地堵住实验室的门，不让一团体积庞大、花花绿绿的东西进来。他对上司说，"先生，事实证明，我们大量生产这种新药是没有问题的"。赫夫纳与这些漫画家合作，尤其鼓励漫画家阿尔·斯泰恩创作的《芭布丝和雪莉》系列，它描述了两个单身室友性冒险的经历。[18]

《花花公子》推出高质量小说的声誉也越来越好。《洛杉矶时报》在 1957 年评论道:"当今美国最出色的一些短篇小说是由《花花公子》刊登的,它们风格大胆,充满想象,写作技巧高超,最重要的是,具有实验性。"的确,50 年代末,约翰·斯坦贝克、杰克·克鲁亚克、亚瑟·C.克拉克、雷·布雷德伯里、P.G.沃德豪斯和查尔斯·博蒙特等人的作品都曾登上杂志。但这些作品更多地体现了娱乐性而非文学性,通常都属于笑话,提供的娱乐多于引发的思考。一个典型的例子是,这本杂志介绍 1958 年 1 月的主打小说是说,这篇作品"具备一个好故事的全部因素——悬念、幽默、情节和出人意料的结局——作者才华横溢,作品妙趣横生"。这一期杂志还评选出了年度小说奖,用来奖励"过去的一年中最具娱乐性的故事",奖金为 1 000 美元。[19]

《花花公子》向消费者推广自我满足的休闲文化,而且这一推广没有停留在抽象层面。整个 50 年代,赫夫纳的杂志充分利用了自身传播以享受为主导的资讯的优势,开发出多种产品促销方式,涉及的产品包括服饰、唱片、书籍和个人饰品,目的在于倡导享受富足生活。1957 年,一只人造革的花花公子文件夹和各种花花公子的袖扣随三本书一起推出,它们是《花花公子年度合订本(3)》、《花花公子聚会笑话》和《花花公子经典情色作品》。很快,领带、领带夹、手镯、运动衫、毛衣、扑克和吧台饰品等商品纷纷问世,上面都带有兔头标志。1959 年,花花公子的衍生商品和服务中新增了爵士唱片系列、花花公子模特经纪公司和花花公子旅行社。赫夫纳还创办了一档加入辛迪加的电视节目和一批全国连锁的夜总会。战后的沃尔特·迪斯尼公司利用协同效应将电影、电视、衍生商品和主题公园整合成一个娱乐帝国，花花公子公司几乎采用了同样的方式，将各种项目整合成了一家企业来推广它休闲、享受和物质富足的理念。[20]

然而，并非赫夫纳所有的扩张举措都是成功的。《花花公子》不断增长的利润促使他在1956年末推出了一本讽刺杂志《王牌》，但销量令人大失所望。同时，他还从事了一些其他的赔钱生意。他为俄亥俄大街的新办公楼投入了一大笔钱，但没有料到银行突然修改了他的最高贷款额度。由于缺少营运资本，一场财政危机出现了。赫夫纳为此下了猛药：管理层降薪25%；他本人完全放弃工资；停办《王牌》；暂时放弃他手中公司股票的25%来获取25万美元的银行贷款。他在1957年7月承认："过去的六个月是艰难的——我们作出了艰难的抉择，也为过去的错误付出了代价。"[21]

所幸挫折只是短暂的。杂志在1957年底重新步入正轨，签下了一家大型的全国分销商，重拾增长势头。《花花公子》和赫夫纳一步步地将自身塑造成新繁荣的象征，这一点在一场成功的推广活动中体现得淋漓尽致，这场活动将享受与个人社会地位的进步联系在了一起。

2

1958年4月，《花花公子》骄傲地宣布了一项针对美国杂志读者的调查结果。该调查由丹尼尔·斯塔克-斯塔夫公司发起，在一年一度的《杂志消费者报告》中发表，汇聚了全美各大杂志读者的经济和社会方面的统计数据。其结果表明，在所有接受调查的50家杂志中，《花花公子》的读者最年轻、最富有、接受的教育最好,在很多类别的评选中都能与《纽约客》、《美国新闻》和《世界报告》一争高下。他们在旅游、汽车、烟酒上的支出高于其他杂志的读者,也购买了更多的"电动咖啡机、食品搅拌器、电风扇、熨斗和面包机"。《花花公子》自豪地表示,它的典型读者"正处于购买的巅峰时期",对成功生活非常适应,还下结论说,"我们高兴地得知,统计结果表明,上述特点和特性体现在更有能力欣赏和获得生活中美好事物的人身上"。[22]

赫夫纳趁热打铁,利用《斯塔克报告》来为杂志做广告,用一句广为人知的标语发起了一场推广活动。"什么样的人读《花花公子》?"广告称,斯塔克的调查"表明《花花公子》的读者普遍来说比其他男性杂志的读者收入高,也更年轻。75.5%的读者年龄在18岁到34岁之间,正是购买力旺盛的时期,不管买什么,都容易下决心"。广告突出了读者良好的教育水平,较高的职场和商界地位,以及对于酒、车、旅行、服饰和娱乐的不俗品位。总的来说,《花花公子》的典型读者是乐于消费的成功人士:"尽管他们更为年轻——《花花公子》读者的平均年龄为28岁——但家庭收入高于其他男性杂志的读者。在以下商品的消费中,《花花公子》的读者都在所有的男性杂志中位居第一,它们是香烟、啤酒、威士忌、红酒、服饰、摄影设备、汽车和收音机。"[23]

显然,到了50年代末,赫夫纳已经达到了最理想的目标之一,那就是使《花花公子》成为以繁荣和社会成就为内容的现代思潮的代名词。《斯塔夫报告》似乎验证了一种观点,即追求享受并不会引起堕

"什么样的人读《花花公子》？"这是一则广告，突出的是这本杂志为有前途的年轻人描绘的美好生活。

落，只会带来世俗的成功。下一步，赫夫纳希望通过响应当时最引人关注的文化潮流来巩固他的成果。

50年代末，"垮掉的一代"已经因其玩世不恭、放荡不羁的态度得到了极大的关注。在杰克·克鲁亚克和艾伦·金斯堡等作家和诗人的领导下，这场运动鄙视中产阶级乏味单调的郊区生活，宣扬原始的体验、毒品和个人自由。与全美其他杂志一样，《花花公子》也介绍了"垮掉的一代"。它在1958年发表了名为《揭秘'垮掉的一代'》的文章，探讨了"新虚无主义的方方面面——冷漠、激进和空虚"，分析了"美国男性的三大顽疾——被动、焦虑和无聊"引发的情感麻木。克鲁亚克本人则探讨了"'垮掉的一代'的起源"，表示最早由他命名的这场运动源于一种针对中产阶级规则的反叛，一种对于真正的情感体验的追求，一种对于"马克思兄弟"和"活宝三人组"等流行文化偶像的喜欢，以及一种本土的"美国式的欢庆"。[24]

在某种意义上，《花花公子》试图利用这一潮流。它于1959年7月推出了伊薇特·维克斯作为"'垮掉的一代'的最佳花花玩伴"。她出入洛杉矶的时尚咖啡厅和俱乐部，与观点相似的人交流看法，倾诉不满。"她对严肃表演、芭蕾和迪伦·托马斯的诗感兴趣。"文章说，"她观点鲜明，极其反叛，尤其痛恨因循守旧。"在杂志插页的照片上，她趴在沙发上，只穿了一件男式衬衫，下半身全裸，神情倦怠。旁边的地板上放着一只空酒瓶、一个满满的烟灰缸和一本翻开的诗集。她弯下身来摆弄高保真音响上的唱片。[25]

但赫夫纳只是利用"垮掉的一代"做陪衬来帮助他定义《花花公

子》的读者。他与"垮掉的一代"一样,不满于美国传统价值观中落后守旧的一面,但"垮掉的一代"的作风让他不敢苟同。幻觉、毒品和绝望与《花花公子》倡导的时尚风格、社会成就和物质繁荣没有丝毫关系。因此,赫夫纳创造出一个名词来描述杂志及其读者致力于改革和复兴而非排斥美国主流社会的做法。"在创刊后的五年间,《花花公子》已成为'积极的一代'的代言人。"他在1958年宣称。[26]

在谈及杂志不断扩大的忠实读者群时,赫夫纳一再提到这个词。"当'垮掉的一代'成为了轰动事件,我们对此进行了报道,克鲁亚克也为我们撰文。在此背景下,我坚持倡导我所说的'积极的一代'。"多年后他回忆道。"积极的一代"没有脱离社会,而是争取"在努力工作的同时尽情玩乐和享受,因此,我们拒绝接受因循守旧的观念,希望把生活变成一种享受,而这正是资本主义的核心"。[27]

在一封私人信件中,赫夫纳称,如果《花花公子》"想要真正成为'积极的一代'的反叛思想的代言人,它就不得不对所有的卫道士呐喊",反抗他们的性压迫和禁欲主义。他还在一次电台访谈中表示,尽管"垮掉的一代"得到了很多关注,"与他们同时代的人当中,有更大的一部分也不愿意遵循旧观念和旧理想,但愿意为此做些什么——我们有时把这些人称之为'积极的一代'。《花花公子》正是为这些人服务的。我们认为,生活可以充满无穷的乐趣,只要你努力工作,尽情享受"。[28]

在为芝加哥一家杂志撰写的长文中,赫夫纳从更广泛的美国历史的角度诠释了"积极的一代"。他声称,第二次世界大战后,许多人搬到了郊区，安全意识和从众心理明显。

如今，在这循规蹈矩、缺乏活力的一代之后涌现出了新一代。这两代人之间的差异堪比历史上任何的两代人。我坚信，如今我们出于推广的考虑称之为"积极的一代"的这些人，是我们真正的救赎，而《花花公子》比任何杂志都更适合这一代。[29]

归根结底，"积极的一代"的主张更新了美国关于机会和奋斗的旧观念。《花花公子》的内容表达了"一种强烈的信念，那就是如果一个人愿意为了获得什么或者把自己塑造成什么而工作，那么美国存在着大量的机会"，赫夫纳对朋友说。"《花花公子》告诉读者，世界是一个美好的地方。好好享受，活得淋漓尽致，努力工作，尽情玩乐，这样你会为自己和身边人创造出一个更加美好的世界。"他对胜利充满了信心，曾对一名记者说："克鲁亚克的'垮掉的一代'中是有几个人，可其他人都是我们这一边的。"[30]

1959年，赫夫纳主办了一场活动，旨在宣扬"积极的一代"的活力。"花花公子爵士音乐节"吸引到美国最著名的一些爵士乐明星进行了为期三天的表演。维克托·洛恩斯承担了这场活动的组织和推广工作，最初将举办地点定在士兵体育场，但是当地天主教堂谴责市政府跟《花花公子》扯上干系，迫于压力，市政府的官员背弃了协议。在当地媒体的巨大支持下，赫夫纳和洛恩斯最终在芝加哥体育场举办了这场活动。[31]

8月7日至9日，美国爵士乐界的名人悉数到场，登上体育场的露天舞台，他们是路易斯·阿姆斯特朗、杜克·埃林顿、康特·巴锡、戴夫·布鲁贝克、迈尔斯·戴维斯、埃拉·菲茨杰拉德、迪齐·吉莱斯皮、科尔曼·霍金斯、斯坦·肯顿和奥斯卡·彼得森等。喜剧演员莫特·萨尔担任主持人，每天晚上有1.8万名观众到场。心情颇佳的赫夫纳坐在观众席的前排，萨尔打趣道："这场活动应该能向那些持怀疑态度的人证明，《花花公子》不止对一件事情感兴趣。"在最后一晚的演出间隙，主持人把赫夫纳介绍给观众，赫夫纳问观众来年是不是还应该搞这样一场演出，人们用欢呼回答了他。[32]

《花花公子》没有从这场活动中赚钱，把支出之外的全部收入转赠给了芝加哥城市联盟，但它收获了更宝贵的东西，那就是声誉的提高。《综艺》杂志高度评价了这场音乐会，"毫无疑问，它的确提高了《花花公子》的地位"。在为《告示牌》杂志撰写的评论中，维克托·洛恩斯揭示了这种效果有多么显著：

> 我们的主要目的在于提升杂志在某些广告商眼中的形象，这些人尚未阅读我们的杂志，只是通过插页的内容进行判断。我们希望他们能够清楚地意识到，《花花公子》能够照顾到美国时尚男性的所有兴趣。对于我们而言，实现这一点极具经济价值。

通过成功举办这场活动，杂志进一步巩固了自己在主流文化中的位置。它将自身与时尚的娱乐休闲和社会地位的提高联系在一起，表明了自己是时尚的，但不是"垮掉的一代"。

赫夫纳关于社会成功和物质富足的积极观点在另一个层面也得到了体现。"我们推崇音响、跑车、美食、美酒、娱乐、文学和音乐，是为了激励年轻人接受良好的教育，挣足够的钱来享受这些东西。"他对《星期六晚邮报》说，"通过这种方式，我们可以缩小与苏联人在教育方面的差距。我们的目标是塑造'积极的一代'而不是'垮掉的一代'，从而为美国作出贡献。"在冷战的紧张气氛中为国分忧的愿望显示了赫夫纳这项事业的意识形态。在与全球极权主义力量的对抗中，美国试图定义和捍卫一种基于消费繁荣和民主自由的美国式的生活方式。在这条战线上，《花花公子》做好了扮演主角的准备。[34]

3

1959 年夏，美国副总统理查德·尼克松率团访问莫斯科，在某商品交易会上为美国国家展揭幕。在参观美国郊区公寓的模型时，他与时任苏联总理的赫鲁晓夫展开了著名的"厨房辩论"。尼克松称，美国百姓较高的生活水平能够保证国家的长期胜利，电视、洗衣机、吸尘器和其他消费品是最终取得冷战胜利的武器。赫鲁晓夫对此嗤之以鼻。尼克松的言论揭示了经济安全与国家安全之间的密切关系。从丰富的商品中进行选择的自由将美国与苏联区别开来，为"美好生活"下了定义。[35]

《花花公子》通过多种方式表达了自身的理念。当然，在风格上，它不可能太多地摆脱艾森豪威尔时代的刻板，要知道当时的政府首脑居然能够容忍自己最喜爱的乐队是"弗雷德·韦林和宾夕法尼亚居民"。

但是在政治经济学的问题上，赫夫纳与尼克松及多数美国人站在一起。美国制造和消费丰富商品的能力体现了现代自由企业制度的核心。

显然，赫夫纳及其杂志处于冷战时期企业自由主义的主流文化中。与两大政党相同的是，《花花公子》从根本上相信现代消费者资本主义并支持通过政府调控来限制盈余。基于这点共识，赫夫纳及其杂志在文化领域注入了自由表达和标新立异的强烈因素。50年代，《花花公子》的政治态度一方面是资本主义的，因为它支持自由企业制度；一方面是进步的，因为它相信政府调控的必要；一方面是自由论的，因为它强调个人在社会和文化事务中的自由。这本杂志表达政治主张的方式是迂回的，因为"积极的一代"认为，政治辩论会分散精力，也不够酷，但它把自己定位成美国式的生活方式的捍卫者。《花花公子》不像某些歇斯底里的评论家那样具有颠覆性，它坚持，采取一种享乐主义的道德观会加强美国在与其他国家对抗中的力量。

赫夫纳的思想核心是对个人自由的完全推崇。这种牢固的信念一部分源自他对美国历史的研读，历史表明，一种白手起家和追求成功的乐观信念一直激励着美国公民，直到大萧条让人们更多地关注和保护普通百姓：

> 出于对身陷困境的普通人的实实在在的关注，大众媒体中表达的许多观点逐渐地开始强调要关心普通人，甚至将他理想化……随着40年代进入长达六年的战争岁月，另一种社会观念占了上风……由此出现了一种思潮，那就是贬低个人及其主

动性，贬低教育……

突然，我们意识到（实际情况也的确如此），国家在20年里几乎停滞不前。突然，成为最强大的国家已经不再是遥不可及的梦想……但是，新的一代人似乎不愿意接受许多旧禁忌、旧传统和旧观念……我认为，《花花公子》正是这一潮流的一部分。[36]

赫夫纳不断强调"性行为上的个人自由是现代企业制度中个人自由的一部分"。用他自己的话说，他相信资本主义的合理之处"能够使最好的观点和最优秀的人脱颖而出，至少是有机会参与竞争。在各层次上，每个人都能从中受益"。[37]

同时，赫夫纳坚定地支持政府对经济的调控。在20世纪进步主义的传统中，他主张，如果不加控制，一个自由竞争的社会无法"长期保持自由和竞争；完全放任自由的资本主义不会带给我们自由的企业，正如无政府主义不会带给我们政治自由一样"。尽管竞争和追求利润是应当鼓励的，"但你也需要政府来控制，来给游戏当裁判"。因此，尽管赫夫纳支持个人理想的自由发挥，他也坚信应该防止这种理想演变成具有破坏性的贪婪和权力交易。用他自己的话说，他是一个"开明的自我利益"的信徒。[38]

此外，在50年代，赫夫纳显然是资本主义的狂热支持者。在《花花公子》关于卓别林的一篇故事的备忘录中，他认为，这位喜剧天才犯了一个严重的错误，那就是在30年代支持了左派激进主义，当时，"人们没有像今天这样清楚地意识到，有些国家还存在着极权的独裁制度"。在一封私人信件中，他再次谴责那些缺乏民主的国家是"一种极权主义，不允许除了自己之外的任何观点，而我恰好又是一个笃信民主和自由表达的孩子"。[39]

赫夫纳顽固的自由论倾向也有所体现，尤其是在涉及自由表达的问题时。他谴责任何形式的审查制度，不论来自利益集团还是政府。例如，1959 年，旧金山郊区的一名警察局长以"淫秽图片"为由禁止《花花公子》流传，由此引发了争议。一场报业风暴爆发了。代表宾夕法尼亚州的国会议员兼邮政服务委员会主席凯瑟琳·E. 格拉纳亨谴责这一"每年吞掉 10 亿美元的淫秽勾当"，声称淫秽材料与少年犯罪之间存在联系。赫夫纳有力地捍卫了自由表达的权力。"如果任何一个团体中公民的阅读材料要经过事先审查——这个想法本身就很荒谬——我想不出还有谁会比一名地方警察局局长更没资格来做这件事。"他对美联社表示。[40]

在反对麦卡锡主义时，赫夫纳也举起了言论自由的旗帜。他谈不上支持共产主义，但也反感参议员约瑟夫·麦卡锡及其同党对共产主义分子的迫害。一名读者曾抱怨《花花公子》居然刊登左翼作家的文章，赫夫纳振聋发聩地捍卫了民主社会中言论自由的权利：

> 《花花公子》真诚地相信，我们的国家已经足够强大、足够英明，能够给予每一位公民自由表达思想和才华的机会，而不担心会因某个人的弱点或愚昧受到伤害……美国以公平竞争

为荣,相信一个人是无辜的,除非能证明他有罪;这样说有些离题。我们认为毕加索是当今世界上最伟大的艺术家之一,尽管我们知道他是一名共产主义者。政治在政府里或许是重要的,因为国家安全是一项重要的考虑,但它在艺术和文学领域是毫无地位可言的,只要美国的艺术、文学乃至整个国家要保持自由,就不可以让政治干预。[41]

赫夫纳在性和政治上的自由论观点激怒了联邦调查局。1957年,他声称,联邦调查局的间谍们造访了《花花公子》的办公室,调查一份名为《拍摄你自己的花花玩伴》的画刊。他们还走访了米尔的公寓,询问关于她丈夫的行踪,将赫夫纳纳入监视之中。根据赫夫纳整理的联邦调查局的相关文件,间谍早在1955年就开始筛查《花花公子》杂志,寻找淫秽内容和对联邦调查局及其局长的不敬言论。[42]

尽管如此,这本杂志保持着主流的政治态度,这一点体现在赫夫纳本人的政治忠诚度上。1952年,他在艾森豪威尔和阿德莱·史蒂文森之间举棋不定。"米尔和我属于那个快乐的阵营,就是独立选举人,今年我们倾向于艾克(艾森豪威尔)。"他最初表示。但后来又转向了史蒂文森,表示"出众的能力使他比任何人都更能胜任这项工作"。50年代末,他声称,如果《花花公子》是一本政治杂志,"那么它在几乎所有的国家事务上都会是共和党的观点。我知道我是这样。我喜欢资本主义——我认为它是一种可行的制度,会让人不满足于现状,积极进取"。这种态度一直延续到了60年代中期。[43]

赫夫纳中间派的政治倾向让他爱上了"新喜剧",这类喜剧演员避开了插科打诨和说俏皮话的表演方式,而是对现代道德和问题进行了带有讽刺意味的思考。他首先是在"指南针剧团"(后来的"第二城剧团")的即兴表演中认识了这种自由形式的喜剧,该剧团是芝加哥的一家表演团体,喜欢嘲讽美国主流文化的庸俗和虚伪。后来,自诩为"美国最后一位仍在工作的哲学家"的莫特·萨尔出现了,他身着毛衫,一只手挥舞着一份卷起来的报纸,形成了一种思维活跃的、意识流的风格,将政治、外交、共产主义和宗教方面的时髦说法像烤肉串一样串起来说。例如,在种族分离的问题上,他评论说:"艾森豪威尔说我们应该以一种温和的方式解决这个问题,而史蒂文森说我们应该以一种渐进的方式解决这个问题。现在,如果我们能够恰好在这两个极端之间求得一个平衡……"赫夫纳也是莱尼·布鲁斯的粉丝,这位天马行空的"病态"喜剧演员用一连串四个字母的单词来讽刺艾森豪威尔时代。布鲁斯评论所有的事情,从殡仪馆到大麻瘾到同性恋,他通常会评论这样的报纸标题:《洪水袭来,堤坝遇险》;《事情总是这样,在紧急情况下,他们选择的都是少数派》。[44]

赫夫纳在《花花公子》上大力宣传萨尔和布鲁斯,相信他们是与自己一样为同一事业奋斗的战友,那就是"质疑这个时代的因循守旧和压迫"。赫夫纳有着与"新喜剧"同样的政治敏感,而这种敏感更多的是一种文化风格而非政治主张。萨尔和布鲁斯没有真正地与冷战或资本主义展开论战。与赫夫纳及《花花公子》类似的是,这些喜剧凭借爵士乐的语汇、时尚的都市主义和对权威的不敬,代表了一场运动,在文化和道德方面为制度松绑,而不是在政治和经济方面推翻它。[45]

总体进步的政治态度使《花花公子》逐渐参与到了社会事务中。它发表了万斯·帕卡德的《操纵者》,这篇尖锐的评论揭露企业的研究人员研究人们潜在的需求和欲望的目的在于推销产品;《底特律的愿望和理性丧失》批评了美国汽车工业生产出假冒伪劣、品质低下的汽车,迎合的是"多数美国男性的一大弱点:对性无能的一种无端的恐慌";《对于年长领袖的崇拜》质疑政府部门被上了岁数的人把持的现象。1959 年,《花花公子》刊登了一篇特殊的社论,提及核试验和向大气中释放放射性物质锶 – 90 的危险甚至致命后果,为国人敲响了警钟。上述文章中贯穿着一种负责任的、改革论的政治主张。[46]

然而,最能证明赫夫纳主流政治思想的是他在 1961 年写给时任美国演员工会主席的罗纳德·里根的一封信。他从一位共同的朋友口中得知,里根对《花花公子》刊登的一篇文章感到不满,文章的作者是多尔顿·特朗博,他是上了黑名单的"好莱坞十人"之一。于是,赫夫纳写信给里根表示,审查制度和列黑名单的做法代表着"迈向暴政的一步",这"恰好是我们国家奋起反抗而某些极权国家一贯支持的"。一个自由的社会,他声称,要求"一个自由交流不同观点的过程,而不是设法让那些与你意见相左的人闭嘴"。[47]

这封信浓缩了《花花公子》在 50 年代的政治主张:亲企业家;亲个人表达,反审查制度。作为受人尊敬的反对派的声音,赫夫纳争取放松制度的限制,同时坚定地站在制度当中。在经历过艾森豪威尔时代令人压抑的模式化生活和"垮掉的一代"的叛逆后,《花花公子》和赫夫纳代表了一种正式的反文化。与20世纪前夕西奥多·罗斯福及其倡导的"活力生活"一样，《花花公子》掀起了一场振兴运动，试图将性活力、社会品位和男性力量注入死气沉沉的主流社会，使它更有力量对抗来势汹汹的敌人。正如赫夫纳于50年代在一家报纸的采访中表述的那样，"我们正在努力发出一种可以让人接受的反叛声音"。[48]

通过倡导消费者富足和性解放，《花花公子》有力地推动了自我满足的文化走向成熟，这种潮流将维多利亚时代自我牺牲的最后一点残余一扫而空。赫夫纳曾经表示，创办《花花公子》"是一个使命——那就是出版一本杂志，它能够嗅到所有束缚我的东西"。[49]

在反抗旧规则的束缚的同时，赫夫纳和《花花公子》发出了时代的呼声，要求满足所有的需求，实现所有的愿望以及迎合所有的欲望。他解释说，这场运动的目的在于"挑战我们社会的两大罪过：物质主义和性"。赫夫纳下了赌注，他相信自己有的这种享受性爱和物质富足的愿望，战后社会中的人们普遍都有。他推出了一本杂志，反映出他的兴趣、品位、愿望以及他自己，"不完全是现实中的我，还包括理想中的我，我希望成为的那种人"。他赌赢了。《花花公子》大受欢迎，表明了很多人都对美国生活有着类似的憧憬，希望成为同一种人。[50]

第八章　活在幻想里

　　有一种现象是很难忽视的。随着《花花公子》在 50 年代中期的不断成长,赫夫纳这位年轻的编辑兼出版人花在美女身上的时间越来越多,这些姑娘不时地出现在杂志社的办公室里。雷·拉塞尔有一天注意到一个姑娘进了老板的办公室里,还逗留了很久。"我意识到她不是来谈公事的。你知道那时候我有多天真吗?我甚至为此感到震惊,不管怎么说,赫夫可是有夫之妇啊。"他说,"过了几年我就想明白了,因为总看到姑娘们在赫夫的办公室里进进出出,络绎不绝。"[1]

　　维克托·洛恩斯撞见过另一件事,也能体现老板的性冒险。他们共同的一位女性朋友透露说,她在赫夫纳的床头柜上发现了一个"黑色的小本子",上面列举了他约会过的姑娘,"标满了各种密码",显然"指的是性方面的各种特征"。在赫夫纳曾经征服过的女人名单里,有一个是《花花公子》杂志社年龄偏大、相貌平平的女人。洛恩斯问赫夫纳是不是真的和这个女人睡过,赫夫纳承认了。洛恩斯恶作剧地问:"那她当时是不是比现在好看一些?"赫夫纳想了想,回答说:"我希望是。"[2]

　　就这样,赫夫纳的私生活方式在 50 年代初露端倪。随着《花花公子》人气的飙升,赫夫纳逐渐将生活方式调整到他自己营造的幻想氛围中。从很多方面看,这都不是一个容易的过程。赫夫纳害羞,多愁善感,基本上对服饰、跑车和美食美酒不感兴趣,对时尚的接受也不是自然而然的。此外,他还是个已婚男人,两个孩子的父亲。因此,他接受

《花花公子》倡导的生活方式是有一个过程的。起初只是有三三两两的女朋友和关系暧昧的人，而他的婚姻也随之一点点地瓦解了。

到了50年代末，赫夫纳彻底地改造了自己，公开地、高调地接受了《花花公子》提倡的性革命和物质富足的潮流。他还创办了电视节目、夜总会和花花公子大厦等项目，将杂志对于享受的种种幻想变成了现实。

凭借着敏锐的直觉，赫夫纳抓住了一点，即名人在战后美国社会越来越重要。在推崇享受和娱乐的消费文化中，来自电影、电视、体育和杂志等圈子的名人，也就是那些用丹尼尔·布尔斯廷的话说"因出名而出名"的人，在大众的认知中占有核心地位。大众传媒在电视屏幕或用铜版纸印刷的杂志上展示了高于生活的人物形象，制造了一种真正认识他们的假象。正如理查德·席克尔所评论的，在这种公众生活和私生活混淆的状态中，这些"熟悉的陌生人"有了强大的影响力。作为行为和观念的评判者，名人成为"美国道德变迁中最主要的催化剂"。50年代，赫夫纳就成为了这样一位名人。作为花花公子先生，他描绘了性解放和消费富足的梦幻般的生活，成为战后美国享乐思想的先驱。[3]

1

随着《花花公子》的创办，工作和娱乐成为赫夫纳生活中不可分割的部分。日益繁忙的工作让他不堪重负，有时他干脆就在苏必利尔大街办公室隔壁的小卧室里过夜。搬到俄亥俄大街后，办公室的套间本身就包括独立的单身公寓，内有卧室、更衣室和浴室。这两个地方都成了他和形形色色的女孩调情的场所。他的婚姻只能说是在勉强维系着，他对家庭生活越来越淡漠，转而投入了一种年轻时没有享受到的生活当中。赫夫纳成为了一名都市里的花花公子。

芝加哥近北区的夜总会成为了赫夫纳日益活跃的社会活动场所，这里离杂志社位于俄亥俄街上的办公室不远。尽管芝加哥是一个老派的城市，受到市长理查德·戴利的管控和天主教的强烈影响，但近北区却成了放荡不羁、独具风格的艺术家和画廊、报社和记者、餐馆和俱乐部的聚集地。拉什大街的周边地区尤为喧闹，夜总会鳞次栉比，例如凯利先生的店、黑兰花、修道院和帕里的店。赫夫纳午夜时分离开办公室，凌晨就流连于这些夜总会。他有一群哥们儿——维克托·洛恩斯、谢尔·西尔弗斯坦、喜剧家唐·亚当斯、经纪人李·沃尔夫伯格、酒吧老板谢利·卡斯滕、斯基普·克拉斯科和约翰·丹蒂。这帮兄弟经常一起打扑克，玩拉米牌，喝酒，听音乐，常常在太阳升起时一起出去吃早饭。"芝加哥是世界上最活跃的城市，"亚当斯提到这种氛围时说，"每晚都像是新年前夜。"[4]

性征服成为这些喧闹的男人聚会上的家常便饭。夜总会里处处都是女人，赫夫纳和其他人一样，用卡斯滕的话说，成功地追求到了"模特、女招待、衣帽间的女服务生和站街女"。某个晚上，他们喝多了，用克拉斯科的话说，"组织了一场狂欢"。兴奋中，他和卡斯滕拍下了赫夫纳与两个女孩上床的一张照片。他们搞了一个恶作剧，在几天后交给赫夫纳一个信封，说是一个男人留下的。信封里是那张艳照的复印件，还有一张便条，索要 500 美元，威胁说不然就把照片公诸报端。赫夫纳惊呆了,脸色苍白,吓得他俩也不敢闹下去了。[5]

充满了性诱惑的《花花公子》办公室也提供了同样生机勃勃的社交氛围。在这个环境中,解除性约束本身就是工作的一部分,因此精力旺盛的男男女女之间自然就有了吸引力。办公室里的风流韵事屡见不鲜。一位同事说,雷·拉塞尔"有一定规律地"在办公室里跟姑娘们厮混;贝芙·张伯伦和万斯·田尻有一段婚外情;珍妮特·皮尔格林跟广告总监菲尔·米勒好上了;埃尔登·塞勒斯和安森·芒特开始带着各自的妻子相互来往,据塞勒斯透露,"这些聚会通常是以换妻这种淫乱的方式进行的"。在员工聚会上,性欲也常常作祟。在俄亥俄大街杂志社的办公楼里也搞了一个像洛恩斯和塞勒斯的公寓里那样的"游戏场",就是把四张床拼在一起,摆在摄影棚里用来寻欢作乐。在一次疯狂的圣诞晚会上,两名平常一本正经的员工一连几个小时都在房间中央的沙发上互相亲吻、爱抚。"他们旁若无人,耐力惊人。"阿琳·布拉斯回忆说。拉塞尔曾经戏谑地说:"在多数公司里,如果你跟同事搞男女关系就会被开除,但是在《花花公子》,这却是提拔你的理由。"[6]

在性冒险方面,赫夫纳比其他人走得更远。1955 年,他开始接二连三地约会女人。最早是雪莉·德兰西,她与室友玛丽·安·拉乔伊都是芝加哥帕默屋的皇悦夜总会的舞女(也是《芭布丝和雪莉》的灵感来源)。赫夫纳还跟康妮·钱塞勒来往,她是当时芝加哥电视台播音员约翰·钱塞勒的前妻。同时,他与杂志社的几名员工关系暧昧,她们是"花花玩伴"珍妮特·皮尔格林、私人秘书帕特·帕帕斯和助理图片编辑贝芙·张伯伦。1956 年,赫夫纳开始与希拉·布朗宁交往,她在芝加哥的煤气灯俱乐部工作，也开始约会当时颇受欢迎的"花花玩伴"莉萨·温特斯。第一次访问好莱坞时，赫夫纳参加了在摄影师厄尔·利夫家中举办的晚会，在场的还有苏珊娜·悉尼和琼·布拉德肖等女明星，用他的话说，"晚会是在一个人搂着几个伴儿的狂欢中结束的"。他甚至与贾妮·塞勒斯有过一夜情，她是高中时代的老友，迷恋赫夫纳多年。此外，还有其他人——确切地说，是许多其他人，据赫夫纳估计，一年当中与他私通的人大约有15到20个。[7]

杂志社的某些同事对赫夫纳的性冒险不敢苟同，特别是反感他与同事之间的不正当关系。阿特·保罗嘲笑老板追求女同事是"每做一次爱就在床头划一道的幼稚做法"。玛吉·皮特纳也不赞同老板的做法，认为这样造成了人事管理上的麻烦。他约会过的女同事"觉得自己不再需要按时上班，好像自己有特权或者如何如何"，她评论说。[8]

在这种情形下，赫夫纳的婚姻岌岌可危就不足为奇了。米尔失去了耐心，认定赫夫纳性冒险的念头可以追溯到少年时代。赫夫纳很少把心思花在家庭上，米尔质问起来，他也统统坦白，并不隐瞒自己的那些风流事。在《花花公子》创刊后的五年里，这对夫妻的关系一直不稳定，常常是处于长久的分居或短暂和好的状态。"当然，错都在我身上，我状态很糟，好像有她不行，离开她也不行。"赫夫纳在1956年对弟弟说。[9]

但是，在赫夫纳于50年代后半期经历的几十起性冒险中，有三个人成为了他特殊的女友。他与她们之间存在着一种真情，而她们的经历在很大程度上也反映了他的性格。1957年，18岁的贝蒂·祖济亚克是西北大学的一名学生，她结识了珍妮特·皮尔格林，在《花花公子》的订阅部找到了一份工作。这个姑娘活泼可爱，对人热情，举止大方。她在杂志社的圣诞晚会上见到了赫夫纳，对他一见钟情，为他献出了自己的童贞。"我深深地陷进去了，爱得很投入——这是我真正的初恋。"她描述说。在1957年至1960年的四年间，赫夫纳定期约会她，每周到她的公寓去几次——因而积攒了一堆停车票。在那里，他们会度过安静的夜晚，听唱片，看电视，吃家常便饭。赫夫纳称祖济亚克是"一个让人感到温暖和舒服的同伴"，称他们的关系是"挡风遮雨的避难所，是摆脱责任、躲进自己小天地的庇护所，充满了简单的快乐和消遣"。从祖济亚克的角度来说，"我愿意跟他在一起，因为我在乎他"。[10]

在约会祖济亚克的同时，赫夫纳于1958年访问迈阿密时还与一名十几岁的模特来往，她是选美大赛的获奖者，名叫乔伊斯·尼扎瑞。他们一见钟情，共度良宵，用赫夫纳的话说，"想象着自己爱上了对方"。他邀请她去了芝加哥，在接下来的几年里，两人频繁约会。她一头乌发，容颜娇俏，体态优美，曾陪同赫夫纳出席戛纳电影节和肯尼迪就任舞会。在1958年至1961年间，两人来往密切。赫夫纳称她是自己生活中"一个特别的女人"，甚至在一次旅程中拜访过她父母位于迈阿密的家。尼扎瑞成为《花花公子》1958年12月那一期的"花花玩伴"。[11]

1959年，赫夫纳遇上了琼妮·马蒂斯。她出身卑微，童年有一段时间是在一家浸礼会孤儿院度过的，当时她的母亲去世了，父亲参加了第二次世界大战。父亲从战场回来后，不断对她进行性骚扰。她十几岁就怀了孕，孩子出生后只好送人了。她与养父母住在一起，他们是正统的基督教徒。之后，她嫁给了一个虔诚的教徒，受到虐待。后来她成为了一名模特，有一次在电影院当引座员时遇见了赫夫纳，当时她身着法国少女装。她身材娇小，端庄娴静，眼睛乌黑，皮肤白皙，像个瓷娃娃，浑身散发出一种强烈的柔弱感。马蒂斯和赫夫纳深深地迷上了对方，在1959年至1961年间来往密切。她在1960年11月成为"花花玩伴"。两人的恋情结束后，仍然保持着良好的友谊，马蒂斯在1999年去世前一直在为赫夫纳工作。[12]

赫夫纳与祖济亚克、尼扎瑞和马蒂斯之间的这种关系反映了他的精神和情感状况，解释了他性格中相互矛盾甚至冲突的因素。一方面，他随和，浪漫，感伤，不世故，招人喜欢；另一方面，他不信任别人，占有欲强，以自我为中心。

赫夫纳害羞、单纯的天性给所有与之交往的女性都留下了深刻印象。他不装腔作势，喜欢居家生活，喜欢跟哥们儿打扑克，喜欢吃炸鸡饭、看电影和在剪贴本上贴照片。"他热情洋溢，像个孩子，这一点彻底征服了我。"祖济亚克说。马蒂斯则说，他表现出了一种腼腆甚至是脆弱，喜欢待在家里看《阴阳魔界》一类的电视剧，也喜欢出门去看夜场电影，散场后在一家当地餐厅吃一份干酪三明治。他穿着体面，但并不时尚，总是穿白袜子，因为当兵时染上了足癣。[13]

赫夫纳热情快乐。"他非常浪漫，我很吃这一套，"祖济亚克透露说，"他不断地送我鲜花和礼物。"有一次，赫夫纳送给她一件珠宝，上面有一颗镶着钻石的白珍珠，还有一颗略小一点的黑珍珠。赫夫纳告诉她说，这两颗珍珠代表的是他们的关系，黑珍珠代表着不愉快的事情，白珍珠代表着爱和感情，黑珍珠完全被白珍珠遮住了光芒。"我们总是手牵手，常常拥抱，互相偎依。"祖济亚克说。马蒂斯的经历也类似，赫夫纳非常在意她的感受，套用老话儿说，对她像对孩子一样。在他们共度的浪漫夜晚或周末里，赫夫纳会预订好香槟酒，播放爵士乐的唱片，与她窃窃私语。马蒂斯曾经说，"他真的很体贴"。[14]

然而，除了这种浪漫的性格，赫夫纳也有不招人喜欢的一面。他认为男人应该在与女人的关系中占据主导地位。用祖济亚克的话说，他之所以有这种想法，是因为害怕女人背叛他，根源就是米尔多年前与教练的那一段情。他控制着与女人的关系，因为放弃控制权就意味着表现出软弱和容易受伤的一面。在对女人的爱恋中暴露弱点是很危险的，绝对不可以接受，因为女人会伤害你。[15]

这种控制的本能在赫夫纳的浪漫关系中带来一种强烈的以自我为中心的倾向。当《花花公子》的一名员工评论说老板约会的女人都配不上他时，赫夫纳坦率地回答道："如果我跟电影明星约会，她们在乎自己胜过在乎我，但现在我身边的这些姑娘不会那样。"他的历任女友都表示，他更在意自己的需求，如果她们想见到他，那她们就得迁就他的时间、意愿和喜好。一些女孩因此害怕完全地失去自我，淹没在他的世界里。"跟他在一起时，他总是'我如何如何'……这一点很难让人接受。"祖济亚克说。[16]

赫夫纳对身边的女人有着很强的占有欲，甚至到了冷酷无情的地步。他自己可以随心所欲地约会那些让他心动的女孩，但他希望这些女孩完全属于他一个人。他的一名女伴说："他有着一种彻头彻尾的双重标准。他明确表示自己可以约会其他人，但希望我对他完全忠诚。"此外，赫夫纳在炫耀自己刚刚搞定的女孩时完全不顾及身边女伴的感受。"赫夫纳伤了我的心。你知道，他会当着我的面炫耀她们，"马蒂斯抱怨说，"我就坐在那里，他只要是看上一个女孩，就会从我面前走过去，把那个女孩带进他的房间。"[17]

有时，赫夫纳的女伴们受伤后也会报复他。祖济亚克偶尔会安排一次约会来刺激赫夫纳。马蒂斯采取的办法更为极端。赫夫纳曾在一次聚会上对斯坦·肯顿乐队的女歌手安·理查兹表现出过多的关注，马蒂斯不动声色地走了过去，用胳膊肘把理查兹推进了游泳池。她也开始与弗兰克·西纳特拉约会，为的是让赫夫纳吃醋。[18]

赫夫纳在 50 年代里的这些风流韵事对他的家庭产生的后果是可想而知的，本已岌岌可危的婚姻开始瓦解。他几乎从来不回家，有关他的尴尬绯闻传得沸沸扬扬。1955 年元旦前夜，米尔参加《花花公子》杂志社的聚会，当时她正怀着第二个孩子。"赫夫和一个女孩坐在那里，互相亲吻，"她回忆说，"我走出门，拦了辆出租车，回家了。"还有一次，米尔带着孩子们到杂志社，与老板有染的珍妮特·皮尔格林显然很失落，走开了。据一位同事说，珍妮特在几周后就匆忙结婚了，不过那段婚姻"大约只维持了一个月"。[19]

赫夫纳断定，由于两人性格不合，他们的婚姻已经走到了尽头。两人于 1957 年夏天正式分居，赫夫纳认为，"到头来，受伤最深的是她，我好歹还有杂志支撑着"。满腹苦水的米尔则抱怨丈夫根本就没有忠诚于家庭的能力。"我认识他这么多年，他一直都是这个德性，"她说，

"无论什么时候,他都让我感觉不到我俩之间是一对一的关系。"赫夫纳对父亲角色的漠视也是引发争吵的原因之一。"他不是特别想要孩子,"米尔表示,"他接受有孩子这种现状,但他不是一个父亲。"有时,赫夫纳一连几周都不回家看看克里斯蒂和戴维,米尔只能跟孩子们说:"爸爸是好人,爸爸爱你们,他只是太忙了,没有时间,但他爱你们。"但赫夫纳也能做到定期回家看看孩子,米尔承认说,"从这方面看,他也在乎孩子们"。[20]

这场婚姻最终破裂了。1959年3月,在与丈夫事先达成协议的基础上,米尔以背弃罪的名义起诉了赫夫纳,要求离婚。她要求获得孩子的监护权和抚养费,法院最终也是这样判决的,赫夫纳获得了定期探视的权利。双方在友好协商的基础上敲定了离婚协议的内容,以正面的态度接受了离婚的事实。米尔计划再婚。"赫夫没有结婚的计划,他认为《花花公子》的出版人应该是个单身汉,希望长期保持目前的生活状态,"赫夫纳在一封信中表示,"大家比以前都更客气。米尔再婚对每个人都有好处——她自己、孩子们和其他人。"事实也的确如此,在离婚后的几十年里,赫夫纳和米尔保持了相当好的关系。[21]

私生活方面的这些冒险行为为赫夫纳生命中的一件大事搭建了舞台。50年代末,他对自己进行了改造,就像在高中最后一年中所做的那样,他不再是那个彬彬有礼的中产阶级小男孩,而是说话用隐语、跳摇摆舞、穿钉掌鞋的赫夫。此时的他,婚姻画上句号,事业如日中天,新的天地在他面前展开,他重新塑造了自己。之前,他躲在自己的蚕茧里,是工作狂,是浪荡子;之后,他登上了公众舞台,蜕变成社交界的一只蝴蝶,叼着烟斗,周旋于美女之间。他变成了花花公子先生。

2

读者翻开 1957 年第 6 期的《花花公子》,满以为在目录中会看到杂志一贯的文章和专栏,结果却大吃一惊。"本月,我们要向您介绍《花花公子》的总编辑兼出版人休·赫夫纳,他把握这本杂志的风格、个性和根本。"一篇特殊的介绍是这样开始的。文章将他描述成一个工作到凌晨、中午才起床的夜猫子,认为他承担了多项任务,是这本充满活力的男性杂志的核心。最重要的是,文章强调了赫夫纳本人与读者在风格方面的一致性:

> 他衣着保守随意,总是穿着休闲鞋,手里不离百事可乐,一天大概要喝掉 20 瓶。他的办公室里有一面电子墙……工作时,唱片机里常常播放着布鲁贝克、肯顿或西纳特拉的音乐。
>
> 他基本上是个居家男人……喜欢爵士乐、外国电影、校园风的衣服、金汤力和漂亮姑娘——也就是《花花公子》读者喜欢的那些东西——他的生活态度也跟这本杂志主张的一样,新鲜、时尚、感伤。

在一张整幅的照片上,赫夫纳站在俄亥俄大街办公室门前的台阶上,神情严肃地望着不远处的一位金发女郎,女郎的眼神极具挑逗意味。[22]

通过这种方式,赫夫纳在 50 年代末重塑形象,从幕后走到台前,站在了聚光灯下。他这样做是出于个人的考虑，但这种转变实际上反映了当时美国大众文化中的一大潮流。理想中的依靠团队、重视家庭的商业领袖形象让位于一种新的理想男性的形象，他们精力旺盛、充满生机、爱慕女性、大胆、叛逆、时尚、成功。各个领域都有很多这种新类型的男性形象——他们是小说中的人物，例如007詹姆斯·邦德；是政界领袖，例如约翰·肯尼迪；是娱乐明星，例如西纳特拉及"鼠帮"。在公众的眼中，赫夫纳也加入到这一群体中，因为他体现了《花花公子》的生活方式。[23]

事实上，杂志不断推出符合这种理想男性新形象的偶像，其中的典型是它虚构的一个人物。此人是一名间谍，为英国情报机构服务，温文尔雅，风度翩翩。当魅力四射的新任总统肯尼迪宣称自己是伊恩·弗莱明创作的间谍小说及其虚构的主人公詹姆斯·邦德的粉丝时，他实际上是肯定了《花花公子》的得意之作。杂志于1960年3月发表了短篇小说《游艇上的谋杀案》，推出了弗莱明创作的这个人物。在随后的几年里，这位迷人的间谍就成了杂志的主角。通过他儒雅的举止、邦德女郎、极速跑车和高科技的新鲜玩意儿，邦德体现出了杂志理想中的男性魅力。弗莱明曾在1960年参观了花花公子大厦，杂志骄傲地转述了他的评论："我相信，如果詹姆斯·邦德是个真人，他一定会是《花花公子》的忠实读者。"赫夫纳对这部小说情有独钟，曾写信给弗莱明，建议他把《花花公子》杂志社作为下一个邦德故事的场景。书籍和电影中出现的"邦德现象"以及点缀了电影的邦德女郎经常出现在《花花公子》上，弗莱明和肖恩·康纳利（007的扮演者）都成为了访谈对象。[24]

　　同样，杂志也给予了弗兰克·西纳特拉以及"鼠帮"极高的礼遇。流行歌手西纳特拉是赫夫纳多年的偶像，1958年《花花公子》中的一篇文章将其描述成"当今娱乐界最有分量的人物、最了不起的流行歌手、最炙手可热的电影明星、对女人最有杀伤力的男人"。50年代末，西纳特拉及其伙伴——歌手兼舞者小萨米·戴维斯、喜剧演员迪安·马丁、演员彼得·劳福德和喜剧演员乔伊·毕晓普——成为现代男性的典范，他们举止优雅，谈吐风趣，才华横溢，个个都是泡妞高手。1960年，《花花公子》在对"鼠帮"的一篇专题报道中描述了他们在拍摄影片《十一罗汉》时如何夜夜流连于拉斯维加斯的金沙夜总会。文中称他们为"世界上最紧密的小圈子"，是"好莱坞中一群特殊的反叛者——他们有才华，有魅力，懂浪漫，不盲从，这一切赋予他们极大的魅力"。[25]

　　正是在这一时期，赫夫纳开始与西纳特拉及其弟兄们一起打发闲暇时光。常常在帕里的店演出的小萨米·戴维斯成为了赫夫纳的座上宾和好朋友。帕里的店是近北区的一家酒吧，就在《花花公子》办公室对面的街上。1960年9月，"鼠帮"在芝加哥举办了一场演出，散场后赫夫纳为他们举办了晚会。两个月后，赫夫纳和洛恩斯应邀出席好莱坞为戴维斯举办的一场男性聚会。戴维斯是非裔美国人，当时正准备跟金发的高加索裔演员梅·布里特结婚。这场婚姻备受争议。[26]

　　赫夫纳对新的男性典范的推崇也可以从他参与约翰·肯尼迪的1960年总统竞选中窥见一斑。在西纳特拉的支持下，他向肯尼迪的竞

最具传奇色彩的插页女郎（"花花玩伴"）珍妮特·皮尔格林。她是《花花公子》订阅部的职员，曾在1955年第7期担任杂志的"花花玩伴"，因读者反响强烈，又于1955年12月和1956年10月两次出镜，这个记录至今无人打破。她也因此一举成名

休·赫夫纳在"2008年度最佳花花玩伴"(紫衣)颁奖午宴上与"花花玩伴"合影

半个多世纪以来,他用美女打造了一个王国,而他就是这个兔子王国中的沙皇

休·赫夫纳与"2003年度最佳花花玩伴"克里斯蒂娜·圣地亚哥在颁奖午宴上

休·赫夫纳与"2007年度最佳花花玩伴"萨拉·琼·安德伍德在颁奖午宴上

"花花玩伴"已经成了一个符号，正如赫夫纳所说的"在性革命中，插页本身和'花花公子哲学'一样是一种宣言"

《花花公子》杂志"2001年度最佳花花玩伴"布兰德·罗德里克和休·赫夫纳在花花公子大厦的颁奖午宴上

"2005年度最佳花花玩伴"蒂法妮·法伦（左）和"花花玩伴"卡拉·萨瓦莱塔在花花公子大厦的仲夏夜之梦晚会上

休·赫夫纳与"1980年度最佳花花玩伴"多萝西·斯特拉顿在一起

"2005年度最佳花花玩伴"蒂法妮·法伦在"2005年度花花玩伴视频插页"的晚会上，晚会在圣莫妮卡总督酒店举行

"年度最佳花花玩伴"香农·李·特威德与休·赫夫纳在"年度花花玩伴"晚会上

21岁的卡梅拉·德赛斯当选为"2004年度最佳花花玩伴"后在花花公子大厦与休·赫夫纳合影。她同时赢得了10万美元的奖金

"花花玩伴"模特劳伦·希尔在花花公子大厦的新年晚会上

"花花玩伴"肯德拉·威金森、布丽奇特·马夸特、霍莉·麦迪逊与休·赫夫纳在花花公子大厦的仲夏夜之梦晚会上

选团队捐了款。西纳特拉已经通过肯尼迪的妹夫劳福德进入了肯尼迪的圈子，之后就开始在好莱坞的艺人当中为肯尼迪拉选票。肯尼迪同情民权，这一点吸引了赫夫纳。这项事业对赫夫纳有着特殊的意义，他把肯尼迪看做一个渴望推翻艾森豪威尔时期僵化的传统主义的进步人物。他用电影的语言说，肯尼迪"拥有一种弗兰克·卡普拉式的社会观，而这是我热烈支持的。对我而言，他是影片《史密斯先生去华盛顿》和《遇见约翰·多伊》里的那种总统"。此外，肯尼迪的男子气概也很吸引赫夫纳。他仰慕这位年轻的参议员，认为他"俊朗时尚"，还表示，"他有个人魅力和性魅力，这在政坛和私生活中都很吸引人。当时流传着一个笑话，说肯尼迪适合做爱，艾森豪威尔适合打高尔夫"。赫夫纳后来回忆说，"肯尼迪是我们当中的一员"。[27]

肯尼迪在竞选中胜利在望时，赫夫纳去华盛顿祝贺这位新总统的当选。1961年1月20日，他和乔伊斯·尼扎瑞，与维克托·洛恩斯及其女伴一道，参加了弗兰克·西纳特拉为好莱坞、百老汇和娱乐界的明星们举办的庆祝肯尼迪当选总统的舞会。为此，赫夫纳租下了乔治城的移动别墅和汽车。几天后，赫夫纳和洛恩斯飞去纽约，参加在卡内基大厅举行的一场向小马丁·路德·金致敬的活动，西纳特拉以及"鼠帮"在活动现场进行了表演。[28]

就这样，赫夫纳把自己与邦德、西纳特拉及肯尼迪联系在一起，也成为了大众心目中理想的男性形象。1959年夏，他参加了戛纳电影节，与一帮明星混得很熟，回来后就决定改头换面。他开始挑选更时髦的衣服穿，开始叼着烟斗，接受访谈时大谈私生活。他买下一部梅赛德斯－

奔驰 300SL，还出现在这款车的一则广告中。他惬意地倚在车身上，车停在《花花公子》办公楼门前。赫夫纳同时还在《花花公子》上进行自我推销，一名同事对此持怀疑态度，赫夫纳表示，"作为杂志的活广告，我看不出我这样做会有什么负面影响"。[29]

当强调赫夫纳名人地位的文章开始出现时，媒体捕捉到了这一信号。《芝加哥美国人报》于 1960 年 6 月推出一篇大块文章，题目是《〈花花公子〉背后的花花公子》。"事实上，赫夫纳就是《花花公子》，"文章称，"杂志的个性就是他本人的个性，反之亦然。"其他报道接踵而至。《明尼阿波利斯星期日论坛报》称赫夫纳是"全美工作最勤奋的花花公子"。在评论了他大胆的编辑路线和个人奋斗后，文章总结道，"在工作的同时，他对杂志中宣扬的生活方式身体力行"。等到 1961 年，基本上所有的媒体报道都突出了这一主题，从报道的题目就可以看出来：美联社的报道题为《〈花花公子〉的花花公子休·赫夫纳过着美国男人梦想的生活》；合众社的报道题为《严肃的"花花公子"用美女建造了一个王国》。[30]

然而，建立花花公子的公众形象并非易事。赫夫纳本性不是追逐时尚的人，他一直勤奋工作，安静严肃，容易感伤，有些内向，喜欢简单的生活。对于成为时尚、儒雅的男性典范的追求往往只能更凸现他对美食、美酒和服饰的一般品位。据雷·拉塞尔透露，一幅图片曾让赫夫纳及其朋友们捧腹，图片上写着"一本追求时尚生活和美食美酒的杂志的出版人几乎只靠百事可乐和炸鸡就能活下去"。同样，赫夫纳的女友贝蒂·祖济亚克也说他是"一个非常简单质朴的人，一点儿也不时尚……

直到他们推广他的形象时,他才开始叼起烟斗,有了别的嗜好"。[31]

因此,以花花公子先生的形象示人就要求赫夫纳在很大程度上改变自己的个性。祖济亚克觉得这是一种欺骗。她认为,事实上,赫夫纳已经"被自己创造出来的一个怪物绑架了",并且开始"参与其中"以满足公众期待。"如此一来,你又如何区分现实和幻想?"祖济亚克问道。她的这种说法看似有理,实则忽略了一个事实,那就是,从一开始,《花花公子》就是一个试验,关于性、情感和物质的幻想。如果说赫夫纳扮演了一个角色,那么这个角色也是他笃信无疑的。这项事业将其推向台前,站在了美国社会的中央舞台上,在这里他可以让观众相信,幻想可以比现实更加有力、更加真实。他利用了汽车、服饰、女人、访谈和曝光率等道具,但真正塑造角色的机会来自三个项目,这些项目为《花花公子》对于美好生活的梦想提供了一个更为广阔的舞台。[32]

3

在1959年10月到1960年2月的几个月间,赫夫纳开辟了一档电视节目;在芝加哥买下了宏伟的镀金时代大厦;创办了第一家花花公子俱乐部。这些创举永远地改变了他的生活,使他不再只是《花花公子》生活方式的代言人,而且是主要的实践者。用他的话说,这三个项目将其日常生活转变成"梦想中的单身生活,而这一切原本只能在我的杂志中实现"。毫无疑问,赫夫纳变成了花花公子先生。[33]

1959年夏末,赫夫纳着手准备一档现场直播的电视节目,名为《花花公子的阁楼风情》。他向《芝加哥太阳时报》介绍说,该节目将成为"花花公子的聚会,我们的'花花玩伴'以及娱乐界和艺术界的大腕将会现身"。他请曾经写过《魔法》等音乐作品的著名词曲作者赛·科尔曼来为节目创作主题歌,还创造出一种新的节目形式,以高档单身公寓里的鸡尾酒会作为节目拍摄的场景。[34]

第一期节目在1959年10月24日播出。赫夫纳身着无尾晚礼服,叼着烟斗,欢迎嘉宾光临他那摆满现代时尚家具的"公寓",嘉宾包括埃拉·菲茨杰拉德、纳特·金·科尔、莱尼·布鲁斯和作家罗娜·贾菲。在美女的簇拥下,赫夫纳与嘉宾简单交谈后,嘉宾们开始了看似即兴的表演。此外,乔伊斯·尼扎瑞和埃莉诺·布拉德利交流了担任"花花玩伴"的经历;谢尔·西尔弗斯坦讲述了他为《花花公子》创作漫画的丰富经验;A.C.斯佩克特斯凯介绍了他为现代单身公寓设计的"没有厨房的厨房"。最新的时装、机智的对白、手中的香烟和叮当作响的马提尼酒杯贯穿节目的始终。[35]

从某种意义上说,这档节目背后隐藏着一种商业动机。爵士音乐节将《花花公子》提升为有档次的广告载体,赫夫纳希望"这档直播节目可以在全国范围内达到同样的效果"。维克托·洛恩斯对《营销管理》杂志表示,杂志的形象令许多普通读者难以接受,因此需要与"淫秽色情"的污点拉开一定距离。而这档节目可以实现这个目的。他解释说,凭借着美好生活的生动画面,这档节目有望"在表现节目创意的同时,为我们的广告商作理想的展示"。[36]

此外,该节目还有一个更大的目标,那就是实现《花花公子》理想中的美好生活。赫夫纳坚持节目的形式和内容,希望借此把"杂志独特的编辑个性和观点带进节目"。当然,这样做同时也能展示赫夫纳及其新形象。节目的方方面面都在强化这种策略。节目在开始播放致谢名单时,背景是赫夫纳在夜里开着奔驰车在芝加哥的大街上转悠,场景接着转换到一间时尚的单身公寓,神采风扬的赫夫纳出现了。据洛恩斯确认,这档节目是"杂志进入新媒体的自然延伸——《花花公子》的生活方式成为了现实,与此同时,他(赫夫纳)成为了花花公子先生"。[37]

然而,这档节目不停地遇到麻烦——赫夫纳不是一个很好的主持人。他面对镜头打开门,神情肃穆地说:"晚上好,我是休·赫夫纳。欢迎来参加我们的聚会。"在美女的包围中,他工作倒是很卖力,努力跟表演嘉宾调侃,也斗胆跟知识分子辩论。他甚至把烟斗当做道具,因为烟斗除了能够增添高贵的感觉还能占住他的手,减少他的紧张感。但是,他表现得拘谨、木讷、紧张,不像是卡里·格兰特,倒像是加里·库珀。"我浑身僵硬,放不开,不习惯表演,"他后来坦承,"我是门外汉,上镜表现能让埃德·沙利文看上去是专业的。"[38]

无论如何,凭借这档节目,赫夫纳名声大噪。电视将这位出版人及其生活方式的现场画面传送到千家万户的客厅里,提升了他的公众知名度。广告也有助于他自我推销。《花花公子》对这档节目及其主持人进行了宣传,将一则广告发布到全国媒体终端上。广告刊登了赫夫纳的一张巨幅照片,背景文字写道:"在一种都市普通大众难以企及的时尚背景中,你会遇到演艺明星、知名作家和艺术家,以及其他名人,当然还有《花花公子》可爱的当月花花玩伴。"《电视指南》上的广告中有赫夫纳的一张照片,他的身后是一群花花玩伴,配图文字扣人心弦:"芝加哥的每个人都认识他！成群的美女包围着他！登上娱乐头条新闻的明星是他的座上宾，为他的时尚聚会添彩！英俊、自信、儒雅——每个男人都嫉妒他，每个女人都崇拜他！"[39]

尽管《花花公子的阁楼风情》没有引起轰动，但也办得不错。它在芝加哥 WBKB 电视台录制，向包括纽约和洛杉矶在内的 12 座城市现场直播，吸引了相当数量的观众。对这档节目的评价基本上都是正面的，尽管其中的多数都提到了赫夫纳作为主持人的不足之处。例如，《综艺》评论说，这档节目"有新意，有时尚元素，体现出了才华"，但赫夫纳"作为主持人不够自然，作为对话者表现上乘"。对于参与者来说，拍摄这档节目挺有意思。节目的大部分时间都弥漫着一种真正的聚会气氛，甚至在切换镜头时，嘉宾们喝酒来调节节奏。赫夫纳不止在一个场合回忆说，"表演者亮相时通常处于微醉与醉之间的状态中"。[40]

节目的第一季长达 26 周，嘉宾包括喜剧演员鲍勃·纽豪特和唐·亚当斯，音乐家萨拉·沃恩、斯坦·肯顿、托尼·贝内特和康特·巴锡，作家卡尔·桑德伯格。第二季始于 1960 年 9 月，小萨米·戴维斯出现在第一期节目中，节目的形式有所革新，时长一小时。观众的反馈也更加积极。"节目在制作和表演方面都有了很大提高，尤其是主持人休·赫夫纳的表现。"《芝加哥太阳时报》评论说，"赫夫纳更加放松，而上一季中的他让我想起了我的一个邻居，此人非常拘谨，一年只有一次机会放松，那就是在万圣节的夜里把孩子们迎进家门时。如今的赫夫纳看上去更加镇定，对于自己想要与观众分享的东西更有把握（我指的是那些猫，不是那些姑娘，笨蛋）。"尽管如此，第二季结束时，赫夫纳和 WBKB 还是决定停办这档节目。[41]

与此同时，赫夫纳开始创办第二个项目，后来它成为花花公子先生神秘感的主要来源。他建造了一座梦幻之家——花花公子大厦。在这里，他得以大张旗鼓、真真正正地追求一种以单身汉的自由和物质富足为标志的生活方式。在之前的几年间，他住在办公室，很少回到自己位于阿斯特大街上的那间小公寓。50 年代末，他打定主意要找到一栋房子，能够符合他努力打造的新的公众形象。起初，他计划在近北区建造一栋四层别墅，但是遇到了城市规划和预算飙升的难题，于是他开始寻找一栋现有的建筑来改造，并很快就锁定了目标。[42]

1959 年 12 月的一个星期天下午，A. C. 斯佩克特斯凯与妻子西奥正在家中读书、听音乐，门铃突然急促地响起来。来人是赫夫纳。他跑上楼，兴奋地告诉斯佩克特斯凯说自己刚刚买下街对面的一栋房子。他领着二人在这栋宏伟的建筑中简单地转了转。这栋楼几乎没住过人，又脏又乱，布满了灰尘和蜘蛛网。但是，赫夫纳很激动，打包票说他能把这里变成休闲胜地。他真的做到了，大约一年后，西奥说，他们坐在宽敞的房间的壁炉旁，赫夫纳"用小男孩般的神情看着我并说道，'买下这栋房子是我做过的最伟大的事情'"。[43]

赫夫纳的梦幻之家坐落在芝加哥著名的"黄金海岸"的国家北大道 1340 号，与密歇根湖隔着两个街区。这栋四层楼由砖块和石灰岩砌成，于 1899 年由芝加哥著名医生亨利·艾沙姆博士建造。20 年代初，这里曾是芝加哥的社交中心，接待过西奥多·罗斯福和海军将领理查德·伯德等贵宾。大萧条时期，这里被改造成公寓，规模像是一家小旅馆，建筑周围安有华美的铁篱笆，草坪、车道和配楼都很精致小巧。它最突出的特点是二层的一个面积有篮球场那么大的巨型舞厅，舞厅的一端是巨大的大理石壁炉，另一端是大气的法式门。舞厅有两层楼那么高，天花板上有开放式的房梁和两只巨大的青铜吊灯，房间里装饰着柱子和木雕。赫夫纳很快在舞厅入口处摆放了两座身披盔甲的雕像，在装有镶板的墙上挂上了抽象表现主义的现代派画作，还重新装修了大厦里不计其数的公寓和卧室，在其中的许多房间里装上了大理石的壁炉。[44]

赫夫纳的两处设计成为了经典。首先，他在舞厅下面建造了一座室内泳池，种有棕榈树，还挖了一个洞穴。泳池的一侧是一座吧台，玻璃幕墙能让客人对吧台的活动一览无余。从舞厅

赫夫纳在芝加哥花花公子大厦里那张著名的旋转床上工作。

到泳池，人们可以走楼梯也可以从楼上的消防滑竿溜下来。其次，赫夫纳在二层舞厅外的套房里设计了著名的主人卧室。卧室的中央是一张圆形的旋转大床，床头板上有电视音响、磁带录音机、灯和音乐的控制开关。主人赫夫纳骄傲地宣称，这一小小的机关"增添了詹姆斯·邦德式的神秘感"。这张床不仅成为赫夫纳浪漫幽会的爱巢，还成了杂志社的指挥中心，因为他很快就在这里扔满了备忘录、杂志清样和样照。在他

的生命中,工作和生活又一次成为了不可分割的元素。[45]

1960年初,在耗时数周的翻新和装修后,赫夫纳在富丽堂皇的花花公子大厦里为聚会布置好了背景。《花花公子的阁楼风情》中假设的狂欢景象因此变成了现实。A. C. 斯佩克特斯凯帮忙设计了大门的铭牌,上面用拉丁文写着"Si Non Oscillas, Noli Tintinnare",翻译过来就是"如果你不跳摇摆舞就不要按门铃"。同年5月,赫夫纳在这里举办了第一场大型聚会,接着又办了好几场。"大厦里的聚会几乎成了每周一次的活动,受邀的有数百人。这些聚会通常是午夜开始,凌晨结束,以舞厅为中心,还有自助餐、美酒和舞蹈。"赫夫纳说。等到装修全部完成,聚会的场所延伸到了泳池、游戏厅和水下酒吧。厨房24小时向宾客开放,舞厅里有一块电影幕布从天花板上垂下来,大小与剧院里的幕布相差无几,赫夫纳可以在这里为数十位朋友播放用35毫米胶片拍摄的新老电影。[46]

花花公子大厦很快吸引了广泛的关注。1961年初,《芝加哥先驱报》在周日出版的杂志上刊登了大幅报道。赫夫纳及其梦幻之家很快出现在《时代》和《星期六晚邮报》上。当然,最惹人注目的曝光还是来自《花花公子》。同年12月,赫夫纳奢侈地使用了十个版面以图片的形式介绍了为杂志创刊八周年举行的"狂欢晚会"。他为读者们打开了花花公子大厦的门,带领一群"花花玩伴"参观他的"奢华寓所"。读者们得以见识到裸体的女孩在著名的泳池和洞穴中嬉戏,而叼着烟斗、穿着拖鞋的主人介绍他的音响设备以及收藏的波洛克和德科宁等现代绘画大师的抽象表现主义作品。文章谨慎地透露,许多名人参观过这栋大厦，他们当中有弗兰克·西纳特拉、小萨米·戴维斯、休·奥布赖恩、斯坦·盖茨、莫特·萨尔和托尼·柯蒂斯。[47]

（从左到右）：赫夫纳、花花公子俱乐部国际公司总裁阿尼·莫顿和维克托·洛恩斯游览新泽西州的大峡谷度假村。

在赫夫纳推广自己作为花花公子先生的形象的过程中，如果说《花花公子的阁楼风情》这个栏目提供了一个公共论坛，而花花公子大厦则提供了一个私人论坛，那么他的第三个项目就直接邀请观众参与进来。1960年2月29日，第一家花花公子俱乐部在芝加哥沃尔顿大街116号开张了。"这将是一次尝试，在各位编辑的支持下，我们把杂志舒适浪漫的气氛引入一家私人俱乐部，其成员动机不坏，追求更美好、更愉悦的生活。"赫夫纳在《花花公子》的一份内部备忘录中解释说。维克托·洛恩斯的解释更加直白："我们的初衷就是把杂志搬到生活中来。"花花公子俱乐部很快发展到全美各大城市，生动地体现了名人赫夫纳的全新的生活方式，也允许其他人稍作尝试。[48]

赫夫纳创办俱乐部的想法源于他和那些喜欢光临俱乐部的朋友们的一个愿望，那就是拥有一个属于自己的休闲场所。"拥有自己的俱乐部会是一件真正刺激的事情，在那里能遇见许多姑娘。"赫夫纳回忆说。杂志越来越受欢迎，这个设想也越来越宏伟，将杂志倡导的生活方式也包括进去了。杂志中一篇关于芝加哥煤气灯俱乐部的文章引来数千名读者来信询问如何入会，这件事直接促成了创办俱乐部的这一项目。赫夫纳和洛恩斯意识到，一家以《花花公子》中的漂亮姑娘、美食美酒和时尚娱乐为主题的俱乐部会有很大的市场。他们着手筹划这件事。[49]

第一步就是要请到有相关经验的人。他们联系了老朋友阿诺德·莫顿。赫夫纳和洛恩斯夜里闲逛时时常光临他的俱乐部。他同意参与这个项目，三人进行了分工——赫夫纳和洛恩斯负责设计和总体管理，而莫顿，用他自己的话说，负责"肉和

赫夫纳与宾客们在芝加哥花花公子大厦的晚会上跳舞。

土豆"。他们也划分了新公司的股份，洛恩斯占25%，莫顿占25%，赫夫纳占25%，杂志占25%。第一家花花公子俱乐部开张时也的确体现了赫夫纳的推荐语："我们这项创意的主要目的是将《花花公子》的内容带入生活。"[50]

这家俱乐部一共五层，综合了赫夫纳的杂志和电视节目中的各种因素，在时尚的环境下提供美食、美酒和娱乐。它借鉴了单身公寓的概念，餐饮区称为"客厅"和"花花公子吧台"，音乐和喜剧表演区称为"阁楼"和"图书馆"。漫画角展示了装裱好的《花花公子》的漫画。高档音响在整座大厦里播放爵士乐。木镶板的墙、丰富的色彩和皮制家

具提升了整栋楼的格调。俱乐部营造的氛围的核心在于让会员产生一种错觉，那就是所有这一切只有成为会员才能享受到。只要缴纳50美元会费，你就能获得终身会员的资格，得到一把花花公子的钥匙，上面盖的戳是熟悉的兔头标志。"花花公子俱乐部是最重要、最时尚、最富有的男性的聚会场所。"《花花公子》杂志评论道。此外，一本名为《贵宾：花花公子俱乐部专刊》的会员专刊出现了，里面刊登着名人和明星的故事以及俱乐部的最新动态。这种营销策略让会员相信，他们是都市时尚精英的一分子。甚至在007系列之七的《金刚钻》中，詹姆斯·邦德都入会了。[51]

当然，俱乐部自始至终突出的是美女和性解放的概念，代表性的特点是"兔女郎"，就是在大厦各个区域担任女招待和女主人的姑娘们。入选的姑娘容颜俊俏，性格活泼，她们当中有模特、职员和一些"花花玩伴"。"兔女郎"成了一块磁铁，吸引了大批渴望在现实生活中见到杂志中美女的男人。她们的服饰也没有令人失望。起初，赫夫纳希望她们身着短款睡衣或改良内衣，但是与洛恩斯讨论之后，他决定采纳兔子主题。一名女裁缝制作了兔子服的雏形：一件缎子面料、泳装风格的连体服，低胸，高开叉，这样腿能显得更加修长。后来又加上了兔耳、绒毛兔尾、蝴蝶结领结和袖扣，整套设计就完成了。[52]

"兔女郎"很快成为丰富多彩的花花公子王国的主要象征。花花公子大厦的第四层被改造成宿舍，许多"兔女郎"就住在这里，装点着每周一次的晚会。赫夫纳的弟弟基思加入俱乐部来管理这些姑娘。他在《花花公子俱乐部"兔女郎"手册》中推出了一系列礼仪，发明了著名的"兔仔蹲"的独特动作,即女招待站在桌旁,弯腰,屈腿,姿势优雅地送上饮料。他们鼓励"兔女郎"流露出健康的性感,如同"花花玩伴"身上邻家女孩般的气息,但是不允许她们下班后与客人见面,甚至不许留下电话号码。赫夫纳的确需要特别当心避免留下任何性行为失当的污点,因为丑闻会很快招来下流或卖淫的指控。"如果我们的任何一名姑娘约会了客人,她面临的将是解雇,"赫夫纳对一家报纸说,"我们必须坚持这一点,不然只能眼睁睁地看着这一切被毁掉。"[53]

芝加哥的花花公子俱乐部立即引起了轰动,每天从早到晚客人们鱼贯而入,一年下来会员就超过了5万名。在接下来的几年里,俱乐部扩张到全美15个城市,会员达到50万。这反映了《花花公子》倡导的,尤其是以这种三维、真人秀的方式表现出来的生活方式对都市男性的巨大吸引力。正如基思·赫夫纳所说,俱乐部体现了"《花花公子》激动人心的内容……让人们有机会窥视幻想的世界究竟是什么样子"。当然,俱乐部也提升了赫夫纳的形象。花花公子出现在新闻媒体的显要位置,这些报道不仅描述了《花花公子》对于美好生活的幻想,还赞美了将这一切变为现实的那个人。[54]

赫夫纳努力将自己变成想象中的花花公子先生的形象,但并非所有努力都是成功的。他以自我为中心对这个特定生活方式的帝国进行扩张时遭到了两大失败。几乎在做上述事情的同时,他创办了娱乐杂志《演艺画刊》,内容包括电影、戏剧、唱片、夜总会演出、电视和书籍以及明星行踪的八卦新闻,反映了长期以来赫夫纳对于美国大众文化的痴迷。"它对娱乐界的影响与《时代》对新闻界、《体育画报》对体育界的影响大体相当。"赫夫纳对各家报纸说。他从纽约聘来编辑人员,在1961 年 9 月推出了第 1 期。但这本杂志很快就失败了,因为它是一本大杂烩,拼凑了娱乐新闻、各种评论、美女艳照(但不是裸照),看似百科全书,实则缺乏个性,没有编辑立场和特别的闪光点。创刊仅六个月、只办了八期之后,杂志被赫夫纳卖给了一位竞争对手,损失 150 万美元。[55]

第二个失败的项目更能体现出赫夫纳的个性和愿望。1961 年,他参与制作了一部好莱坞电影,讲述的是他的生平以及出版《花花公子》获得的巨大成功。他与演员托尼·柯蒂斯是朋友,两人在对话中产生了拍电影的想法。如果说柯蒂斯对此是饱含热情,那么赫夫纳的反应便称得上是狂喜。在初步协商后,《花花公子》于 1961 年 11 月公布了拍摄这部电影的消息,《综艺》证实了哥伦比亚电影公司将负责投资和发行,导演是斯坦利·马古利斯,编剧是伯纳德·沃尔夫。柯蒂斯在芝加哥逗留了数周,在杂志社的办公室里闲逛,观察赫夫纳的一言一行,为扮演这个角色做准备。[56]

但是,问题很快就暴露出来了,参与者的想法出现了分歧。柯蒂斯和电影公司想要拍摄的是一部轻松的喜剧,讲述一个有着六个女友的家伙如何巧妙安排生活以避免尴尬和冲突。而赫夫纳的想法则更为严肃——柯蒂斯讽刺说,他想要拍摄的是"裸体的陀斯妥也夫斯基"。因此,他开始写信轰炸演员、编剧和导演。这些人显然不适应赫夫纳书写大量备忘录的做法,当长达 30 页的信件源源不断地递到办公室的时候,他们惊呆了。这些信件解释了"《花花公子》的全部力量,他希望在一部长达六小时的影片中逐一地表现出来"。柯蒂斯说:"这些信我读都不用读,光是称称重量就知道我们永远永远都不可能拍这样一部电影。"[57]

这些备忘录充分体现了赫夫纳对于自己的看法。他把电影想象成一种工具,能够以浪漫的形式呈现他的生活——出身平凡的年轻人克服种种困难,将美国社会从令人压抑的桎梏中解放出来,因而获得了成功。赫夫纳在写给柯蒂斯的一份备忘录中描述了这个奋斗故事的梗概,主角就是他自己。

这是50年代中期的芝加哥,一个二十五六岁的年轻人穷困潦倒,衬衫的衣角磨毛了,外套的纽扣也松动了。他为一家颇具规模的高档男性杂志工作,周薪60美元。他不开心,但他满怀壮志,要为都市男性创办一份杂志……(他成功了,但一家全国性的团体认为这本杂志过于色情,称"当月花花玩伴"比站街女好不到哪里去,起诉了这本杂志。于是戏剧性的审判开始了。)我们有机会展示一个完美的法庭场景,其中的情感因素类似于《迪兹先生进城》结尾时的法庭场景和《史密斯先生去华盛顿》中在华盛顿参议院的类似的审判高潮。这一场景提供了一个机会来揭示审查制度、假正经和清教徒生活观的罪恶和虚伪,它们蔑视自由和青春,认为性是肮脏的而不是美好的……顶着种种压力,我们的主人公最终醒悟,意识到自己真正爱的是他的小秘书,他们走出法庭的大门,从此过上了幸福的生活。

赫夫纳希望通过电影的形式将自己的生活呈现给观众，对内容已经胸有成竹。他希望的是将自己头脑中的这部电影拍摄出来。[58]

但是，与赫夫纳合伙拍电影的这些人却不接受他的这种想法。他们按照自己的剧本开始筹备拍摄事宜，但遭到了赫夫纳的反对。另外两名编剧巴德·约金和诺曼·利尔参与进来，改写剧本，提交了修改稿，赫夫纳还是不同意，他又写了几份很长的备忘录来推销自己的版本。1963年，剧本的"定稿"完成，拍摄即将开始。赫夫纳又一次予以拒绝，声称自己被排挤到了一边。在若干次不够冷静的沟通之后，导演和电影公司同意延期拍摄，后来这个项目不了了之。[59]

尽管电影没有拍成，赫夫纳向花花公子的转型总体上还是成功的，在60年代初创造了一种梦想的实现。通过把自己塑造成从《花花公子》杂志走出来的理想的时尚青年，他实现了自少年时代萌芽的一个梦想。他在公众前的形象变得更为鲜明。赫夫纳通过歌颂自己的功绩，在广大观众中激发了一种幻想，让他们认为这种生活是可以实现的。与虚构的英国特务、好莱坞的时尚明星和魅力无穷的年轻总统一样，赫夫纳象征着美国男性的一种愿望，那就是要抓住生活中的美好事物——性、物质富足、时尚和成功。反过来，这也实现了许多女人对男人的梦想。

赫夫纳春风得意。在1961年12月的一封信中，他写道："作为一名活着的传奇人物，感受是怎样的呢？嗯，感觉好极了！"[60]

Ⅲ (上)
如日中天
Triumph

60年代初，赫夫纳为杂志撰写了"花花公子哲学"。

第九章　哲学之王

在一部风格简明的黑白电影中，一名举止文雅的黑发男子驾驶着白色的奔驰驰骋在芝加哥雨天的街道上，雨刷为他扫清视线，车篷为他挡风遮雨，他的声音从画外音中传出。这名男子35岁，以《花花公子》杂志为核心创造了一个价值2 000万美元的帝国。他感慨道："我不愿意与世界上的任何人交换位置。"他坚信，人们应当努力工作，尽情享乐，因为"在这个古老的世界上，你只能活一次，如果没能活得淋漓尽致，只能怪自己"。

在接下来的20分钟里，影片反复呈现了一些画面：在花花公子大厦的聚会上，喧闹的音乐、丰盛的食物、狂欢的舞者，还有身着比基尼的姑娘们在室内泳池里嬉戏；在《花花公子》杂志社的办公室里，影片介绍了出版人的工作日程，简单地采访了一些同事。自始至终，影片中的男主人公都在谈他的各种观点，关于性解放，关于唤醒自我利益和美好生活的意识，以及关于他作为活跃的新一代的代言人的角色。言语之间流露出对现状的满足，他总结道："我想，我很可能是世界上最幸运的人。"

这部在1961年由一个加拿大的团队拍摄的纪录片《最》以华丽甚至有些反讽的方式表现了休·赫夫纳这位出版界的风云人物，并获得了若干奖项。赫夫纳使《花花公子》成为现代都市青年的时尚象征。影片把握住了赫夫纳精力旺盛、做事投入、性格敏感的特点，但也通过多种方式含蓄地暗示了他完美生活中空虚的一面——他的女友在接受采访时几次谈到他的智慧时都有些言不由衷，无所事事的男人们在花花公子大厦的晚会上打瞌睡。尽管如此，赫夫纳的自信给人留下了深刻的印象，他认为自己是美国时尚生活最集中的体现，声称，"我已经被视为60年代的象征"。[1]

但并非所有人都这样认为。"那个人，自负、自恋、做作、浮夸，是一个新的卡通人物，就像是动画片中的脱线先生（一位亿万富翁，时常做些惊人之举），"《新闻周刊》中一篇尖锐的评论写道，"这位'花花玩伴'簇拥下的王子住在极度色情的花花公子大厦，那里有室内泳池，一年到头办晚会。"然而，不论人们喜不喜欢赫夫纳，至少都很关注他。60年代初，报纸、杂志和电视的大量报道将赫夫纳推到了公众的聚光灯下。[2]

在影片中，赫夫纳不断地谈论他自50年代形成的关于生活方式的观点，那就是性愉悦、物质富足、努力工作、享受休闲。到了60年代初，他开始为杂志寻找新的方向，关注一些颇受争议的社会、文化和政治话题。他越来越在意自己以及《花花公子》对于美国价值观的影响，开始积极地、系统地阐述他的世界观，引起了各方面尤其是宗教团体的热议。这位年轻的总编辑身处舒适的花花公子大厦，或者说是隐退在这一享乐的空间中，成为了新的哲学之王。

1

凭借着《花花公子》杂志、"花花公子的阁楼风情"节目、花花公子大厦和花花公子俱乐部的成功，赫夫纳引起了全美公众的广泛关注，各大媒体争相报道他的骄人成就。通过这种大量的曝光，关于他的思想的意义和价值的争论此起彼伏，评论者们排着队等着支持或谴责他。赫夫纳成为了全国的话题。

全美各大杂志首先行动起来。它们往往鄙视《花花公子》的内容，但又嫉妒《花花公子》的销量。1961年3月，《时代》发表特稿，列举了赫夫纳在杂志、俱乐部和特许商品等方面的成功，同时贬斥

1960年，赫夫纳视察为新的芝加哥花花公子俱乐部招募的"兔女郎"。

《花花公子》自命不凡，采取"一种哗众取宠的编辑方式"，其出版人是"活人版的营销噱头"。《星期六晚邮报》刊登的《兔女郎王国的沙皇》一文更加尖锐。这篇深度报道肯定了赫夫纳成就的传奇，但是把他描述成一个骗子，一边靠买卖裸女艳照发家，一边又宣扬高尚理想，用时尚形象掩饰乡巴佬本色，塑造有魅力、有智慧的公众形象，私下里却暴躁易怒。但是，如此严厉的指责并没有阻止《花花公子》在《纽约客》和《纽约时报》上刊登整版广告来推销"赫夫形象"，即"出版界穷小子的奋斗故事"。[3]

《华尔街日报》的分析更为冷静。它的结论是，性和时尚的结合在年轻读者当中产生了强烈的认同感，因而缔造了赫夫纳2 000万美元的

帝国。《纽约客》通过一幅著名的漫画给予了另一种肯定。一对新人正准备在圣坛前宣誓，这时，新娘的面纱上竖起一对兔耳朵，在座的一位嘉宾对身边人说："我知道了，新郎是在芝加哥那家有名的俱乐部认识新娘的。"一些小刊物也加入到新闻界对此事的追踪报道当中。名人杂志《盛典》和另类文化与评论刊物《现实主义者》也对赫夫纳进行了报道。他的故事引起了全世界的关注，意大利的《快报》和《欧洲人》、德国的《ER》、英国的《女王》和"南美的《时代》周刊"《视野》都介绍了他。[4]

赫夫纳名声大振的另一个标志就是有人开始拿《花花公子》开涮。幽默作家阿特·布赫瓦尔德在其面向全美的专栏里讨论了兔女郎王国的扩张——"有人担心赫夫纳会接管美国，不是通过武力，至少是通过性"，他写道。《疯狂》杂志则推出一期山寨版的《花花公子》，名曰《花花小孩》。它描述了"为小单身汉们建造的私密俱乐部"，声称，"一年级到四年级的时尚学生"都希望将最新款的宇航飞行帽和棒球明星卡"列入课外活动时间'必须拥有的东西'"，还刊登了一封未来的"花花玩伴"的来信，信中称自己"金色头发、褐色眼睛、朱红嘴唇，银色的牙套闪闪发光"。校园讽刺杂志《土豚》推出搞笑版圣诞特刊，名曰《祷告工资》，号称由休·圣人编辑，其中的美食文章题为《一份面包，两份红酒》，时装文章题为《我的牧师穿黑色》，图片版介绍了"圣地女孩"。还安排了一次对"上帝"的专访，他是钦定版《圣经》和弥尔顿的《失乐园》的主人公，上帝告诉提问者说："我非常清楚我要说什么，事实上，我非常清楚你要问什么。"[5]

媒体中的"赫夫纳热"也延伸到了广播节目。各种各样的纪录片、人物介绍和访谈出现在加拿大广播公司的节目、全国广播公司的早间节目《今日》、哥伦比亚广播公司的脱口秀节目《随意聊聊》、《杰克·帕尔脱口秀》以及迈克·华莱士的当红节目《东海岸之声》当中。上述节目包括对赫夫纳、斯佩克特斯凯和洛恩斯的访谈以及杂志社办公室里的录音片段。富有喜剧意味的高潮来自《史蒂夫·艾伦脱口秀》，节目中的一名"兔女郎"表演了小品，指导主持人如何当好招待生。当妙语连珠的艾伦装模作样地戴上兔耳朵，学着用一种迷人的姿态走来走去，还表演"兔仔蹲"时，整个录影棚沸腾了。[6]

60年代初，关于《花花公子》及其出版人的新闻拥有了大批的新观众。一些报道是负面的，即便是这样也有好处。马戏团老板P. T. 巴纳姆说过，"的确有人会喝倒彩，会喊'骗子'和'冒牌货'，但是这对我来说更有好处"，他写道，"它为我做了广告，我愿意出名"。事实上，在如此铺天盖地的宣传中，来自禁忌的诱惑往往比道义上的说教更有力。在深受自我满足思想影响的现代文化中，文化卫道士对《花花公子》淫秽内容的谴责常常会起到副作用，反而鼓励了他们所谴责的东西。[7]

赫夫纳自然处于舆论的风口浪尖。在各种访谈中，他强调了"积极的一代"追求社会地位提高和休闲的愿望，不受约束的个人主义的意义，以及在现代美国建立生机勃勃的享乐主义道德观的必要性。他坚称，《花花公子》发出了一种声音，在努力适应富足生活、舍弃中产阶级郊区化做法的国家里倡导一种充满活力和渴望的新精神。"如果我们愿意，如果我们充分享受每一天，生活可以是一次美妙、刺激的历险。"他在一次电视节目中宣称，"问题在于，我们常常错失找到生活中真正的满足和幸福的最佳时机。我们文化的一大趋势就是，永远都在为明天而活。一旦你是这样的，明天就永远都不会到来。"[8]

赫夫纳倡导一种健康的性行为准则。他的表述迄今为止还广为流传，即性意味着漂亮姑娘、浪漫夜晚以及肉体和精神上的享受。《花花公子》杂志和花花公子俱乐部提倡公开接受健康的性行为，而不是表现色情的裸照、非法的私通和可耻的堕落。"我怀揣这个梦想，为所有的一切奠定了基础，"赫夫纳对一名英国记者说，"大部分男人也都不是要破坏这一梦想……干净的性比肮脏的性更有吸引力。"他在1962年的一次亮相中总结道："任何使性看起来干净、健康、舒服和美好的事物都是好的。"[9]

但是，这种熟悉的言论包含了一种新的因素，即在以自我为中心的基础上拓展出来的自信。这位花花公子先生在各种场合称自己为"我遇到过的最成功的人"、"一个活着的传奇人物"、"当代的弗朗西斯·斯科特·菲茨杰拉德"。他最大逆不道的表述来自《最》这部影片。在衡量了自己的影响力和成就之后，他总结道："天才是一个有意思的词。我想，如果仅从定义来看，不论是在智力方面还是创造力方面，我都应该是一个天才。"[10]

随着《花花公子》的名气越来越大，负面的效应也开始显现出来，招致的批评越来越多。"那个美国人难道是一个情感低能、只会傻笑的半大孩子吗？"保守派作家拉塞尔·柯克问道，"大量使用色情图片和性诱惑的手段是美国社会堕落的一个象征。"《星期六晚邮报》则将赫夫纳的"兔尾乌托邦"贬为"少年犯的国度"。来自阿曼斯特的英语教授本杰明·德莫特嘲笑说:"《花花公子》眼中的大活人只剩下他的私处了。"[11]

这些谴责触动了赫夫纳的神经。他认为,批评者们误解了他的观点,因此决定还击。他开始更加深入地思考自己在美国社会中的使命,受到了赞扬的鼓励和批评的刺激,他决定阐述他的事业背后的哲学。

2

1962年12月,《花花公子》的读者读到一个新的社论系列。社论的标题是"花花公子哲学",上方是兔头标志,署名休·赫夫纳。他写道,他的杂志近来成为诸多讨论的话题,他的观点和形象都被曲解了。他发誓要在这里"澄清我们的编辑原则,并针对当今社会以及《花花公子》在其中扮演的角色提供个人的见解"。他在一封私人信件中表示:"如果《花花公子》要因为他代表或者坚信的东西招来赞扬或者谴责,我宁愿人们赞扬或谴责的是我们真正相信的东西而不是他们认为我们相信的东西。"[12]

"花花公子哲学"最终发展到了洋洋洒洒的1 000页。最初,赫夫纳只是想写一篇简短的声明,后来着了迷,一发不可收拾。他躲进花花公子大厦,阅读成堆的文件,研究大量的资料,夜以继日地改改写写,不断地表达对美国社会面临的社会、文化、政治、法律和性等问题的看法。等到他搁笔时,"声明"已经包括了25个部分,花费了3年的时间。

最初推动此事的是一种真诚的态度和理想主义。赫夫纳坚信需要对美国的主流价值观加以审视和改革，因此寻求对话和辩论。"表达出自己的主张真的是一种愉悦，而且是很大的愉悦，"他对记者说："我希望我们可以提供一些关于道德责任、伦理、个人的价值，以及更加重视生活中人性的一面的必要性，这样可以促使人们思考这些问题。"[13]

但是后来，赫夫纳发展到了狂热的地步，开始把"花花公子哲学"变成了巴丹死亡行军的新闻版本。他躲在卧室里，昼夜不眠，笔耕不辍。他变得越来越有激情，要针对正在研究的社会问题或性问题探索每一个方面，挖掘每一个细节，表达每一种思想。文章越写越多。他在卧室的书桌前用一台王牌标准型打字机工作，或者坐在堆满文件的圆形床上，查阅关于节育、求欢、法律与色情、离婚、堕胎等一系列话题的大量资料。几名研究助理从书中梳理出相关的讨论和表述。赫夫纳源源不断地以备忘录的形式请助理提供信息，涉及各种各样或晦涩或宽泛的话题。

> 请尽可能多地为我提供早期天主教对待性的态度——教堂在欧洲早期曾对性采取过非常宽容的态度。
>
> 请找一名同事帮我提供一份名单，列举历史上的名人，他们出名不仅仅因为各自的成就，还因为婚内或婚外的大量性行为。
>
> 我们能把文艺复兴与性自由及性活力联系在一起吗？如果

能，我要一些关于性自由和性极权的内容，还要一些具体的例子，表明欧洲文艺复兴时期取得了哪些成就，以及在黑暗时代和维多利亚时期有哪些事情没有实现。[14]

新的助理编辑纳特·莱尔曼奉命领导研究团队，亲眼目睹了这一过程。这名年轻的记者在自己的椅子背后贴了一条标语"赫夫喜欢的就是艺术"，竭尽全力地帮助赫夫纳完成他的那些文章。赫夫纳字斟句酌，不放过每一个细节。有一次，他让莱尔曼连着24小时写东西，快收尾时，他修改动词，在"说"、"声称"、"评论"和"评述"这一个词之间改来改去。他每改一处，筋疲力尽的莱尔曼就小声地嘟囔一句，"改得挺好"。最终，赫夫纳声色俱厉地说："你就是想早点儿收工，对吧？"赫夫纳对他人作品的任意引用也招来了麻烦。他尤其喜欢两本书——《性与法律》和《性与历史》，大量引用了书中的内容却很少或根本不标明出处。终于，两位作者指责他剽窃，最后还是莱尔曼花钱摆平了这件事，赫夫纳才免遭起诉。[15]

事实上，赫夫纳的工作为《花花公子》带来了日益严重的问题。他把自己锁在花花公子大厦的卧室里，沉迷于写作，而忽略了杂志的其他重大决策。他为"花花公子哲学"专栏撰写的稿件常常迟迟不能定稿，使杂志错过了最后的制作期限，为此编辑们很是头疼。于是，很多难题落在了斯佩克特斯凯头上，他非常苦闷，称花花公子大厦为"地堡"，称"花花公子哲学"为"没完没了折磨人的破事儿"，称自己的努力是"活受罪"。据他的妻子西奥说，赫夫纳"花了两年的时间原地踏步,以蜗牛般的速度工作,为每一个逗号斤斤计较,每个月都要把出版日期推后几周,在大厦的卧室里踱来踱去,而我先生就不得不拼命去解决这些问题"。[16]

那么,如此艰辛的努力又换来了什么呢?事实上,赫夫纳阐述的主题基本上都是他在过去几年的访谈中讨论过的,即获得解放的个人需要享受物质富足、经济机会、休闲生活和性自由;向往上述生活的、活跃的"积极的一代"的崛起;以及《花花公子》在此过程中的使命。他始终都在历史中寻找例子,也引用哲学家和社会思想家的大量资料来支持自己的观点。

在"花花公子哲学"中,开始部分介绍了美国历史上的相关讨论以及对"普通人"的崇拜,宗教对于现代价值观的影响,资本主义与共产主义的比较,西方文明中的性演变史,以及关于淫秽内容、色情作品和审查制度的争论。接下来,赫夫纳转向了更为广泛的话题,即个人与社会的冲突,理性与自我利益的角色,宗教道德观的演变以及性道德的历史。结尾部分,作者显然有些力不从心,只是翻印了他参加过的四次电台圆桌讨论的录音整理稿,内容关于"美国的性革命"。[17]

最终的研究成果不过是重复了现代自由人文主义者普遍持有的观点,尽管洋溢着热情,但难免流于平淡,缺乏系统性。赫夫纳老生常谈,声称个人利益胜过大多数的社会利益,现世比来生更重要,以及应当废除过度限制个人表达的传统和制度。以坚定的公民自由论立场捍卫对于自我利益的追求,大胆强调性自由,是这篇文章最大的新意。赫夫纳的观点部分来自约翰·斯图尔特·米尔,部分来自亚当斯·史密斯,部分来自安·兰德,部分来自流行的弗洛伊德学说。

如果说赫夫纳文章的内容平淡无奇,那么它的风格就更是乏善可陈。他的文章简洁朴素,偶尔表现出激情和见解,但更多的时候言过其实,颠三倒四。赫夫纳的风格体现在大量引用他人观点和过于笼统的归纳上;关于前者,他曾用了三页纸的篇幅逐字逐句地复述最高法院法官雨果·布莱克关于言论自由的观点。关于后者,他曾表示:"现代美国人的道德观是多种因素的综合,包括迷信的异教思想和早期基督教的禁欲思想;中世纪教堂的性渴望、负罪感、羞耻感、性虐待和性压抑;行吟诗人对于无性之爱的歌颂;英国浪漫主义时期宣扬的'爱能征服一切'的观点;新教加尔文教派、清教和维多利亚时期思想中那些严格、苛刻、无趣、独裁、消极和禁书的教义。"他不断地使用人称代词"我们"——"我们认为,现在是时候表达出我们自己的观点,我们相信什么,我们认为《花花公子》在当今社会中代表着什么。"这种风格很快就惹人生厌,因为它为文章增添了自命不凡的色彩。莫尔·萨尔打趣道:"赫夫纳总是希望让我相信'花花公子哲学'是他自己写的,读完之后我对此笃信无疑。"[18]

"花花公子哲学"引起了广泛的评论。《花花公子》的读者们给予了同情和肯定,纷纷致信出版社,支持出版人为现代生活方式建造道德基础的做法。他们称赞赫夫纳表达了一种鼓励美好生活的观点,用一名读者的话说就是,驳斥了一种观点,即"性是邪恶的,享受是邪恶的,肉体满足和财富积累是邪恶的";另一名读者称"花花公子哲学"为"20世纪的托马斯·佩因的《理性时代》";还有一名读者认为,在赫夫纳的思想中,"对于建立新哲学的渴望与激发性革命的渴望一样强烈"。一些著名评论家也给予了正面评价。心理学及性道德作家艾伯特·埃利斯称赞赫夫纳的观点"非常有价值,经过了深思熟虑";《爱神》杂志的编辑拉尔夫·金兹伯格祝贺这一重量级的系列文章发表,称赞它"是美国历史上杂志给予审查制度的最有力的一击"。[19]

赫夫纳的观点也备受争议,招来许多谴责。批评家们声称他们在"花花公子哲学"中看到的是赤裸裸的虚伪,是赫夫纳在极力为一项根本就是由性和利益驱使的事业寻找堂皇的理由。一名报纸专栏作家问道:"我想知道,如果把你的杂志中最吸引眼球的一些栏目去掉,比方说'当月花花玩伴'、'聚会笑话'、'经典情色作品'、服饰和汽车,你的发行数还能剩下多少。"一名散文作家在《现实主义者》上发表文章,无情地指出,赫夫纳试图建立理论的努力不能掩盖其杂志的核心吸引力,"也就是说,美国人花了一大笔钱,为的就是看乳头"。另一名批评家写道,《花花公子》不愧为一座"聪明营销"的纪念碑,赫夫纳的哲学是"半欺骗主义"的,除非他能够正视这个问题。[20]

其他批评家采取了更加哲学化的表述方式。他们声称,赫夫纳将重点放在个人的自我满足上,忽略了承担社会义务和责任的必要性;他强调时尚和占有,忽略了更为重要的美德,那就是爱、尊重和灵魂。一名批评家写道,赫夫纳反映出了"某种空虚,即价值的缺失,"他阐述的是"一种空洞的物质主义和享乐主义"。其他批评家指责赫夫纳的社会理想是"道德观扭曲的乐园",而他对享乐的追求是"某种形式的幼稚和自恋"。一名英语教授在《安蒂奥评论》中称"花花公子哲学"是对一知半解的知识的堆砌,是"对心理学、经济学、道德、教育、宗教和社会学等领域知识的浅尝辄止"。[21]

《芝加哥太阳时报》周日版的一篇长文包含了上述诸多批评观点。"金碧辉煌的思想城堡里的兔女郎们"指责赫夫纳兜售阳光灿烂的生活,忽略了痛苦和绝望,而没有痛苦和绝望就不可能理解幸福。作者表示,赫夫纳在性方面提供了两种错误的选择,其一是虚伪的拘谨,其二是放纵的诱惑。"有没有可能赫夫纳提供的这两种选择都不是健康、自然、正确的呢?"他写道,"有没有可能一个人完全地支持性,却反对赫夫纳提倡的性呢?"作者引用威廉·福克纳的话说,如果一种生活观没有考虑"爱、荣誉、怜悯、骄傲、同情和牺牲",就注定会失败,"有意思的是,这些概念在赫夫纳的'花花公子哲学'中丝毫没有得到体现"。[22]

许多批评家还认为"花花公子哲学"的文学风格令人作呕。他们抱怨说,文章的结构重复、臃肿,赫夫纳"成功地将若干观点稀释成了许多词"。《花花公子》的老冤家《君子》将1963年的"不知所云奖"颁给了赫夫纳,奖状是"一幅精致的刺绣,四周装饰着朴素温馨的符号,中间写着两个字:闭嘴"。某刊物上一篇犀利的评论写道,数学家说,如果你让一只猴子坐在打字机前,给它足够多的纸张和时间,它早晚有一天能在无意中敲出莎士比亚的《哈姆雷特》。"我们知道,一幅漫画曾有一个节约时间的建议,那就是让无数只猴子同时来做这件事,"文章继续说,"现在我们发现这无数只猴子果真存在,他们就是《花花公子》总编辑休·赫夫纳聘来的那些研究者。"[23]

赫夫纳以一贯的严肃态度回应了上述抨击。他在《花花公子》中设立"花花公子论坛"来讨论批评者和褒扬者提出的问题。该栏目始于1963年7月，很快就刊登了大量读者寄来的表示支持的信件以及赫夫纳的回应。1965年春，应多所高校师生的邀请，赫夫纳开始了校园巡回演讲之旅来捍卫其哲学观点。他现身康奈尔大学、约翰霍普金斯大学、西北大学和北卡罗莱纳大学人头攒动的报告厅，讨论"花花公子哲学"，通常是以小组讨论的形式，参加者有当地的教授、作家和道德主义者。最终，赫夫纳于1965年成立了花花公子基金会，这家非盈利性机构成为了"花花公子哲学"的活动机构。该基金会参与了若干标志性事件——释放西弗吉尼亚州一名因口交入狱的男子；为金西性学研究所及马斯特斯和约翰逊的性学研究团队筹得大量资金；在罗诉韦德一案中提供协助，最终为女性争取到了堕胎的权利。基金会证明了赫夫纳的哲学不仅仅停留在文字上，还是一种关于社会改革的诚挚宣言。[24]

同时，赫夫纳与一位强大的敌人展开了旷日持久的智慧战，那就是美国的宗教团体。"花花公子哲学"认为基督教是现代社会中许多情感和社会灾难的根源，因此宗教的代言人以牙还牙。由此引发的《花花公子》与牧师之间的辩论使我们有机会窥视美国自60年代开始萌芽的文化狂热。

3

在"花花公子哲学"的第一部分，赫夫纳主要针对两位宗教作家展开攻击。一位是著名的神学家兼作家哈维·考克斯，他在《基督教与危机》中批判了《花花公子》杂志对于"用于消遣的性"的倡导；另一位是牧师罗伊·拉森，他在卫理公会杂志《动机》中控诉《花花公子》在年轻人形成目标、性格和价值观的过程中误导他们。两年后，赫夫纳完成了"花花公子哲学"的写作，在电台节目的圆桌讨论中，与一名牧师、一名教长和一名犹太教学者展开辩论。赫夫纳与宗教人物之间的长期论战表明，他关于宗教的观点在他的思想体系以及由此引发的争论中占据了核心地位。[25]

诚然，《花花公子》的总编辑总是不吝言辞地指责基督教是西方文明道德桎梏演变过程中的妖魔。"花花公子哲学"谴责天主教和新教的压抑、限制、虚伪态度否认了肉体的欲望，有害于情感的健康。赫夫纳声称，尽管基督教有时能够使人更加富有同情、理解和宽容，但更多时候会引发"血战"，使数百万人"坠入极度的贫困之中"，加剧"人类对于同类的暴政"。针对基督教的种种控诉反映出了《花花公子》的两大主旨——性和物质富足。[26]

赫夫纳称，基督教教义为了实现最终的救赎而排斥世俗中的占有、金钱和成功，形成了一种反对物质积累和繁荣的偏见。基督教宣称，贫穷比富有更神圣，因此穷人比富人更容易获得上帝的恩泽。赫夫纳表示，这种教义在物质匮乏的年代或许令人信服，但"在今天的美国就没有多大意义了，因为每个人都有大把的机会来改善自己的生活"。[27]

赫夫纳认为，基督教对于人类的性行为怀有一种深深的憎恨，其根源是一种二元思维，即认为身体和肉欲是邪恶的，而精神和灵魂是高尚的。从圣徒保罗开始，性行为就被看做是邪恶的肉体活动，只有出于生育的目的才能被容忍。"将性和罪联系在一起，我们就有了一个充满负罪感的社会，客观地看待性行为也几乎成为了不可能的事情。"他在评价基督教文化时说。[28]

赫夫纳补充说，基督教对于肉体的憎恨产生了更加糟糕的后果，那就是性压抑和审查制度。既然肉欲无法超越，教堂就试图用详尽的道德准则来约束它。赫夫纳声称，中世纪天主教的教义已经非常严格了，但在美国能把压迫变成一种艺术形式的却是加尔文教派。在殖民地时期它就压制追求享受的人，在美国历史中一直是一种压迫人的力量。赫夫纳认为，清教徒传统与国家恶意勾结在一起，创造了许多抑制享受的骇人听闻的事物，例如蓝色法规、反进化论法规和禁酒令。性行为成为狂热的基督教信徒的特殊攻击目标，他们针对乱伦、同居、通奸、鸡奸、色情文学、离婚、堕胎和节育制订了严格的法律限制。在赫夫纳看来，"正是从与性行为相关的法律中我们能够最明显地看出教堂与国家的结合如何干涉我们的个人自由"。[29]

最终，赫夫纳以理性的名义来对抗宗教。作为一名人文主义者和理性主义者，他鄙视基督教教义背后的盲从和迷信。"我们相信遵从道德和法律的社会，"他在"花花公子哲学"中表示，"但这种道德和法律是建立在逻辑和理性而非神秘主义和宗教教义的基础之上。"性行为就是一个明显的例子。他声称，教堂不合理地坚持性活动应该严格地限制在婚姻之内，忽略了性欲的存在和未婚人士的需求。宗教"只是说这些人的性行为是错误的，是禁忌，却没有妥善地处理好现实存在的问题"，他写道。[30]

在赫夫纳的世界观当中，基督教与美国生活方式中民主、自立和追求成功的价值观是格格不入的。他在"花花公子哲学"中充满激情地表示：

> 宗教建立在信仰之上；而民主建立在理性之上。美国的宗教传统强调无私，服从更高的权威，以及用一种悠久的、明确的、严格的方式来膜拜上帝；而民主宣扬自我的重要性，也就是相信自己和自身能力。宗教宣扬人应该为他人活着；而我们民主中的自由企业制度的思想基础是，最大的利益来自人与人之间的相互竞争……
>
> 美国多数有组织的宗教都植根于一种传统，这种传统将身体与邪恶，肉欲与罪恶联系在一起，将人类的思想、灵魂与肉体对立起来；而民主的原则认为肉体与思想、灵魂之间不存在这样的冲突。[31]

在某种程度上，赫夫纳对于基督教的仇视源于对自身宗教背景的排斥。他在少年时代已经不屑于父母的信仰，"直到现在也是这样，"他在一次访谈中坦承。但是他对基督教的严厉谴责反映了60年代美国基督教内部的躁动。自第二次世界大战以来，以物质富足为标志的休闲文化日渐兴起，越来越多的主流新教徒和天主教徒开始质疑传统宗教对于物质享受和性愉悦的约束。此外，民权运动与进步政治结合在了一起，从而形成了一种力量，给教徒内部施加了一种社会活动的压力。一场更大的危机爆发了。许多信徒开始怀疑基督教价值观是否仍适用于现代社会。60年代中期，持异见者发起了"上帝死了"的运动，将这种争论推向了高潮。在如此混乱的状态中，坚定的基督教捍卫者集结力量，打击异己。[32]

赫夫纳成为他们的主要攻击目标。60年代初，基督教传统主义者对"花花公子哲学"的批评数量如此之多，正如《哥伦比亚新闻学评论》中一篇题为《〈花花公子〉与传道士》的文章总结道："就算《花花公子》没有发现宗教这个靶子，宗教也会发现《花花公子》这个靶子。"一些宗教批评家炮轰赫夫纳提供的是"晒谷场道德"，而另一些评论更有深度。[33]

他们指责《花花公子》的出版人对于神学的理解甚为粗浅，指责赫夫纳没有把握新柏拉图派哲学对于中世纪基督教的影响，似乎完全不知道马丁·路德"对于人类性行为本质的坦率评价"，也没有意识到《新约圣经》中肯定"肉体方面的生活"是好的，甚至是愉悦的，只要发生在婚姻之内。但是，最令评论家们感到失望的是赫夫纳对于清教的理解。他们常常激动地表示，美国的基督教在19世纪初就在所有的主流思想中摒弃了清教徒思想，因此赫夫纳只是在与神学的风车作战。一名作者总结说，这位出版人"只是想让西方的宗教传统见鬼去，不管他是不是极大地误解了这一传统"。[34]

事实上，一些传统主义者声称，赫夫纳试图为年轻的都市读者创立一种"替代宗教"：《花花公子》就是圣经，兔头标志就是神圣的符号，花花公子俱乐部是"圣殿"，兔女郎是"女牧师"。一名批评者甚至声称《花花公子》有主祷文：

我们在麦迪逊大道和俄亥俄大街上的父，愿人都尊你的名为圣。愿你的国降临，愿你的旨意行在皮奥里亚，如同行在曼哈顿。

我们日用的马提尼，今日赐给我们。免我们的蠢，如同我们免了人的蠢。叫我们试探，救我们脱离清教徒。

因为国度、权柄、荣耀，全是你的，直到永远。阿门。[35]

反对者们称，赫夫纳世俗化的宗教推动了轻浮的享乐主义。牧师们称，享受和娱乐是《花花公子》道德观中唯一的利益，性是某种形式的娱乐，女人只是"最重要的一种消费品"。一名牧师在《天主教世界》中总结道："'花花公子哲学'提升了肉欲和物质的高度，认为它们本身就是目的——这是一种当代的偶像崇拜。"[36]

许多宗教批评家指出，"花花公子哲学"还使人类丧失了人性。赫夫纳推崇物质主义和肉体，忽视精神和灵魂，使人类变得不再完整。此外，他的哲学将个人鼓励起来，减少了建立真正有意义的关系的可能性。一名随笔作家称，真正的性反映的是一种对于结合了"精神之爱"与"肉体之爱"的情感联系的渴望，而赫夫纳的性爱观反映的是一种贫乏的、自私的个人主义，只受肉欲驱使，不能建立起人与人之间更为广泛的联系。一名批评家尖锐地问道："一本对性如此感兴趣的杂志偏偏在家庭问题上缄默不语，这不是很奇怪吗？"[37]

还有一些宗教评论家纷纷为赫夫纳辩护。给"花花公子论坛"写信的牧师中有一半人支持"花花公子哲学"，其中大部分是一神教派的信徒，这是自由主义神学中的一个小分支。卫理公会学院的一名牧师慨叹道，"你的立场比今天人们从教堂的讲台上听来的更像是基督教思想"。匹兹堡神学院的一位教授建议赫夫纳在美国教会史上为《花花公子》占据一席之地，还表示，"我会非常荣幸参与其中"。1964年，一名牧师在布道时称赞赫夫纳，认为他"敢于质疑西方传统中破坏美好生活的哲学"。在他看来，"花花公子哲学"与"一种自由的宗教理想"结合在一起，肯定了"生活的目的是赞颂并永远地欣赏人类"。[38]

宗教界的上述反应，不论褒贬，都让赫夫纳激动。他断定这表明人们对他非常重视，认为他的文章"为关于美国社会和性道德的新一轮的讨论和审视提供了催化剂"，并且融入了"神学、哲学、医学、心理学和社会学的新见解"。他还采取了行动，为订阅《花花公子》的牧师们提供了很低的折扣，还派安森·芒特去位于田纳西州塞沃尼的新教圣公会神学院学习。芒特后来在一系列公开场合亮相，成为《花花公子》在宗教问题上的发言人，捍卫"花花公子哲学"的神学意义。[39]

60年代中期，宗教界对于赫夫纳及其"花花公子哲学"的憎恨逐渐削弱，因为社会活动的潮流愈演愈烈，使得自由派新教向他靠拢。例如，1964年在纽约举行的一场电台圆桌讨论成为了寻求共同立场的一次努力。三位当地的神职人员——神父诺曼·奥康纳、主教理查德·加里和犹太教学者马克·坦嫩鲍姆，与赫夫纳一起探讨宗教道德观和婚前性行为、通奸和节育。赫夫纳欣喜地发现他们对于道德缺乏确定性："不论你们从各自的宗教里列举绝对的性标准或性准则时遇到怎样的困难，我想，这都积极地反映了在宗教社会和世俗社会中发生的灵魂追寻和重新评价。"[40]

《花花公子》的内容也反映了与自由派基督教的这种和解。1966年，牧师威廉·汉密尔顿撰文《上帝之死》，欢呼上帝死去这一具有解放意义的事件使得人类能够解决自己的问题。次年，杂志召开了"花花公子专题研讨会：宗教与新道德"，召集了一批知名的进步牧师。与会者广泛地讨论了现实状况后一致认为，现代生活要求改革道德观，加入境遇伦理学的内容，以更宽容的态度对待性表达。[41]

然而，最能代表60年代初自由派基督教观点及其对《花花公子》宽容态度的当属哈维·考克斯。早期他是杂志的批评者，在1961年撰文《花花公子的男性说》，流传颇广。1967年，他出现在双方和解的"花花公子专题研讨会"上。同时，他在若干公共论坛上成为了赫夫纳的论战盟友，甚至在康奈尔大学的一次露面中表示，由于《花花公子》近年来致力于道德问题，他本人已经成为了杂志的粉丝。考克斯还成为了《花花公子》的投稿人，发表了《教会起义》，坚称"我们继承的神学教义和宗教形式已无多少用处可言"；以及《以上帝之名》，敦促基督徒拥抱"耶稣的革命性变革"。[42]

赫夫纳的"花花公子哲学"以及与美国基督教领袖的广泛接触在60年代为这位崛起的出版人及其杂志赋予了一种严肃的新角色。这项事业不再仅仅是为男性提供娱乐的一个场所，或者为读者享受美国休闲文化的一份指南，还成为了一种新闻界的地震仪，能够测量出动摇战后文化基础的深层震荡。随着《花花公子》遭遇一系列的社会和政治问题，地震仪上的指针开始不停地摆动起来。

第十章　幸福大爆炸

　　这是一篇散文，时而优美，时而尖锐，风格荒诞不经，标点用得大胆，措辞干脆利落。"新新闻学"的代表人物汤姆·沃尔夫在1965年来到芝加哥，探索休·赫夫纳的非凡世界。他在花花公子大厦里逗留，在这位总编辑的卧室里观察他办公的情景，努力把握他的本质。他视赫夫纳为现代美国"新生活"的眩目新标志之一。最终，他在《纽约先驱论坛报》的周日刊物中发表了自己的研究成果。

　　在沃尔夫看来，世世代代的美国人一直都在追求财富和社会地位的提高，直到50年代和60年代初的经济繁荣使他们摒弃了追逐地位的游戏。"他们正在使用战后美国大量的时间、金钱和技术，"他写道，"来创造前卫的生活方式，使得纽约文化界和时尚界人士看起来仿佛19世纪舞会上的遗老遗少。"他们在自己的住所内使用了大量的消费品，创造了"低调却非凡的电子世界"。[1]

　　休·赫夫纳就体现了这种新的生活方式。他栖息在一张巨大的旋转床上，穿睡衣、拖鞋和长袍，动动指尖就可以触碰到十几个开关来移动床，操作电视，调节音响和灯光，管理录影系统。沃尔夫描述道：

　　　　赫夫纳的才华在于摆脱了传统的地位之争，利用金钱和技术将自己的住所变成了舞台，并作为无可争议的主演登上了这个舞台。通过对机器越来越复杂的使用，赫夫纳与纽约之外数百万的家居设计者将他们的家变成了乐园，营造了自成一体的时尚氛围。

赫夫纳提供的不仅仅是一种强烈的性幻想，更是一种试图控制环境的无限想象——中产阶级新的生活方式使这些臆想的实现成为了可能。

赫夫纳体现了一种新的王权，沃尔夫称他为"遁世之王"和"消费之王"，代表了一种新型的美国人。他与许多美国公民一样，拒绝传统的行动准则，利用财富来追求个人满足和享受，引发了"幸福大爆炸"。[2]

许多人赞同，赫夫纳代表了美国社会中一种崛起的反叛精神。他诱惑美国人"追求以往嗤之以鼻的东西：享乐……婚外性……还有自信的伪知性主义。"《生活》杂志表示。《形象》杂志则引用了他的宣言，他称《花花公子》的出版就像是"挥舞着一面自由的旗帜，在独裁统治下尖叫着表示'反抗'"，但杂志并不认同这一观点。文化批评家马尔科姆·马格里奇认为，赫夫纳试图"抛弃犹太教和基督教的性观念"。换言之，《花花公子》的出版人不仅是非法图片的提供者，还是一名社会颠覆分子。[3]

赫夫纳不断变化的形象预示着美国社会中更大的不满情绪。60年代中期，一种反叛的精神在积累，它结合了对于传统约束的不满，对于长久以来等级制度的批判以及对于追求个人满足的愿望。史学家戴维·法伯表示，美国的富足使人们相信"物质匮乏年代的旧规则以及勤俭和先苦后甜的传统道德已经失去了立足之地……文化权威，即制定行为规则的权力有待争夺"。在60年代的美国，一种文化的躁动开始显现，没有人知道最终的结果是好是坏，抑或是有好有坏。赫夫纳也不知道，但他感觉到了《花花公子》会参与到最激烈的行动中。[4]

1

60年代早期，《花花公子》继续探讨性、消费和娱乐等熟悉的话题。当然，色情题材仍然占据主导地位，读者们可以看到许多旧栏目——"当月花花玩伴"、"经典情色作品"、"花花公子聚会笑话"和"瓦尔加斯女郎"。新栏目有"纽约女孩"、"里维埃拉女孩"，甚至是"俄罗斯女孩"，这有助于化解冷战矛盾；"为比基尼女郎干杯"展示了女性的身材；名人特写"暴露程度最大的杰恩·曼斯菲尔德"和"布丽吉特·巴多特：性感小猫长大了"；成人连环画"小安妮·范妮"于1962年10月开始连载；"电影中的性"始于1965年4月，由影评家阿瑟·奈特和霍利斯·阿尔珀特编辑，对一年来电影中的情色镜头进行盘点。

杂志以一贯的方式继续倡导高品位的消费和时尚的生活。关于法式烹饪、音响设备和现代艺术品选购的指导性文章出现在杂志上。此外还有广受欢迎的老栏目，罗伯特·L. 格林编辑的"服饰"、托马斯·马里奥编辑的"美食"和罗伊·奈曼编辑的"休闲男人"等。1960年开办的新栏目"花花公子顾问"承诺"就都市男性感兴趣的各类话题回答你的提问——从时装、美食、美酒、音响、跑车到约会中的难题、品位和礼仪"。《花花公子》经营多年的广告业务也增添了读者对于现代富足生活的想象，产品包括百龄坛苏格兰威士忌、温布利领带、雷诺太阳镜、梅花烟斗和万星威睡衣和睡袍等。[5]

在娱乐方面,"下班后的花花公子"继续预告电影、喜剧和音乐;对托尼·柯蒂斯、伊丽莎白·泰勒和理查德·伯顿等人的介绍使观众能够了解这些最炙手可热的人物的动态;"在现场"报道了让-保罗·贝尔蒙多、斯坦利·库勃里克和鲍勃·迪伦等娱乐新星和艺术家;"猪皮预测"和"花花公子爵士乐大投票"仍然是一年一度的热门栏目;1963年10月,杂志开始连载莱尼·布鲁斯备受争议的自传《如何说粗话并影响别人》。

60年代初,《花花公子》也提升了在短篇小说方面的文学声誉。阿瑟·C.克拉克、雷·布雷德伯里、查尔斯·博蒙特和肯·珀迪等老朋友都在,布鲁斯·杰伊·弗里德曼、欧文·肖、菲利普·罗思和约翰·勒卡雷等年轻的作家也加入进来。亨利·米勒、毕加索和罗素等著名艺术家和作家的作品也为杂志增辉不少,艾尔弗雷德·卡津和莱斯利·菲尔德等人则发表了激进的文化评论。[6]

1960年至1965年间,《花花公子》的传统节目也得到了大幅扩张。创办于1960年11月的"花花公子专题研讨会"提供了一个场所以针对公共事务展开争论。在该论坛中,拉尔夫·金兹伯格、诺曼·梅勒和奥托·普雷明格思考了"文学艺术作品中的性和审查制度";而马奎斯·蔡尔德、参议员雅各布·贾维茨以及万斯·帕卡德就"商业伦理和道德"交换了观点。[7]

著名的"花花公子访谈"始于1962年9月,采用问答的形式,不仅吸引了迈尔斯·戴维斯、比利·怀尔德、弗兰克·西纳特拉、理查德·伯顿等娱乐明星，还吸引了政坛、文艺界、新闻界和哲学界的人物。印度领袖尼赫鲁、哲学家让－保罗·萨特、劳工领袖吉米·霍法和流行巨星披头士乐队都成为了节目的嘉宾。"花花公子论坛"始于1963年7月，旨在鼓励针对赫夫纳的"花花公子哲学"系列展开辩论，显示了《花花公子》对现代社会事务日渐深入的参与。[8]

杂志的成长带动了公司的扩张。第二家和第三家花花公子俱乐部在迈阿密和新奥尔良相继开张，到了1965年，俱乐部扩张到了凤凰城、纽约、洛杉矶、旧金山、底特律、巴尔的摩、波士顿、亚特兰大和堪萨斯城。1962年夏末，维克托·洛恩斯离开了公司，这对业务造成了些许影响。起因是他与基思·赫夫纳发生了冲突，基思管理着花花公子俱乐部，情绪多变的洛恩斯一直眼馋这个位置。他对基思的管理能力大加挞伐，赫夫纳则坚决地驳斥他。"你看，维克托，"他说，"如果你除了胡说八道外什么也不干，那就不用待在这里了。"不久后，洛恩斯就辞职了。[9]

在所有的项目中，纽约的花花公子俱乐部发出了唯一不和谐的声音。由一名虔诚的教徒领导的一家城市委员会以花花公子俱乐部的女招待衣着暴露为由拒绝给它颁发歌舞表演的执照。经过上诉，纽约州高级法院的法官命令城市委员会颁发该执照，表示"申请者没有必要让女员工们穿着水手衫、灯笼裤、高领毛衣、长统靴和长大衣"来满足这名委员个人的道德准则。几个月后，《生活》杂志披露纽约州酒类管理局敲诈勒索酒吧、俱乐部和出售酒类的商店。事实表明，花花公子俱乐部被迫缴纳7.9万美元以获取酒类经营执照。赫夫纳发表声明说，他的公司迫不得已缴纳了这项费用，但后来向区律师和大陪审团揭发了这一行径。在一场针对数名州官员腐败的审判中，《花花公子》被证实遭到了敲诈勒索。纽约花花公子俱乐部在1962年12月8日举行了开业典礼。[10]

公司的其他项目进展顺利。"花花公子旅行社"提供度假套餐；"花花公子美食家"提供的是一本美食美酒手册；兔头标志装饰着系列衍生商品：珠宝、服装、日历、吧台饰品、钥匙链、打火机和高尔夫装备；《花花公子枕边书》精选了杂志中最好的文章和故事；《罗伊·奈曼作品集》和《阿尔贝托·瓦尔加斯作品集》分别汇集了两位艺术家在杂志中发表过的作品；1964年9月28日，花花公子剧院在芝加哥开张，这是对原来的冲浪剧院进行了全面的翻修。次年春，赫夫纳以270万美元购买了密歇根大街著名的棕榈大楼的租赁合同，在大规模的装修后，花花公子公司占据了这栋37层高的大楼中约25%的空间，将其改名为"花花公子大楼"，整个城市都能望见的楼顶灯箱，成为了杂志的醒目招牌。几个月后，《性与单身女孩》的作者海伦·格利·布朗将《时尚》杂志改造成了《花花公子》的女性版。[11]

赫夫纳对花花公子帝国的全面扩张带来了利润的激增。1964年的年报显示，杂志的销售额达到了240万美元，到1965年初有望突破300万美元。随着杂志招揽到了固特异轮胎、法尔斯塔福酿酒公司、海军上将牌电视、法巴芝男士香水和舒适牌剃须刀等主流客户，广告收入大幅攀升。从杂志发行、广告和附属产品中获得的总销售额接近2100万美元；从花花公子俱乐部获得的销售额超过1200万美元；花花公子衍生商品的销售额超过100万美元。总销售额比上一年增长了43%。[12]

60年代末，矗立在芝加哥密歇根大街上的高达37层的花花公子大楼，楼上带有公司名称的灯标。

赫夫纳保持着对《花花公子》杂志的统治地位。作为出版人、总编辑和指路灯，他控制着杂志的一切，从编辑政策到视觉形象到运营的方方面面。杂志的丝毫动向都逃不过他的眼睛，大量长篇累牍的备忘录透露了他接近于强迫症的完美主义倾向。

赫夫纳在1960年创办了"花花公子顾问"栏目，并且制定了一整套规矩，指导如何回答关于约会、就餐和着装等方面的问题。他监督这个栏目，对编辑的答案品头论足（通常要求回答时要有力量、充满感情色彩），也评论经过编辑的读者来信（通常需要避免可怜兮兮的语气）。他还监督一些特别的项目，例如"花花公子寓所"系列和"电影中的性"系列。[13]

赫夫纳长期处理杂志的视觉事务。1962年，他写了一封长信，就

"花花玩伴"的照片发表意见。他教导说,读者应该"感到自己好像认识这个女孩——了解她的内心想法,她的希望和梦想,她的恐惧,和她的渴望"。几乎同时,他撰写了一篇长达19页、密密麻麻的文章,评论过去一年中杂志的图片和设计。他从一期期杂志、一张张照片、一幅幅画作谈起,细致入微地分析了可以改进的每一个细节。[14]

赫夫纳的注意力延伸到了花花公子帝国的所有领域。他关注俱乐部的管理,亲自审批每一种衍生商品和每一项出书计划。即便是在花花公子日历这样的小项目上,他也会斥责图片部门和艺术部门没有更加协调、细致地开展工作。[15]

最小的细节也会引起他的注意。在一份备忘录中,他命令,"在花花公子所有的办公地点,各楼层的所有前台在工作时间内都不得嚼口香糖"。另一份备忘录指示,花花公子大厦里那两座身披盔甲的雕像需要清洗和重新安装,"在盔甲腰部以下的部位要用锁子甲来代替天鹅绒"。他视察大厦中的每一间卧室和公寓,为每一个房间提供装饰、家居、挂画、毛巾、浴巾、烟灰缸、钥匙和租金等方面的指导。[16]

在赫夫纳的领导下,在60年代初,花花公子的规模和影响力越来越大,利润也越来越高。它依靠许多熟悉的因素来提供"男性娱乐",但也开始在很多方面修正传统的做法。几乎没有人能够预料到,赫夫纳逐渐进入了公共事务领域。

2

随着60年代的到来,赫夫纳断定,杂志如果要成长,"我们就应该关注主要的社会事务，因为它们使许多人无缘享受我们在杂志中倡导的那种生活"。"花花公子哲学"体现出杂志对于社会事务的关注胜于对于挑逗技巧、餐桌礼仪和新款晚礼服的关注。此外，赫夫纳及其杂志把握住了60年代初席卷美国、颠覆传统的妇女解放运动的精神。杂志开始倡导一场自由运动，目的不是完全推翻社会经济体系，而是消除障碍以更充分、更自由地融入该体系。《花花公子》的立场代表的是开明、时尚、富有的人士一种正式的反文化。[17]

若干年轻编辑的加盟促使《花花公子》树立了新形象。60年代初，斯佩克特斯凯聘用了谢尔登·瓦克斯、默里·费希尔和纳特·莱尔曼。他们为杂志带来了新鲜的视角和活力，增强了杂志对于社会和政治的敏感度，影响了它的自由主义倾向。"60年代初，我们在做很有意思的事情，尤其是在性、公民自由和民权领域。"莱尔曼回忆说，"事情不断地发生，观点不断地涌现。《花花公子》总是领先这些观点一步。"[18]

某些新类型的文章开始出现。保罗·古德曼针对国家的学校制度写了一篇尖锐的评论；J. 保罗·格蒂写了一系列与商业有关的文章。两人都认为，民众对于经济安全的追求在美国社会造成了一种从众心理，阻碍了自主性和创造性。朱利安·赫胥黎爵士则警告说，在"超生的时代"中，人口的增长正威胁着地球上的物质资源和社会结构。[19]

在文化方面，备受争议的作家兼剧作家特里·萨瑟恩声称，电影，因其强大的感官效果和对现实问题的处理已经取代了小说。逐渐兴起的毒品文化也引起了关注。丹·韦克菲尔德回顾了吸食大麻的历史，列举了它的弊端，而理查德·卡特探讨了美国人对于各种药品——药片、药液、胶囊、软膏的热爱，认为它是通往身体和精神完美状态的路径。[20]

《花花公子》关注政治。1963年，威廉·F.巴克利和诺曼·梅勒就"右翼在当今美国扮演的角色"展开了辩论。巴克利捍卫保守派对于道德观的认识以及在主流社会中对于极权思想的纵容，但梅勒认为保守主义不过是"反动分子和个人主义者、法西斯分子和自由论者的综合"。在"自由主义的困境"中，著名评论家马奎斯·蔡尔兹声称，进步分子在解决当今的问题时需要大胆超越新政传统的藩篱。[21]

《花花公子》社会意识崛起的最显著标志当属其在种族问题上的立场。赫夫纳长期以来对于种族平等和民权运动的支持为此奠定了基础。在电视节目《花花公子的阁楼风情》中，他坚持请黑人演员演出，请黑人嘉宾与白人嘉宾一起上节目。他在节目中对话"门道歌手"，这是一个音乐组合，成员是三名白人男性和一名黑人女性。他们讨论了该组合由于种族混合而不能建立人际网络的问题。随后，几家南方电视台拒绝播出这期节目，维克托·洛恩斯对媒体说："赫夫纳和我不会让步。电视可以成为终结种族歧视的巨大力量……在这个问题上，我们收到的绝大多数抗议信都是白痴写的。"[22]

60年代初，赫夫纳支持黑人小萨米·戴维斯与白人梅·布里特结婚，这场婚姻在当时备受争议。他还参加了纽约一场向小马丁·路德·金致敬的义演，捐了一大笔钱。随着多家花花公子俱乐部的开张，赫夫纳坚决执行种族融合的政策。他欢迎黑人嘉宾，也常常邀请迪克·格雷戈里、乔治·柯比、斯莱皮·怀特和弗利普·威尔逊等黑人喜剧演员进行表演。1961年，新开张的新奥尔良花花公子俱乐部允许黑人客人进入，引发了巨大争议。《村声》杂志的一篇文章披露了事实，即这家夜总会原来是由当地老板经营，拒绝非裔美国人入内。赫夫纳向该杂志的编辑写了一封义愤填膺的长信，解释说花花公子是"一家开明的组织，如今却被迫服从新奥尔良当地的形势"。他表示将不遗余力地在这家俱乐部中实现种族融合。事实也的确如此，母公司很快从经营权所有者手中回购了新奥尔良和迈阿密两家俱乐部，实施了种族融合的政策。[23]

全美各地，尤其是芝加哥的非裔美国人表达了他们的感激之情。黑人媒体上的文章称赞花花公子公司的非歧视性雇佣政策，引用了赫夫纳的话——"在我而言，不论是在个人生活还是商业世界里，我只依据品德来评价他人，从不在意他的种族、肤色、国籍或宗教。"1962年赫夫纳分别从两家芝加哥的团体那里得到了"友爱奖"和"善良同胞奖"，理由是他"在雇佣员工时坚持机会平等的基本原则，不考虑肤色、信仰、性别或出生国。"[24]

赫夫纳与备受争议的黑人喜剧演员迪克·格雷戈里的关系体现了他的种族立场。1961年，芝加哥花花公子俱乐部聘请当时名不见经传的当地喜剧演员格雷戈里做一场表演。凭借着令人耳目一新的表演风格和对美国种族关系等敏感问题的巧妙处理，格雷戈里很快走红。"种族隔离也不见得就是坏事，"他说，"你听说过在车祸中有后排乘客受伤的吗？"或者"我不介意纳税，如果是一个友善的国家在征收的话"。后来，这名喜剧演员成为了一位敢于直言的民权活动家，赫夫纳一直是他的朋友和支持者，并为他的书《从汽车后排的座位站起来》（1962）作序。1964年夏，格雷戈里悬赏2.5万美元征集密西西比州三名失踪的民权主义者的线索，赫夫纳甚至为他提供了担保。[25]

赫夫纳的民权立场在60年代初的《花花公子》杂志中得以体现。他鼓励员工发掘非裔美国人担任"花花玩伴"。"如果一个女孩真的漂亮，我想读者应该会欢迎，不论她的种族是什么。"他写道。第一位黑人"花花玩伴"珍妮弗·杰克逊出现在1965年3月的杂志上。"花花公子访谈"也采访了民权运动中的著名人士，例如格雷戈里、马丁·路德·金和卡修斯·克莱。[26]

最为戏剧化的"花花公子访谈"发生在两个人之间，他们在种族问题上的观点针锋相对。1963年5月，马尔科姆·X公开表达了反对种族隔离的激进观点，宣称："我不知道世界末日的善恶决战什么时候发生，但我知道白人快要完蛋了。我们身边处处都有迹象。"接着，美国纳粹党领袖乔治·林肯·罗克韦尔阐述了他"白人至上"的邪恶信仰。他在自己的地盘上接受了非裔美国记者亚历克斯·黑利的采访。他在诋毁黑人和犹太人时，身边的桌子上放了一把枪把镶满珍珠的左轮手枪。他们之间的谈话令人后背发凉，久久难忘：

罗克韦尔：我这么说不是针对你个人，但是我想让你明白，我不跟你们这类人混在一起，我们称你们是"黑鬼"。

黑利：我有很多次被称为"黑鬼"，但为此还能拿到钱的，这倒是头一次。所以，你接着说。你为什么反对我们"黑鬼"呢？

罗克韦尔：我只是觉得你们滚回非洲去才会更幸福……平

等或许是（民权运动）冠冕堂皇的借口，实际上，这意味着种族融合。你们推得越起劲，白人就变得越疯狂。[27]

《花花公子》在种族问题上的敏感特别影响到了两篇文章。1962年7月，纳特·亨托夫发表了《透过种族的镜子》，慷慨激昂地恳请大家了解非裔美国人团体的新斗争。他表达了"美国黑人中种族自尊心的暴涨"及其对于民权进步的缓慢速度和持续的经济歧视的一贯不满。在另一篇文章中，著名黑人作家詹姆斯·鲍德温讨论了他在艺术上探索种族问题的努力。"我想要实现的，"他动情地总结道，"是（非裔美国人）这一隐匿的群体在人格上与其他人、你们以及你们的孩子都是平等的。"[28]

60年代初，赫夫纳及其《花花公子》在社会和政治问题上的导向反映出一种肯尼迪式的敏感。它倡导活力、青春和勇敢，宣扬了崭新一代的主题，肯定了追求自由的事业。《花花公子》表明，对于人类自由事业的支持是现代时尚男性的又一标志。但是，具有讽刺意味的是，赫夫纳在公共事务上越来越投入，在个人生活上却步步后退。他很少离开花花公子大厦这一狭窄的环境，很少与外界接触，夜以继日地工作，几乎没有时间概念。赫夫纳的梦想，在外人看来仍然生动，如今更加深入他的内心，成为一个私人的梦想。

3

花花公子大厦中的社交环境实现了赫夫纳搬进来时的所有梦想。他着眼于娱乐的功效，对这所保存良好的老房子进行了翻修。60 年代初，大厦里常常举办奢华的晚会，放映电影，宾客云集。投身其中的人们常常觉得陷入了"一种没有时间、没有空间的感觉"，诺曼·梅勒描述说。"人们像是乘坐远洋客轮在海底游览，或是乘坐宇宙飞船漫游在银河系里，大厦里的一夜，世间的一年。"[29]

在这里，男女之间的性活动增添了乐趣。他们在巨大的舞池、室内的泳池和地下酒吧调情。"不论男女，我们都喜欢这种处处留情的生活……彼此之间绝无约束。"基思·赫夫纳描述说。"老规矩统统不管用，"默里·费希尔说，"这就好像是进入了一个婴儿乐园，你可以尽情地吃你想吃的糖果，却不用担心发胖。"大厦的氛围令许多身临其境的人感到震撼。鲍勃·霍普曾经拿赫夫纳的聚会开玩笑说："这里是这个家伙的世界。他只不过是让我们在这里玩玩罢了。"[30]

但是，对于赫夫纳来说，这种欢乐无忧的画面渐渐模糊，他越来越远离这种他一手创造的享乐环境。他总是待在花花公子大厦里，参加电影的放映活动，在聚会上亮相。但他同样会隐居起来。他开始写作"花花公子哲学"时就放弃了杂志社的办公室，改用花花公子大厦里的卧室。工作时，他穿睡衣，吃垃圾食品，猛喝百事可乐，拉着厚厚的窗帘阻挡阳光。不管是白天还是黑夜，他饿了才吃，困了才睡。他成为了一名隐士。"我很少出门，但我干嘛要出门呢？"赫夫纳在谈及他与众不同的生活方式时说，"我想要的一切都在这里了。"[31]

然而，不仅如此，赫夫纳在身体和情感上的这种隐退很大程度上源于一种化学药物。50 年代末，他沾染上了一种嗜好，这在接下来的十年里会大大破坏他的编辑能力。1957年,他抱怨说令人精疲力竭的工作安排让他常常在办公桌前睡着。维克托·洛恩斯建议他服用一种抑制食欲、刺激中枢神经的药物,说这种药可以让人保持清醒,不犯困。赫夫纳试了一下,高兴地发现它的确能振奋精神,提高注意力。他开始大量服用,据洛恩斯说,他很快就能"一连三、四天不吃不睡,眼都不眨,夜以继日、孜孜不倦地工作,身上带着一种躁狂者的偏执"。[32]

1958年,赫夫纳对药物产生了依赖。"我们能不能再搞点儿药来,手头儿有个活儿,要熬通宵呢。"他在6月的一份备忘录中写道。几个月后,他又写道:"能不能再送点儿药到四楼来——余量已不多,要知道,《花花公子》的整个运作如今都依靠这些橘色的小药丸了。"[33]

自然,这种药物令赫夫纳在工作中的判断越来越怪异。斯佩克特斯凯向赫夫纳抱怨说,他这种靠药物支撑的工作日程让员工几乎没有机会向他请示,也培养出了对于华丽散文的不良偏好。"我想,等你真的坐下来开始读一篇文章时,你根本就集中不了注意力,眼里只剩下标题了。"斯佩克特斯凯写道,"这他妈的让我们这些生活规律的人根本就没法知道你到底在意什么,会作何反应。"[34]

60年代初,赫夫纳对于药物的依赖引起了严重的问题。1960年,雷·拉塞尔辞职,转作自由职业作家。同时,他对老板失去了耐心:"他的观点和判断力已经扭曲……赫夫纳一直都是个好老板,但现在我不确信什么时候是在为他工作,什么时候是在为那些药丸"。迪克·罗森茨魏希自1963年开始担任赫夫纳的行政助理,见到老板时大惊失色,因为他看上去仿佛"刚从达豪集中营里放出来,浑身皮包骨头,因为药物夺走了他的食欲"。[35]

药物影响了所有的一切，促使他写大量的备忘录。他整夜不眠，对着录音电话喋喋不休，内容随后被转写为文字，发放给备受折磨的员工。"如果一件事能用10个字说明白，赫夫纳从来都要说100个字，任何一件事他都要重复三四遍。"洛恩斯说，"我们总是说一个笑话，你要是想读这些烦人的备忘录，最好自己也吃一片药。"编辑会议的召开没有规律，常常会突然取消，而且总会延期。部门经理会让罗森茨魏希看看赫夫纳处于服药周期的哪个阶段，然后再决定预约什么时间来汇报工作，因为他们知道赫夫纳在放纵之后脾气会变得极度暴躁。药物也塑造了"花花公子哲学"躁狂的一面。研究助理们称赫夫纳为"恶魔般的"隐士，隐居在他的卧室里，药瘾发作时会从所有能够想象到的角度来审阅材料，之后昏昏沉沉地睡去，周而复始。[36]

1965年秋，杂志社开始写作和发表一篇题为《芝加哥大厦》的文章，讲的是赫夫纳寓所的故事。此时，药物的作用达到了极致。赫夫纳很看重这个项目，写作的过程因此受到了药物的左右。初稿完成后，他写了大量的备忘录；稿子修改后，备忘录就更多了。几周后，斯佩克特斯凯招架不住了。"这是全体员工按照你长达57页的备忘录中的指示，忙碌了整个周末加上星期一的成果。"他写信给赫夫纳说，"赫夫，对此我失去了一切判断……我想不出我的生命中有任何经历像这一次一样，我被一项工作打败了。为了它，我日夜不得安宁，连做梦都梦见它……你能在家里找到我；我病了，上床休息了。"[37]

在最后期限到来的前一周，赫夫纳接手了写作任务，让默里·费希尔协助他。对于费希尔来说，一段难忘的痛苦经历开始了。他坐在赫夫纳身边，一连几个昼夜地工作，偶尔停下来胡乱塞一口汉堡包或者睡几个小时。"他喝可乐我也喝，他吞药品我也吞，我越这样做，就越觉得他的行为是正常的。"费希尔回忆说。赫夫纳花费大量的时间不厌其烦地检查每一个句子，斟酌每一个词。"到了第四天，我们都产生了幻觉，形象栩栩如生，但不幸的是，内容不尽相同。"费希尔描述说。他们最终在感恩节的凌晨完成了任务，这位助理编辑坦言，他"有许多需要感激的：无论如何，我活下来了"。[38]

然而，赫夫纳的隐居生活并未玷污他的形象，相反，增添了他的神秘感。他不断引起争议，1963年11月他因一起传播色情内容的指控出现在芝加哥的一家陪审团面前，这场审判占据了当时许多报纸的头条。芝加哥公民健康阅读组织是一家天主教团体，莱尼·布鲁斯在因传播色情内容被捕后坚定地为自己辩护，使这家组织感到深受冒犯，因此控告了赫夫纳，芝加哥的警察因《花花公子》刊登的杰恩·曼斯菲尔德的照片逮捕了赫夫纳。报纸、广播和电视对此进行了广泛的报道，观众挤满了芝加哥市法院的审判庭，这里成了马戏团。一家《花花公子》的媒体代理公司在现场分发"花花公子哲学"的复印本。为赫夫纳和他的律师准备的咨询室里展示了教皇的一张全彩色照片。原告声称，曼斯菲尔德的照片会激发人们的性欲；赫夫纳的律师对此进行了回击，他列举本杰明·富兰克林的"给青年人的一封信：关于选择情妇"，称他为"1776年的花花公子"。在一位漂亮的"花花玩伴"的陪伴下，赫夫纳出庭作证说，他的杂志中只有5%的内容是全裸或半裸女郎。陪审团无法裁决，拒绝宣判这位出版人有罪。控诉被撤回，赫夫纳无罪释放，他的形象得到进一步提升，他成为言论自由的捍卫者。[39]

赫夫纳在60年代的爱情生活也满足了大众的想象力。这位《花花公子》的出版人誓将色情进行到底，表示"我很清楚地记得某一刻我第一次意识到，在过去的一周里，我每晚都与一个不同的姑娘睡在一起。放纵、疯狂、刺激……等待多时之后，我终于找回了我的爵士乐时代，那是喧嚣的20年代"。花花公子大厦成为他实现梦想的"单身乐园"，用他的话说，"就算是我发现了火种或者发明了车轮，我都不会像现在这样对自己满意"。[40]

赫夫纳与"花花玩伴"有过多次随意的性接触。在为1961年12月的杂志拍摄"花花玩伴假日豪宅聚会"时，他与参与其中的12名"花花玩伴"中的11名有过性关系，据琼妮·马蒂斯透露。赫夫纳以自己的唐璜形象为荣，表示"名气会让你在女人面前更有吸引力"。他与唐娜·米歇尔之间发生了一段著名的恋情。米歇尔18岁，是一名芭蕾舞演员兼演员，非常性感，曾当选1963年"年度最佳花花玩伴"。她陪同赫夫纳在曼斯菲尔德淫秽照片一案中出庭。肯尼迪总统遭到暗杀后，芝加哥夜生活中断，相关报道占据了电视节目，她为此闷闷不乐。1964年初，她陪赫夫纳去牙买加度假一周，后来很快就分手了，她追求电影事业去了。[41]

在这一时期，赫夫纳定期约会两名年轻姑娘。他的固定女友在1961年至1963年间是辛西娅·马多克斯，而在1963年至1968年间是玛丽·沃伦。他与这两人走得很近，彼此之间的关系能够在很大程度上反映出他当时的思想状况。赫夫纳为性解放的氛围感到欢欣鼓舞，坚持在恋爱中占据主动，把这些年轻的姑娘融入了自己的生活和工作中。

辛西娅·马多克斯于1959年开始为《花花公子》工作，开始是前台，逐步晋升为漫画部门的编辑。她非常漂亮，用赫夫纳的话说，"金发碧眼，皮肤吹弹可破，身材凸凹有致，是高中生在书桌前幻想的对象"。马多克斯起初吸引了维克托·洛恩斯的注意，洛恩斯疯狂地追求她。有一次吃午饭时，洛恩斯在桌子底下把手放在了她的膝盖上，马多克斯冷冷地看着他，抓起那只手，把它拍到了桌子上。赫夫纳看着洛恩斯当众出丑，很是得意。[42]

1962年12月，赫夫纳与女友辛西娅·马多克斯在纽约花花公子俱乐部的开业典礼上。

赫夫纳自己也盯上了马多克斯，认为她对洛恩斯的坚决拒绝令人钦佩，也很享受追求她的挑战，因为"她是公司里的处女，每个人都知道，她很在意这一点"，他说。两人开始约会，开始了一段梦幻之恋。马多克斯最终决定确定关系时，赫夫纳安排了一次到西海岸的旅行，在贝弗利山酒店租了一间小屋。回到芝加哥后，马多克斯就搬进了花花公子大厦里的一间公寓。[43]

这对情侣之间有着融洽的工作关系。作为助理漫画编辑，马多克斯每周有很多时间与赫夫纳一起工作，他们"在漫画方面的观点惊人的一致",用她的话说。他们共度周末,每周的工作日里也会共度一两个晚上。她陪赫夫纳到纽约参加"花花公子爵士乐大投票"的颁奖活动,去洛杉矶拜访艺术家阿尔贝托·瓦尔加斯夫妇。马多克斯的美貌使她很自然地登上了杂志,在1962年到1966年间五次担任封面女郎。[44]

他们有很多共同的兴趣,一起观看30年代纳尔逊·埃迪和珍妮特·麦克唐纳联袂主演的老电影,一起商量着为花花公子大厦购买现代派的画作。但马多克斯的嫉妒心很强,这让赫夫纳感到不舒服。1962年纽约花花公子俱乐部开张时,一名褐发美女尾随赫夫纳来到他的房间。赫夫纳正在礼貌地拒绝她,这时马多克斯回来了,认定他是在鬼混,大发雷霆。"辛西娅发脾气的时候是会扔东西的,"赫夫纳说,"她先是扔了一本书,又把手伸向台灯,这时电话响了……她把自己锁在浴室里,过了很久才相信我真的没干什么,我们这才重归于好。"[45]

马多克斯欣赏赫夫纳的温和风趣,喜欢大厦里歌舞升平、名人云集的精彩生活。这种生活感觉"自己仿佛是个电影明星",她对一名记者说。但她同时逐渐感到自己陷入了名人男友的生活中,两人的活动都围着赫夫纳转,她抱怨说,他主导了两人之间的对话和分歧。"有时,上帝啊,我都觉察不到自我的存在,"她在一次报纸访谈中说,"我想要找到一个人,他能够真正地在乎我,尊重我,记住关于我的东西——一个在我离开后会想念我的人。"[46]

马多克斯越来越为赫夫纳与其他女人之间的调情感到困扰。"我跟赫夫的约会大约持续了一年,他同时还约别人,我不喜欢这样,他也知道。"她在纪录片《最》中抱怨说。(她还塑造了一个弱智美女的经典形象。在一次采访中,她对采访者说,"我们反复讨论,试图很通……通……聪……明地解决问题"。她磕磕巴巴地说不出"聪明"这个词,尴尬地笑了笑,不小心弄掉了手中的道具,捡道具时衣服的肩带又滑落了。她想要平静下来,居然学着玛丽莲·梦露的样子打了个招呼,"嗨"!)她痛恨赫夫纳的双重标准,即他自己可以约会别人,而她必须忠实。在公共场合,她表现得若无其事,但"从内心来讲,我快被折磨死了"。有时,她在气头儿上时会把赫夫纳为杂志准备的材料扔到脚下踩。[47]

最终,受挫的马多克斯自己也投入了几段恋情。到了1963年夏,她与赫夫纳的关系逐渐冷却,开始看心理医生,希望找回自尊。两人渐行渐远,但日后保持着友好的关系。马多克斯表示:"当我离开时,是自己真的想离开了,并无留恋。"[48]

1963年夏末,赫夫纳遇到了20岁的玛丽·沃伦,她眼睛是蓝色的,高挑匀称,气质高贵。两人很快坠入情网。赫夫纳与唐娜·米歇尔分手后,两人保持了一段长期的关系。沃伦在杂志社担任前台,后来成为芝加哥花花公子大厦的迎宾兔女郎。与马多克斯一样,她遇见赫夫纳时也是处女。这种纯真一直吸引着赫夫纳,他坦言,他会觉得"这个女孩会爱你,而且只爱你。这是最重要的"。[49]

沃伦身上有一种不同寻常的甜美气质——安静、友好、温顺,这一点给许多见过她的人留下了深刻的印象。"玛丽身上有一种特别的东西,"纳特·莱尔曼说,"她没有棱角。"这一点或许源于她的宗教背景。她到《花花公子》杂志社工作时,母亲非常震惊,预测道:"下一步,你就会睡到赫夫纳的圆形床上去。"[50]

搬进花花公子大厦后，沃伦就把全部的精力放在了赫夫纳身上，她对赫夫纳的执着甚至成为了一种传奇。"如果一个女人的家、工作、电视和时间都围绕着他的需求转，那么她在生活上完全依赖于他也是可以理解的了，"谢尔·西尔弗斯坦说，"玛丽就是这样的。"她在大厦里的时间都是根据赫夫纳的需要安排，偶尔两人才会出去走走，在雨中散散步，去参加老城区艺术节，去夜总会放松一晚，或者去阿斯彭滑雪。赫夫纳喜欢她的温顺，称她为"我认识的最甜美、最有献身精神的女人之一"。[51]

然而，沃伦的投入是有一定代价的。她陷入了一种不安之中，在对赫夫纳长期的依赖中挣扎着要建立自我价值。1965年，《生活》杂志的一篇文章描述说，她坐在赫夫纳的卧室里，百无聊赖地做点儿事情，等着他从工作中抽出身来。"我不想打扰赫夫纳，"她说，"我从来都不可能有那么重要的事情要立即跟他说。"当被问及她是否对自己与这名出版人的生活感到满意时，她顺从地说："我认为这是一种荣幸，一种愉悦，一段美好的经历。"沃伦在作为赫夫纳女友期间多次改变发色，从金黄到栗色到褐色，或许这也反映了她不确定的心态。[52]

尽管沃伦百般努力，她还是很难接受男友拈花惹草的行为。赫夫纳的行政助理萨莉·比尔斯对沃伦很是照顾，常常听她袒露心声。沃伦说，她希望自己与赫夫纳的感情能够稳定下来，但赫夫纳却常常约会别的女人。比尔斯开玩笑说，这位出版人不过是在"做研究"，但沃伦却没有心思欣赏这种幽默。一贯诚实的赫夫纳没有掩盖真相。"目前，对我来说最特别的姑娘是玛丽，这段关系维持了三年半了。"他于1965年对《形象》杂志说，"但同时，我有许多不那么重要的关系。"事实上，他正陶醉于多重性关系中。1964年末，他在休假期间变得不安分起来，开始尝试新的冒险。"跟三个姑娘在床上共度圣诞是一种愉快的堕落。"他说。[53]

沃伦结婚生子的愿望在汉弗莱身上暂时得到了安慰，这是她和赫夫纳收养的一条小圣伯纳狗，赫夫纳用自己最喜欢的演员汉弗莱·博加特为他命名。1964年7月，沃伦在花花公子大厦为这只新生的小狗举行了一场晚会。1965年的一篇杂志故事描述了一幅可怜的画面，她在主人卧室的大床上逗弄这条小狗，称它为"宝宝"，赫夫纳是"爹地"，她自己是"妈咪"。赫夫纳在床上工作时，沃伦不打扰他，在一边跟汉弗莱玩儿。[54]

沃伦逐渐产生了一种安静的忧郁。尽管照片上的她是一个快乐的漂亮姑娘，依偎在名人男友的臂弯里，但仔细观察能看出她空洞的笑容和忧郁的眼神。她写给赫夫纳的一系列卡片和便条暴露了她的不安和顺从。其中的一张写道："在厌倦了享乐的现代世界里，遇到一个像你这样的人真的是一种放松，你能从生活中最简单的事情中发掘乐趣。我也是这样！爱你的玛丽。"1964年的生日卡上有一首她写的诗："尽管我成天对你唠唠叨叨——但请不要把我从你的兔子窝里赶出去！爱你的玛丽。"1965年末的一张卡片里有一张便条，语气哀怨："我心情不好，因为我不知道你是不是像我爱你一样地爱我。爱你的玛丽。"[55]

1965年秋，沃伦搬出了花花公子大厦，住进了不到一个街区之外的一间公寓。在接下来的两年多时间里，她继续跟赫夫纳约会。他们参加大厦里的聚会和多家花花公子俱乐部的开业典礼,偶尔还去滑雪。1967年,随着两人的关系逐渐降温,她离开了《花花公子》杂志社,在迈克尔·里斯医院为一名医学研究者担任行政秘书。1968年7月,沃伦送了最后一张纪念日卡片给赫夫纳。卡片正面写道:"只要我们曾经在一起……"打开后上面写着:"谁又需要幸福呢?永远爱你的玛丽。"[56]

赫夫纳在60年代初的爱情生活预示了持续一生的模式。在几年内,他会与一名姑娘保持最重要的关系,同时不断约会其他漂亮姑娘。他热衷于恋爱,但避免承诺,公开坦诚地执行着一种双重标准:他可以约会别人,但他的女朋友们不可以。正如他的杂志中关注的社会问题,他的恋爱生活也违反了体面的美国中产阶级的规范,创造了一种符合自己愿望的生活方式。但是,如同汤姆·沃尔夫指出的,许多美国老百姓也在挑战关于追求幸福的传统约束,因此这位出版人又一次将自己置身于社会变革的前沿。

但是,60年代初激励赫夫纳、《花花公子》和美国社会的反叛精神很快就显得过于温和。叛逆的微风会积累成飓风,要将美国的社会和政治结构摧毁殆尽。和许多美国人一样,赫夫纳也会发现自己陷入了一种难以想象的动荡之中。他以一贯的敏锐操纵着自己和杂志进入了这场风暴的中心。

第十一章　要做爱，不要作战

　　1966年夏，满心激动的赫夫纳回到了美国。他去英国参加了花花公子俱乐部和赌场的开业典礼，被这座城市呈现出的创造力和活力深深打动。的确，60年代中期，作为流行文化复兴中心的"多彩伦敦"已经体现出世上的诸多想象因素，涌现了披头士的音乐，玛丽·匡特的"摩登派"服饰，托尼·理查森的电影，特伦斯·斯坦普的表演，戴维·贝利的摄影作品，约翰·奥斯本的实验派戏剧以及维达尔·沙宣的发型设计。性解放的气息弥漫在空气当中。"今日伦敦在很多方面堪比莎士比亚笔下欢乐、狂野的欲望之城。"《时代》写道。赫夫纳相信，这座城市文化繁荣的精神很快会出现在美国。[1]

　　但他不知道，就在他乘坐的飞机降落在芝加哥时，美国社会对传统价值观的不满情绪已呈"井喷"之势。反对美军参加越战的呼声很高，民权运动走向暴力，不安分的大学生们开始质疑主导现代生活的官僚机构。从更大的方面来看，越来越多富有的中产阶级开始反叛，追求个人自由和满足。主张自我约束、虔诚和尊重权威的旧式价值观在各个方面都遭遇了挑战。

　　主流媒体注意到了社会中的不满情绪。《新闻周刊》1967年的一篇题为《宽容社会》的封面故事探讨了美国社会日渐增长的躁动情绪，研究了变化中的时代思潮，表示，随着美国的电影、小说、戏剧、歌词和广告完全接受了通俗的语言和性意境，"旧的禁忌已经或者即将死去"。在色情作品、婚前性行为和裸体方面，种种限制的解除令许多美国人困惑。"在语言、服饰、礼仪方面,禁忌的全面松动是美国道德观解体的一部分。"《新闻周刊》总结道。作为性开放的新象征,赫夫纳在这个故事中扮演了重要角色。他问道:"(在成年人当中)为什么笑、生气、怜悯都是合法的反应,而性躁动就不是?"[2]

记者兼史学家马克斯·勒纳也持类似的观点。他在1967年的一篇报纸专栏文章中声称,美国已经从"生产型社会"转化成为"享受型社会",其标志是消费品过剩,以及追求个人自由、自我实现和"多彩生活"的强烈愿望。勒纳还提到了赫夫纳,认为这位出版人试图在《花花公子》中"为享乐的生活提供一种框架——理性原则的框架"。[3]

在接下来的几年里,美国社会的躁动情绪一触即发,赫夫纳扮演了越来越重要的角色。随着种族骚乱、政治动荡、大规模的民权抗议活动和文化价值观的激烈冲突成为司空见惯的事情,赫夫纳及其杂志站到了运动的中心地带。1966年至1971年间,《花花公子》的地位达到了巅峰。作为一场更大的文化动荡的一部分,性革命全面爆发,赫夫纳依然是其最重要的倡导者和象征。同时,他在政治上转向左翼,成为核裁军、种族和解、个人解放和建设福利国家的代言人。

但是一种内部矛盾在《花花公子》新的社会和政治活动中体现出来。正如一些评论家表示,赫夫纳的杂志中存在着一种不自然的冲突,它一边推广享乐主义和物质富足——跑车、美酒、时装、时尚公寓、高级音响,一边支持那些抨击企业牟利的政治思潮,谴责"当局",呼吁受压迫者反抗。对于他的一些左翼同盟而言,赫夫纳的行为越来越像是一只手在攻击现有制度,另一只手在支持它。用汤姆·沃尔夫那句著名的话来说，赫夫纳代表了 60 年代"激进派的时尚"——现行制度下地位稳固的社会精英肤浅地接受了政治上的激进主义。[4]

但是，这种矛盾短期之内也不会产生什么效果。在此期间，这位《花花公子》的总编辑成为了自己梦想成为的那种人——不仅是如日中天的流行文化名流，还是现代美国价值观严肃的塑造者。他成为了 60 年代享乐主义的王子，迹象比以往任何时候都明显。

1

1967 年 3 月 3 日《时代》的封面准确地表现了赫夫纳日渐突起的重要性。黄色的斜条纹上写着"追求享乐主义"，下面是时尚的先锋派艺术家玛丽索尔的一幅木雕作品，她在两块木头上用红色、白色和蓝色将这位出版人塑造成了一名"全美的男孩"。杂志中对应的封面故事也同样观点积极，甚至有些浮夸。

尽管《时代》称赫夫纳是"流行享乐主义的预言家"，但也不掩饰其轻蔑的语气。文章将其描述为"性表演的导演"，"传播享乐理念的狂热分子，执着程度堪比任何一名传教士"，以及能够吸引"假装成熟的大学生"的一个年轻人。尽管如此，《时代》酸溜溜地得出结论说，赫夫纳反映了现代生活中一些重要的东西，《花花公子》的流行表明了"清教徒的道德观正在瓦解，享受和休闲成为美国社会积极的、普遍接受的价值观"。[5]

在接下来的几个月里，赫夫纳看似无处不在。他接受了报纸和杂志的几十场采访，以嘉宾的身份参加了约翰尼·卡森主持的《今夜秀》、美国广播公司的《乔伊·毕晓普脱口秀》和现场直播的《比尔·达纳脱口秀》。1967 年 5 月 8 日，国家广播公司新闻频道在黄金时段的特别节目《对快乐的追求》中给了他一个主要的角色，该节目探讨了美国大众对于富足、休闲和自我满足的渴望。主持人桑德·瓦诺克尔称赫夫纳是"性革命中的领袖，为道德战争制定了革命纲领"，称《花花公子》是"性领域的麦古菲读本"。赫夫纳与著名的保守派评论家威廉·F. 巴克利和哈佛大学神学家哈维·考克斯坐在花花公子大厦的图书馆里侃侃而谈。他坚称，约束道德的宗教旧基础已逐渐消亡，价值观应当建立在新的基础之上。思维敏捷的赫夫纳在与两位知识界的重量级人物过招时丝毫也不逊色。[6]

同时，赫夫纳的公司蓬勃发展。1968 年，杂志发行量达到 550 万册，俱乐部和衍生商品业务欣欣向荣，一档现场直播的新节目正在筹备之中。统计表明，1963 年至 1969 年间，公司的年营业额从 2 600 万美元飙升到 9 600 万美元。在这家被《新闻日报》称为"崛起中的房地产、出版和娱乐集团"中，《花花公子》杂志保持着核心地位。美国商界对此予以关注，《商业周刊》、《新一代商人》和《巴伦周刊》纷纷发表文章，赞颂花花公子帝国奇迹般的增长。[7]

赫夫纳的两大举动备受关注，体现了他不断积累的财富和影响力。首先，1967 年春，经过长时间的装修后，《花花公子》杂志社搬进了新总部，也就是日后颇受诟病的花花公子大楼。其次，同年夏天，赫夫纳斥资 450 万美元订购了一架道格拉斯 DC-9 型喷气式客机，将其命名为"兔老大"，并漆成黑色，因为"黑色象征着高贵，就是常与汽车联系在一起的那种气质",用赫夫纳的话说,并把白色的兔头标志印在了机尾处。他又花了100万美元进行改装,增添了宽大舒适、能改成卧铺的座椅,录像系统,可伸缩屏幕,电子监

赫夫纳那架黑色的、特别改装过的DC-9型私人飞机"兔老大"正在飞行中。

视器、迪斯科舞厅和酒吧,用玻璃纤维板隔开的会议区和能够为30个人准备8道菜的厨房。机舱的内部装修使用了手工打磨的红木、黑色皮革和镀铜产品。机舱后部是赫夫纳的私人区域,有一张8英尺长、6英尺宽、配有特制安全带和床单的椭圆形的床,还有一套音响和录像系统,一把电动转椅,一只带两个喷头的淋浴器。机组人员包括8名"空中兔女郎",她们身着黑色迷你裙的制服和及膝的长靴,担任空中小姐。这架被《形象》杂志称为"带翅膀的花花公子寓所"的飞机很快成为赫夫纳注重享乐的生活方式的最显著标志。[8]

随着赫夫纳及其公司的繁荣,《花花公子》扩张了领地。杂志继续呈现健康的色情图片,从简·方达到某法国影片中的裸照到"密苏里州的兔女郎";在文学方面,知名作家纷纷为杂志撰文。1966年至1970年间,让-保罗·萨特、艾萨克·巴舍维斯·辛格、索尔·贝洛、小库尔特·冯内古特、约翰·厄普代克、格雷厄姆·格林和乔伊丝·卡萝

尔·奥茨都贡献了故事和散文。[9]

作为《花花公子》的"娱乐风向标",时尚消费栏目也随着60年代消费经济的快速发展而不断充实,探讨了可供繁忙的企业家选购的各种小飞机的优劣、现代商务便装的购置以及欧洲大陆旅行的益处。杂志继续探索由音乐、电影和喜剧构成的娱乐世界,常常在"花花公子访谈"中报道炙手可热的名人,例如费德里科·费利尼、鲍勃·迪伦、伍迪·艾伦、米开朗基罗·安东尼奥尼和斯坦利·库勃里克。[10]

最重要的是,《花花公子》全身心地投入了政治。如果说60年代初,它在政治领域的活动只是一种尝试,那么60年代中期,它完全投身到了越来越动荡的公共舞台。种族矛盾爆发,在"漫长的炎炎夏日"里,非裔美国人在各大城市发动暴乱,引起了白人的猛烈反攻。美军参与越战引发了第一轮大规模的反战抗议活动。对于现行社会和经济权力结构的普遍不满席卷了大学校园。赫夫纳积极顺应这些潮流,成为民主事业的旗手。

1966年,"争取种族平等大会"组织的黑人领袖詹姆斯·法默称赞民权运动已转变为"全面的革命运动"。《花花公子》关于"执法危机"的专题讨论考察了日益猖獗的犯罪、保守派对于"假慈悲的"法官的敌意以及民主人士对于政府警察力量扩张的担心。马克斯·勒纳在一篇逻辑严密的长文中倡导允许共产党执政的中国加入联合国。[11]

次年,《花花公子》研究了美国社会此起彼伏的抗议浪潮,得出结论说,"表达异见是每一位不满于现状的人对自己和社会应有的义务"。它分析了国内的动荡局面,表明面对贫困、过度压迫和不受约束的个人主义，美国人产生了一种暴力倾向。一篇评论警察政策和行为的文章告诉读者，"尽管新的最高法院保护我们的民主权利和自由，但警察暴力仍普遍存在，警察的头脑中默认一个人是有罪的，除非能证明他是无辜的"。[12]

"花花公子访谈"日益政治化。1966年，史学家和政治顾问小阿瑟·施莱辛格表达了对越战、国内政治以及民权运动的观点。对菲德尔·卡斯特罗的访谈则集中讨论了美国与古巴的分歧以及冷战中的意识形态问题。同时，杂志中的文化评论也开始反映美国中产阶级价值观遭受到的日益猛烈的冲击。一篇与毒枭蒂莫西·利里的广泛讨论集中在摇头丸、迷幻药以及相关法律限制上。一篇对于"地下刊物"的长篇报道调查了"一贯不受限制，常常无所顾忌，有时难以理解的反政府报纸"，它们成为了表达异见的场所。[13]

1967年12月，《花花公子》展示了扩版后的新形象。这一期杂志共有320页，封面是波浪形的文字印在紫色、翠绿色和橘色的背景上，内容包罗万象。从"当月花花玩伴"琳恩·温切尔到"新艺术中的色情作品"和"埃尔克·萨默的邪恶之梦"，读者感受到了性愉悦；艾萨克·巴舍维斯·辛格、P. G. 沃德豪斯和欧文·肖发表了故事；名人栏目报道了电视节目主持人约翰尼·卡森和演员沃尔特·马托；时尚消费栏目介绍了去法国格雷诺布尔的冬奥会之旅以及如何购买最新的高科技产品和小物件作为圣诞礼物。此外，读者还读到了一系列的政治文章。其中的一篇提及哈佛大学某系主任辞职，去迈尔斯学院担任新生学习指导主任，迈尔斯学院是阿拉巴马州伯明翰附近的一所名不见经传的黑人学院；约翰·肯尼斯·加尔布雷斯建议美国从越南撤军；法官威廉·O. 道格拉斯则探讨了政府"老大哥"对于美国人私生活的干预。[14]

这一期杂志把握住了时代的敏感话题——积极参政，乐观包容，创造"和平与爱"的新时代的极大可能。与1967年的"爱之夏"和五角大楼前的反战抗议活动一样，它反映了一种普遍的态度，寄希望于理性、开明、怀有良好愿望的民众能够解决迫切的问题。但是不论在美国社会还是《花花公子》杂志上，这种乐观的基调都持续不了多久。几周后，这个国家似乎要爆炸了。

2

1968年8月27日午夜时分，赫夫纳、马克斯·勒纳、朱尔斯·菲弗、约翰·丹蒂和鲍比·阿恩斯坦冒险走出花花公子大厦，朝着林肯公园进发。在民主党全国代表大会在芝加哥召开期间，他们想要亲临警察和抗议者对峙的战场。暴力冲突爆发后，数千名反战抗议者在这座城市聚集，警察则以殴打和大规模的逮捕行动应对。对于流血冲突的现场报道占据了全国的新闻网络，催泪瓦斯刺鼻的味道弥漫在城市的空气中。日益政治化的赫夫纳已经投入到了这种越来越激烈的对抗中。[15]

事实上，民主党中的一些异见者已经把花花公子大厦当成了本届大会的非正式总部。会议召开前几天，赫夫纳与约翰·肯尼斯·加尔布雷思和乔治·普林顿一道在大厦里为具有反抗精神、主张和平的候选人、参议员尤金·麦卡锡举办了一场募捐晚会，要求嘉宾身着半正式的礼服

1968年，赫夫纳在芝加哥花花公子大厦为反战的总统候选人尤金·麦卡锡举办筹款晚会。

入场，门票100美元一张。接下来，赫夫纳主持了被《纽约时报》称为民主党中"英俊面孔参加的持续一周的晚会"。克利夫兰市市长卡尔·斯托克斯、波士顿市市长凯文·怀特、民权领袖杰西·杰克逊、加州个人主义者小埃德·波利和演员沃伦·贝蒂等自由主义活动家频频光顾花花公子大厦，共襄盛举，享受款待。

眼下，紧张的局势直接冲击到了赫夫纳。他和同伴们看见大批抗议者逼近愤怒的警察，觉得不妙，掉头就想走。就在此时，一辆警车停了下来，几名警察跳下车，用枪指着他们，命令他们回家。赫夫纳解释说他们正打算这么做，这时一名警察用警棍朝他的臀部狠狠地打了一下，造成一大片淤青。这件事情传开后，有人打趣说，警察是看见一个穿着睡衣的人，就把他当成危险分子了，赫夫纳却不觉得这有什么好笑。他在大厦里召开新闻发布会,谴责警察在没有遭到攻击的情况下采取暴力的行径。"巡逻的警车差点儿把我们撞倒。我们看到了一个异常紧张的当局,警察四处驱赶民众,寻找攻击目标。"他描述说,并表示这次经历会让他更加积极的参与政治。"昨晚,我见识到了置公正和民主于不顾的所谓的法律和秩序,"他说,"长此以往,我们跟极权社会也没有什么区别了。"[16]

赫夫纳的经历是一个缩影,折射出60年代末可能摧毁美国的社会分化。芝加哥动乱使得美国社会几个月以来内部的混乱达到了高潮,规模恐怕是一个世纪之前的内战之后最大的一次。全美的年轻人纷纷接受反文化的标准,其思想是"性、毒品和摇滚乐"。越南战场上越南共产党发起的"新年攻势"体现了军事上的僵局,引发了大规模的反战抗议和校园暴乱。居于统治地位的民主党在压力下分裂了,两位和平主义候选人——参议员尤金·麦卡锡和罗伯特·F. 肯尼迪促使时任总统的林登·B. 约翰逊宣布退出竞选。同时,保守派大肆反击。共和党人理查德·M. 尼克松因推动"法律和秩序"而获得支持,第三党候选人、阿拉巴马州州长乔治·华莱士承诺对民权运动和反战力量进行更加强有力的镇压。1968年夏天,马丁·路德·金和罗伯特·肯尼迪在短短几周时间内相继遇刺,愤怒、绝望和躁动的情绪席卷了美国,国家分化成两极,一极是坚决倡导变革的人,一极是坚决捍卫权威和稳定的人,剩下的则是那些充满了迷茫、怨恨和惶恐的中间分子。[17]

在这种政治混乱的氛围中,赫夫纳将自己清晰地定义为左翼民主异见分子。当然,他对美国权威的批评始于性革命及其创造不受约束的个人幸福的潜力。节育技术已经将性与生育分离开，使得性成为"单纯的享受"，赫夫纳声称，人们终于开始克服"对人体某些部位遮遮掩掩、视为罪恶"的倾向。[18]

但性革命只是一场更大运动的一部分，这场运动旨在瓦解通往个人实现的障碍并促进人类解放，他继续说。正如他对《星期六晚邮报》所说："在这个国家，正是引发性革命的那些因素引发了现在的民权革命、反战运动和学生抗议活动。"性自由是一场运动的一方面，这场运动将"种族自由、社会自由、政治自由和自由主义"联系在一起。它们共同的敌人是暗中作祟、压抑人性、已经过时的清教主义传统，美国的自治岌岌可危。赫夫纳在1969年表示，禁止人们出于个人享受的目的获取色情材料，实际上体现了一个更大的问题，即"你是想要一个民主社会还是一个极权社会，极权社会的前提是，人是弱者，无法在政治上统治自己，无法在社会中统治自己，无法在性方面统治自己"。[19]

60年代末，赫夫纳在政治上转向左翼，谴责美国反共的外交政策，谴责美国参与越战，主张联合国控制核武器，支持使用大麻和摇头丸等供消遣的药物，坚持在民主社会里，"你必须能够自由地作出决定，控制自己的思想和身体"。1969年，在接受作家马尔科姆·博伊德的系列访谈时，赫夫纳强调了他主张个人权利、主张由政府调控市场经济的"更加社会化的资本主义"、主张世界政府有必要存在的政治立场。他还表达了对青年异见者的同情，声称"25岁以下的人当中比25岁以上的人当中有着更多的怀有美好愿望的人"。[20]

赫夫纳言简意赅地总结了自己的政治信仰:"应当用国际法而不是战争来阻止核屠杀的发生。终结种族主义。消灭世界上的贫困。终结人口爆炸。终结对自然资源的污染。此外,还有疾病问题。如果我们把钱花在这些事情而不是战争上,到了2000年,我们就能进入真正的黄金时代。"后来他在回忆起这一时期时说:"我渴望一个无疆界的世界,不同政治信仰、种族、宗教的人能够在一个自由公正的社会中共处。我就是这样的人,理想主义、心肠软、追求自由。"[21]

60年代末的《花花公子》反映了其创始人不断提高的政治敏感度和美国社会不断积累的对抗情绪。从1968年到1970年,杂志发表了一系列社会评论,目的在于瓦解资产阶级美德和冷战价值观。这一轮攻势在几条战线上得以体现。

杂志支持了如火如荼的性解放的文化潮流,以同情的笔触介绍了"性自由联盟"和交换伴侣的"浪荡族"。它在大学校园中展开调查,希望发现学校"在废除生活、自由和追求异性恋的幸福方面的种种限制时究竟是处于先锋的位置还是仅仅是旁观者"。(在该项调查中,威斯康星大学名列第一,鲍勃琼斯大学位居末席。)它发表了对医学研究者威廉·马斯特斯博士和弗吉尼娅·约翰逊夫妇的深度访谈,两人的著作《人类性反应》出人意料地迅速成为了畅销书;还有对玛丽·考尔德伦博士的访谈,她是倡导性教育的先锋人物。[22]

《花花公子》密切关注娱乐界新的性自由。一篇研究先锋派"裸体戏剧"的长文分析了新剧《头发》、《狄俄尼索斯在1969年》和《混混!》,得出结论说,"纽约的舞台大放异彩,征服了所有人,能让好莱坞黯然失色"。杂志针对《噢！加尔各答!》发表了一篇图文并茂的文章，这出备受争议的非百老汇裸体主义者的轻松戏剧"无情地讽刺了——也赞美了，当今性领域的道德、困惑和娱乐"。[23]

在编辑方面，谴责针对色情材料的审查制度，倡导节育，主张改革离婚法，使分手变得更加容易，减少其中的纠纷。它还对同性恋采取了更为同情的立场，在"花花公子论坛"发表了一些开明牧师的来信，表示"真正的基督精神要求宽容和救赎而非道德上的谴责"。《花花公子》采取了进步观点，认为不应该把同性恋看做是一种"病态"，而应该采用更为科学的"异化论"；既然同性恋者遵从了"一种源于惧怕异性恋的本能"，就应该鼓励他们寻求治疗方面的帮助。[24]

在更大的方面，60年代末，《花花公子》倡导时尚文化，主张摒弃传统的限制，追求个人自由。其时尚栏目鼓励年轻人接受新潮服饰，放弃外套和领带，改穿尼赫鲁装和"休闲装"，佩戴链饰和垂饰。如同一篇文章所说，时尚男性应该"更加执着于自己的选择，而不是陷入某种特定的时尚潮流"。[25]

《花花公子》在政治上成为了左翼进步力量的堡垒。它捍卫年轻人不断增长的异见，称赞近来的学生运动，谴责政府权力的过度干涉，呼吁终结越战等冷战时期的军事行动，倡导坚定的环境主义和社会福利项目的扩大。它试图将基督教变成医治社会顽疾的力量，例如，哈维·考克斯呼唤耶稣复活，称之为"欢乐的革命"，能够消除"基督教中的极端倾向"。[26]

《花花公子》逐渐吸引了一批知名的自由主义官员和公众人物。他们当中的参议员有J. 威廉·富布赖特、雅各布·贾维茨和弗兰克·丘奇，他们撰文讨论控制枪支、降低选民年龄限制和改革美国外交政策等问题。最高法院法官威廉·O. 道格拉斯和阿瑟·J. 戈德堡也发表文章，分别探讨水污染的加剧和拥护法律和秩序的人推出《权利法案》后面临的危险。小马丁·路德·金于1967年10月参观了花花公子大厦，探讨公众话题，发表了他在这本杂志上的最后一篇文章。[27]

对于许多自由主义活动家来说，"花花公子访谈"成为了一个友好的论坛。他们当中有战争评论家及起草顾问威廉·斯隆·科芬、消费倡导者拉尔夫·纳德、民权发言人杰西·杰克逊和激进派律师威廉·孔斯特勒。杂志甚至美化马克思主义学者，例如赫伯特·马库斯，在一篇特写中称之为"70岁的超级明星"，举行校园巡回演讲，吸引了大批年轻的拥趸。[28]

甚至《花花公子》每期的插页部分都不时地展示出新的政治敏感。"花花玩伴"黛比·霍珀为参议员尤金·麦卡锡助威，致力于"帮助同时代的人消除社会紧张气氛"，并且"喜欢阳光、雕刻和进步政治"。"花花玩伴"格洛丽亚·鲁特是一名"全职的激进分子"，坚决反对越战，"一直在行动，时刻准备挑战权威，永远渴望美好时光"。另一名"花花玩伴"伊莱恩·莫顿拒绝"循规蹈矩的生活方式"，从大学退学后住在墨西哥下加利福尼亚州西海岸一辆改装过的运奶卡车里。[29]

60年代末，《花花公子》的政治活动达到了高潮。1969年，杂志先后发表文章悼念先后遇刺的罗伯特·肯尼迪和小马丁·路德·金，歌颂他们为自由事业殉难。它还发表了两份关于社会和政治变革的宏伟蓝图——起草者是自由主义的公众人物，包括西奥多·索伦森、市长约翰·林赛、威廉·斯隆·科芬、参议员查尔斯·珀西、西泽·查韦斯、朱利安·邦德和参议员乔治·麦戈文——目的在于解决战争、不公、贫困和污染问题。1970年夏，为秋季选举准备的"花花公子的政治倾向表"出现在杂志上，请读者为全美主要的候选人打分，标准是他们持有的自由主义观点。[30]

因此，60年代末，赫夫纳及其杂志的政治活动向当局的阵营中抛出了手榴弹，展示了自由主义者的特征，致力于保护个人免受政府权力的操纵，不论是在卧室、征兵局还是城市街道。尽管他们有如此激进的言辞，《花花公子》的政治观点却不是革命性的。尽管杂志及其总编辑努力推动个人自由和社会公正，其行动却没有挑战美国基本的社会和经济制度。事实上，正如一些评论家指出的，一种矛盾由此产生，赫夫纳一边倡导全面的社会和政治改革，一边支持享乐主义、物质富足和商业成功。[31]

例如，《底特律自由报》表示，《花花公子》描绘的场景吸引的主要是"理查德·尼克松派的安静的大多数"。另一篇学术文章称，《花花公子》远未挑战现有秩序，代表的恰好是现代美国资本主义的精神。本杰明·富兰克林节俭勤奋的新教徒思想在17世纪末为新生的资本主义提供了生产的动力，同样，赫夫纳的"消费思想"为成熟的资本主义奠定了基础。随着美国社会经济制度的变迁，富兰克林的"生产工业"已经让位于赫夫纳的"努力消费"。[32]

一些年轻的激进分子就没有那么礼貌了。一名耶鲁大学的学生在得知自己的老师为赫夫纳的杂志撰写文章后，发表了一篇文章，言语间颇为不敬，谴责这位出版人是他的敌人。"上帝啊，他是如此的物质主义。《花花公子》歌颂美国所有为人所不齿的东西，"这名年轻的活动家说，"那些僵硬的金发女郎装作邻家女孩，扭捏作态，照片的焦点都没对准。还有那些千篇一律的烂广告。每个人都是超人，泡妞、开跑车、穿西装、打领带、用须后水、住高级公寓。耶稣啊。"另一名年轻的激进分子对电台采访者说："今天的《花花公子》更是一种当局的声音，今天的年轻人对汽车、音响和大波美女更感兴趣。"[33]

这种矛盾为"花花公子论坛"带来了一种冲突。1969年，一名记者指责《花花公子》虚伪，一边表示支持民主变革和社会进步，一边从事"一切能够维系美国中上阶级生活方式的事情"。如果革命真的来了，他说，"你向美国人倡导的那些美好生活是最早失去的东西"。《花花公子》予以愤怒的回击，指责这名记者追求由身着灰色袈裟的和尚主宰的未来，根本没有明白杂志的立场。"尽管我们推荐的这些奢侈品在今天也许只能让世上一小部分人享用，但我们认为，所谓的社会进步不是要统统抛弃这些奢侈品，而是要把它们推广到所有人手中（技术可以实现这一点）。"它愤愤不平地表示，"我们认为美好生活和社会进步是密不可分的。"[34]

对于《花花公子》伪激进主义的评论在杂志本身也得到了一些证实。60年代末，它将反当局的言论与对消费富足的宣扬尴尬地放在了一起。一边是西泽·查韦斯、J. 杰西·杰克逊和汤姆·海登对于制度压迫的抨击，一边是J. 保罗·格蒂这位亿万富翁指导读者如何在商界获得成功。这种矛盾造成了一些尴尬的时刻。1970年11月的杂志将《伊甸之西》和《完美礼物》两篇文章放在一起，前者是对嬉皮士团体充满同情的叙述，这一类人寻求人与自然、人与人之间的和谐共处；后者是对可供富有的消费者选择的最新商品的介绍。衣着暴露、眼神挑逗的年轻姑娘们推荐了一些拍摄得很精美的商品，包括，"索尼公司一款三筛式电视机，售价695美元"；"设计集团出品的一只装有晶体管的挂钟，售价40美元"；还有"Symetrics公司出品的一款移动电话，共11个频道，配有合成的传输器和接收器，听筒易于安装，售价1 645美元"。嬉皮士团体与知名厨房家电品牌、西泽·查韦斯与J. 保罗·格蒂怎样融合的问题则悬而未决。[35]

赫夫纳对上述批评越发敏感。在被问及他对富足生活和激进政治的信仰时，他回答说："我已经证明了，做一个反对当局的开明人士和一个成功的人是可能的。"同时他坚称，年轻的异见者们犯了一个错误，即怀有"一种反物质的情绪"。"他们中的许多人憎恨《花花公子》，因为我们主张物质主义的益处。真正的问题在于如何利用物质主义来为尽可能多的人服务。"他坚持认为，"物质主义不是，也不应该是一个肮脏的字眼"，没有对培养"强烈的社会良知"构成障碍。赫夫纳试图在新旧之间寻求一条稳妥的路线："《花花公子》的确包含着象征着地位的各种符号，但我们在质疑旧的道德观时是反传统、反当局的。"[36]

从另一方面说，赫夫纳对于物质富足的捍卫以及对当局的政治攻击，两者之间的冲突并没有批评者们想象得那么严重。事实上，60年代激进主义的大部分内容都不像它看上去那样激进。正如克里斯托弗·

拉希所说，这场运动倾向于把政治看作街头表演，对于形式的关注远远大于对于内容的关注，采用了"戏剧化的姿态"、媒体操纵和"自我推销"等手段。重要的是，这一时期年轻的激进分子中的多数人本身就是在战后富足生活环境中长大的孩子，在追求自我满足的问题上，他们与他们攻击的当局是一致的。激进派的口号"个人的就是政治的"反映了一种意识的觉醒，如同他们反对的现代消费资本主义一样，追求的也是自我满足的目标。异见者们与对手一样，都摒弃了自我否定、注重责任、为共同利益而牺牲、更高忠诚度等落后传统，这些传统都在个人转变的迫切要求前渐渐消退。因此，"芝加哥七君子"之一的激进派英雄杰里·鲁宾在70年代末由激进政治转向一系列疗法（电休克、按摩、格式塔、伊萨兰和冥想），最终来到美国广告业中心麦迪逊大道，成为了一名营销分析师和投资资本家，这一切就都不足为奇了。换言之，60年代激进主义中强烈的个人主义倾向，几乎不亚于它所谴责的资本主义制度中的类似倾向，反映了从物质匮乏、自我控制的社会向物质富足、追求享乐和自我满足的社会的现代历史转变。[37]

同样，追求自我满足的愿望也推动了赫夫纳及其杂志在60年代末的政治活动。1969年，赫夫纳声称，美国人不再通过工作而是通过爱好和娱乐来获取身份。因此，当前最迫切的问题是"克服享受时的负罪感"及在娱乐和满足愿望的基础上塑造幸福。"我们的主业是探讨如何享受休闲时光"，赫夫纳如此解释《花花公子》的理念。哈维·考克斯称赞反文化的异见者们排斥"工作是获取人类满足的唯一方式"的落后观念，并支持"设计新的休闲生活方式"。60年代末，在一篇名为

《70年代的休闲》的文章中，《花花公子》强调了自身对于自我满足的不懈追求。文中称，上一个十年里发生的事件已经表明了为适应新世界做出的巨大斗争，在这个新世界里，科技"已经为几乎所有人创造出了更多的休闲时光——对此有人欢喜有人愁"。这就要求采取新的策略以便"更有创造力地利用这些新的休闲时光，让个人的追求和工作一样成为我们身份的一部分"。最终，《花花公子》明确表示，"新的休闲时光可能带来的自我探索和发现胜过其中可能存在的陷阱"。[38]

因此，从很多方面看，赫夫纳在60年代的反叛潮流中扮演了一个恰当的角色，尽管他和他的批评者们都没有完全准确地理解这一角色。在这一充满争议的时期，不论是在政治还是文化领域，各种对手——政治激进分子和雄心勃勃的商人，追求情感经历的人和追求物质财富的人，当局和当局的批评者们——都支持更深层次的自我主张。在现代美国文化中，自我实现的需求贯穿一切事物，超越个人需求的观念没有立足之地。满足内心的欲望构成了现代美国生活的逻辑，这一点或许没有人比《花花公子》的总编辑认识得更清楚。这种自我满足的动力能量强大、不断增长，不仅为赫夫纳在反叛年代的政治活动增添了活力，还推动了他的个人生活。

3

在某种意义上，对于赫夫纳而言，个人的就是政治的。自从1953年创办《花花公子》杂志，他在私生活方面的叛逆行为就超越了中产阶级的道德观，体现了性和物质带来的乐趣，他认为这样的乐趣受到了清教主义传统的压制。60年代中期，美国文化似乎追赶上了他，中年的郊区居民享受消费主义并放宽了性方面的道德标准，年轻的叛逆者将限制抛之脑后，拒绝多数权威的形式。关于享乐主义的"赫夫纳信条"体现了社会意识，成为主流，而这位出版人的私生活也反映了在60年代末美国宽容的氛围中对于自我满足的追求。

赫夫纳备受关注的隐居生活依然继续着。大量的媒体报道使公众得知他会在花花公子大厦里一待就是几个月，与世隔绝。他依赖药物，沉迷于工作和享乐。由于糟糕的隐居习惯和绝对避免阳光和运动，赫夫纳已经瘦得可怕。他每天喝的软饮料中含有大量的糖分，因此牙齿也出了问题，令他备受困扰。有一件事最能折射他的隐居生活，那是他第一次访问花花公子大楼时发生的笑话。"第一次去是在半夜，外面下着雨，我出去走了走。"他懊恼地对一名采访者说，"我们在这栋楼上花了几百万美元，可我从来没到现场去转转，尽管它与花花公子大厦只隔着几个街区。结果门卫根本不知道我是谁——但最终他还是放我进去了。"[39]

1967年初，42岁的赫夫纳面色苍白，体重只有135磅，他决心改变。1966年到伦敦的旅行以及随后席卷美国的妇女解放运动促使他考虑改变习惯。"当一个人到了40岁，就该思考人生，重新评价或者作出某些调整了。"他对《芝加哥论坛报》说。他在《时代》上承认："我最终意识到了这个事实，那就是我已经很成功了，如果我要享受，最好就开始好好照顾自己。"[40]

他决定采取行动。作为他改变自己生活的大胆举措之一，他重塑了自我。他开始按时睡觉，吃健康食品，不再服用安非他明，开始每天进行适度锻炼——大部分是在斜板和室内自行车上——体重渐渐地增加了30磅。"这是一种新形象，我称之为'活得更长'。"赫夫纳对一家杂志说。受到横扫男装时尚界的自由观的影响，他开始添置新衣。他放弃了早期的白衬衫、领带和修身的黑色正装，聘请了一位服装设计师，花费了1万美元购买了爱德华七世时期的一个衣橱，里面挂满了宽领双排扣的西装、色彩鲜艳的衬衫、耀眼的领带、皮衣、尼赫鲁装及配饰。[41]

他还决定把杂志更多的编辑责任下放给属下。随着《花花公子》的扩版，监督这本杂志的任务就增加了许多，赫夫纳的负担越来越重。他开始把更多的责任转给艺术指导阿特·保罗、图片部主任文斯·田尻和编辑部主任A. C. 斯佩克特斯凯及其年轻的助理编辑们。赫夫纳用作茧自缚的观点解释了他作出该决定的原因："我发现我发明了一台好机器，但却不是这台机器的主人，反而是机器一直在控制着我。"[42]

因此，赫夫纳在身体和心理上都离开了花花公子大厦这只蚕茧，投身到了60年代末更有活力、更具实验性的氛围中。他在私生活上的性革命成为连接世界的核心。60年代中期，他继续与形形色色的"花花玩伴"和兔女郎发生关系，如今他的性行为更加活跃。他享受与"私人的花花玩伴"一起放纵，其中包括辛西娅·迈尔斯、吉尔·图克斯伯里、盖尔·奥尔森和卡萝尔·英霍夫。他甚至在1968年末与女儿的一个同龄伙伴有过短暂的恋情。"当我隐居大厦的岁月结束时，它结束得干脆利落。"他回忆说，"那一年（1968年），我新发展的性伴侣的人数有了10倍的增长——从4个到40个——当时，我满怀热情地投入到了欲望社会的享受之中。"[43]

1968年7月,在访问洛杉矶时,赫夫纳参加了他称之为"能够让塞西尔·B. 德米尔引以为豪的好莱坞狂欢活动"。约70位好莱坞时尚人士光临了他位于日落大道的公寓,聚会充满了性冒险的氛围,结果甚至令赫夫纳吃惊:

> 当晚的情景难以描述。开始这只是一个传统的鸡尾酒会,很快男男女女开始互相爱抚,脱衣服,在沙发上、地板上、客厅、卧室和浴室里做爱。两个人很快变成三个人、四个人、更多人——各种组合超乎想象……而我亲历了这一切。

第二天晚上,几个朋友来访,正在谈论前一晚发生的事情。突然,一对陌生男女走了进来,点了饮料,开始在房间另一端的沙发上做爱。赫夫纳发现,原来"他们收到了狂欢晚会的邀请,但是搞错了日子"。[44]

同时,在花花公子大厦里,一种充满活力的新的社交场景如火如荼地发展着。60年代,这里不停地举办喧闹的大型晚会,但如今这些晚会受到了新的性解放氛围和赫夫纳亲身参与的刺激,各行各业的名人纷纷光临。任何一个夜晚,你都可能在这里遇到派克主教、戴维·萨斯坎德、宇航员斯科特·卡彭特、莫特·萨尔、赛马师比利·哈托格、约翰尼·卡森、迈克尔·凯恩、梅尔·托尔梅、威尔特·张伯伦和史蒂夫·麦奎因或者数十位其他名人。[45]

大厦社交活动的高潮发生在1968年2月23日,赫夫纳为迷幻药时代举行了一场盛大的晚会,名为"正在发生"。数十位嘉宾身着迷你裙、尼赫鲁装等新潮衣服前来参加,还玩闹似的挥舞着标语,上面写着

"爱"、"查尔斯·布朗当总统"、"花的力量"和"战争对儿童和其他生灵不好"等文字。现场乐队演奏的摇滚乐响彻整栋大厦，舞者和观众被包围在令人眩晕和心跳的表演中。做了人体彩绘的"花花玩伴"和一位身着长袍的导师穿梭于人群之中。在一张堆满食物的大餐台后面有一块牌子，写着"迷幻药商店"。[46]

一群哥们儿为赫夫纳积极的新生活注入了活力，这些老朋友包括漫画家、作家兼歌曲创作者谢尔·西尔弗斯坦，前俱乐部老板、如今的《花花公子》员工约翰·丹蒂，以及在热门电视剧《我是间谍》担任主演的喜剧演员比尔·科斯比。这四个人花了大把的时间在大厦里闲逛、说笑、追女人和玩游戏，常常玩到凌晨。他们也会光顾花花公子公司位于威斯康星州日内瓦湖的新度假村。该度假村于1968年5月开业，是公司整体协同战略的一部分，目的在于满足"追求享受的富人"的休闲需要，内设美食餐厅和酒吧、表演舞台、商店、游戏厅、25英亩的湖、网球场、滑雪道和高尔夫球场。赫夫纳和他的三个哥们儿喜欢飞到这家度假村，看表演，为兔女郎和表演者举办晚会。[47]

赫夫纳回归尘世生活也带动了一档新的电视节目《天黑后的花花公子》。这档始于1968年的节目在洛杉矶哥伦比亚广播公司的摄影棚里录制，面向全国直播。赫夫纳重返荧屏部分是出于重塑个人形象的考虑。"整件事情对我而言代表着生活方式的转变，在过去的几年里，我一直是，嗯，某种隐居者，"他对《洛杉矶时报》说，"如今，我每隔一周都会来这里录节目。"[48]

如同十年前他的第一档电视节目一样，《天黑后的花花公子》采取了公寓聚会的形式，主持人是赫夫纳。他推出了一系列歌手、喜剧演员、舞者和名人，采用了轻松、个人的风格，用赫夫纳的话说，希望"把摄像机看作聚会中的第三人"。它提供了新旧交融的娱乐享受，邀请了喜剧演员杰克·E. 伦纳德和斯马瑟斯兄弟，音乐家巴迪·里奇和"感恩而死"乐队，制片人奥托·普雷明格和罗曼·波兰斯基。赫夫纳渴望展示当今性革命中的乐趣。"提倡以宽容的态度对待性的'花花公子'哲学在节目中得到了暗示，"他对《名利场》说，"但我们会把它做得有品位、很时尚。"[49]

接下来，赫夫纳恋爱了。1968年8月7日，第三次录制《天黑后的花花公子》时，他遇见了加州大学洛杉矶分校18岁的女大学生芭芭拉·克莱因，她是一名临时演员。赫夫纳立即被她学生妹的气质打动了——圆圆的鼻子、黑色的大眼睛和长发、令人目眩的微笑和紫色的迷你裙。据后来介绍他们认识的李·沃尔夫伯格说，赫夫纳第一次遇见她时，"仿佛电影中的场景，在拥挤的房间里，他看见了她，眼睛为之一亮"。当她伴随着应邀演出的"铁蝴蝶"乐队的音乐疯狂起舞时，"我差点儿从椅子上跌下来"，赫夫纳回忆说。第二天，他们拍摄另一集，赫夫纳终于找到机会跟这位小美女说话。他邀请她与他和几个朋友录完节目后去洛杉矶的一家迪斯科舞厅玩，一段广为流传的笑话由此产生。克莱因说："我从来没有约会过25岁以上的任何人。""不错嘛，"赫夫纳回答说，"我也没有。"[50]

当晚，赫夫纳与克莱因伴随着赫布·阿尔珀特的热门歌曲《这家伙爱上你了》相拥慢舞，赫夫纳开始爱上她了。在克莱因看来，这位追求者聪明、风趣、有魅力,但是担心"他老得都能当我爸爸了"。随后的几个晚上,他们一起吃饭、跳舞,约会结束前会躲在俱乐部阴暗的角落里像十几岁的少男少女一样拥抱接吻。"突然,他在我看来不是那么老了。"这名女大学生说。赫夫纳承认:"高中之后我就没有这种感觉了。我带着幸福的眩晕感飞回了芝加哥。"[51]

接下来的几个月里,沉迷于爱情的赫夫纳开始利用去洛杉矶的机会疯狂地追求克莱因。起初,一辆花花公子公司的汽车会把克莱因从宿舍楼接出来,但随着其他学生开始议论纷纷,她开始开着自己的车出来跟这位出版人约会。克莱因成了《天黑后的花花公子》中的常客,越来越频繁地出现在赫夫纳的身边,拍摄间隙两人会手牵手地坐下来。"我们两个都很激动。我还记得他送花到宿舍来的情景,他送了那么多花,宿舍楼里每一个女孩一朵都分得过来。"她说,"这是一种全新的体验,跟你在一起的这个人知道怎样跟女人打交道,他的确能让一个女人觉得自己特别"。[52]

9月,克莱因接受赫夫纳的邀请来到芝加哥,待在花花公子大厦里,还陪他去日内瓦湖的度假村。他们常常亲吻爱抚,但克莱因拒绝失去童贞。对她而言,那意味着完全的承诺,她对两人的年龄差距仍心存疑虑。赫夫纳深感受挫,但他真的很喜欢克莱因,耐心战胜了欲望。他做出了惊人之举,去萨克拉曼多拜见了克莱因的父母,随后与克莱因一起飞去阿斯彭滑雪度圣诞,接着在拉斯维加斯庆祝新年。朋友们都惊讶于他这种热情又谨慎的追求方式。"他是真的爱上了这个姑娘。"科斯比说。[53]

这种情形持续了几个月。最终，1969年情人节，两人在花花公子大厦赫夫纳的圆形旋转床上确定了关系。"接下来，我们就做了那件事，我很震惊，"克莱因回忆说，"我甚至记不清事情是怎样发生的，我被这一切惊呆了。我记得当时我想，嗯，至少我们扫清了障碍"。一旦禁忌被打破，克莱恩全身心地投入了这段感情，成为了赫夫纳生命中的关键人物。[54]

她对这位出版人有着直接的影响，想出了一系列令赫夫纳的朋友们和助手们吃惊的旅行计划。2月，他俩与其他三对情侣一起去墨西哥阿卡普尔科的海边度假。赫夫纳体验了拖伞运动，尽管他不会游泳也不喜欢水。他们在当地买了一些大麻，玩得很开心，整个晚上一边傻笑一边大吃肯德基。3月，他们去了夏威夷。初夏，又去了波多黎各。后来，克莱因在影片《像你这样好的姑娘怎么能做这种事》得到了主演的机会，在为期数周的拍摄过程中，赫夫纳陪她去了罗马、蒙特卡洛、巴黎和伦敦。根据赫夫纳的建议，她改名为芭比·本顿，因为这在剧院的公告牌上看上去更好一些。赫夫纳甚至在一场新闻发布会上公开表示："我想，我可以说这是我第一次恋爱。"[55]

在女友的陪伴下，赫夫纳表现出了对各种活动的新热情，尤其是在加州。他们会在迪斯尼乐园玩一天，跟"桑尼与雪儿"组合打保龄球，甚至开始打网球。"我们过去常常在公共球场打球，因为没有加入俱乐部。"她解释说，"我们水平相当，都是初学者，但有时候到了球场后发现要等，那就只能等……你见过赫夫排队吗？很有意思，我们手拉着手一起等。"[56]

本顿认为，奢华的生活方式是赫夫纳魅力的重要部分。她是一名医生的女儿，习惯了享受生活中的美好事物，喜欢花花公子大厦里拉菲庄园的红酒。"我就应该成为一名犹太裔的公主，"她坦承，"这是一种女孩能够适应的生活方式。"她也进入了《花花公子》的轨道，于1970年拍摄了9页照片，题目是"芭比娃娃"。起初她不肯拍摄裸照，但后来克服了保守，因为这本杂志"支持真正的高品位"。本顿追求自己的模特事业，希望成为一名歌手，享受名人男友的宠爱，活在当下。"我真的会想，我可能永远跟赫夫在一起，只要我们开心。"她说。[57]

1968年，赫夫纳与结识不久的女友芭比·本顿。

因此，60年代末，赫夫纳达到了幸福感和影响力的巅峰。《花花公子》的读者数量打破了历史纪录，不断地塑造公众观点，获利颇丰。随着美国追赶并接纳了他倡导的性解放、享受消费、追求享乐的先进理念，他的名人地位不断上升。他公开的自由主义政治活动似乎体现了这一动荡年代的精神。同样重要的是，他似乎找到了自己的梦中女孩。

然而，如同希腊神话中的英雄被告诫警惕自满一样，赫夫纳在如日中天之时遭遇了意外打击，跌得很惨。随着一种潮流在 60 年代末美国极端化的环境中愈演愈烈，他的某些自由主义盟友遇到了麻烦。许多妇女一向对《花花公子》及其刻画的女性形象不满，如今她们擦亮武器，开始向这位出版人报仇。事情跟从前再也不同了。

（未完待续）

下册三月出版　　敬请期待……

III 如日中天（下）
12 女人要什么
13 钻进兔子窝
14 成人的迪斯尼乐园

IV 陷入低谷
15 分崩离析
16 黑暗岁月
17 曲终人散
18 枕边的陌生人

V 东山再起
19 新娘嫁衣
20 大家族
21 卷土重来

Mr.
他是男人的梦想，女人的渴望。他就是《花花公子》的创刊人……休·赫夫纳
PLAYBOY

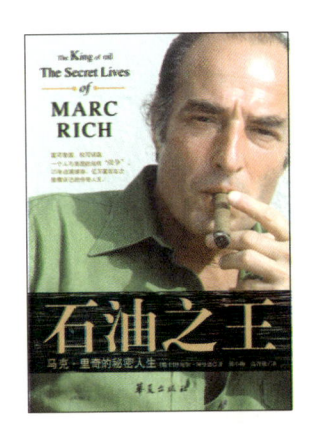

阅读推荐

石油之王：马克·里奇的秘密人生

【瑞士】丹尼尔·阿曼恩/著 薛小梅 高育松/译
ISBN 978-7-5080-5565-7
2010年01月出版 16K 定价：39.00元

石油之王马克·里奇25年来首次接受媒体采访，揭秘自己的传奇人生。他是"美国历史上最大的逃税案"的主角，"美国历史上最臭名昭著的十大特赦令"的受益者，本书将为您揭露事件的真相。

高盛：最后的赢家

【美】里莎·埃迪里奇/著 王智洁 肖云 胡波/译
ISBN 978-7-5080-5151-2
2009年05月出版 16K 定价：38.00元

高盛历经百年，虽磨难重重，却巍然屹立。在百年未遇的这场金融危机中，高盛如何独善其身？领导层、职员和公司文化是高盛成功的秘诀所在。本书将带您进入这家华尔街银行巨擎的机密会议室之内。

罗斯福新政的谎言

【美】伯顿·W.小福尔索姆/著 李存捧/译
ISBN 978-7-5080-5560-2
2010年01月出版 16K 定价：39.00元

这是一本批评罗斯福新政的书，观点犀利、新颖。它用大量事实证明，大萧条时期的政府政策的确延缓了经济的复苏，甚至对当今的美国仍有负面影响。时至今日，美国及世界各国至今仍然无法摆脱罗斯福所留下的政策遗产的巨大负面影响。

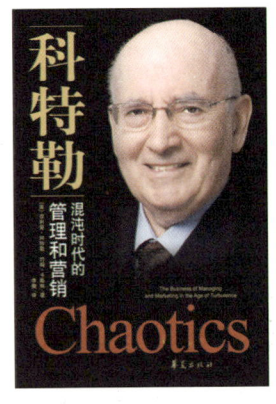

混沌时代的管理和营销

[美] 菲利普·科特勒 约翰·卡斯林/著 李健/译
ISBN 978-7-5080-5152-9
2009年05月出版 16K 定价：39.00元

营销之父菲利普·科特勒的最新力作。本书针对动荡不定的市场和多数企业都不具备应对能力的现状提出了精辟见解，创造性地提出了混沌管理系统——包括一套新的战略行为和工具。它是一部供商界人士和他们的组织应对"动荡年代"所有危机的精彩战略手册。

Better编辑部 BLOG：http://blog.sina.com.cn/betterbookbetterlife

注释

前言

1. 作者对休·赫夫纳的采访，2003年11月6日。
2. 《对快乐的追求》，全国广播公司，1967年5月8日，录像带资料，《赫夫纳文集》。
3. 丹尼尔·布尔斯廷，《形象：美国虚假事件导读》（纽约，1973（1961）），第37页，第240页。

第一章

1. 休·赫夫纳，引自马尔科姆·博伊德，《我的美国同胞》（纽约，1970），第38页；《格伦·赫夫纳档案》，休·赫夫纳备忘录，"爸爸死了"，1992年8月3日，第6页；作者对休·赫夫纳的采访，2003年11月6日。
2. 格雷丝·C. 赫夫纳，《追忆：回忆集》（个人印制，1994），第37-38页，第10-11页，第28-29页，第13页，第33页。
3. 同上，第18页，第31-32页，第37-38页。
4. 同上，第35-39页，第45-46页，第52页，第54-56页；《赫夫纳剪贴簿》，第25卷。
5. 格雷丝·赫夫纳，《追忆》，第59-62页。
6. 同上，第62页，第65-67页；《赫夫纳剪贴簿》，第25卷。
7. 《赫夫纳剪贴簿》，第25卷；林奇/佛罗斯特制作公司对基思·赫夫纳的采访，1991年4月19日，第3页；作者对休·赫夫纳的采访，2003年11月6日。
8. 哈尔·希格登对基思·赫夫纳的采访，1967年；《赫夫纳剪贴簿》，第25卷；作者对休·赫夫纳的采访，2003年11月6日。
9. 格雷丝，引自博伊德，《我的美国同胞》，第39页；吉姆·布罗菲，《其他声音》，1986年3月18日，第1页。
10. 《赫夫纳剪贴簿》，第25卷，第26卷；吉姆·布罗菲，《其他声音》，1986年3月18日，第1页。
11. 《赫夫纳剪贴簿》，第25卷，第26卷。
12. 同上。
13. 《赫夫纳剪贴簿》，第26卷。
14. 作者对休·赫夫纳的采访，2003年11月6日。
15. 同上；哈尔·希格登对基思·赫夫纳的采访，1967年；对米尔德丽德·威廉斯·冈恩的采访，1987年1月，第5面，第9页。
16. 《格雷丝·赫夫纳档案》，日期不明的访谈，第3页；格雷丝，引自博伊德，《我的美国同胞》，第40页；对格雷丝·赫夫纳的采访，1986年12月。
17. 利奥·雅诺什对基思·赫夫纳的采访，1987年，第58-60页；林奇/佛罗斯特制作公司对基思·赫夫纳的采访，第1页；哈尔·希格登对基思·赫夫纳的采访，1967年。

18. 关于维多利亚时期的文化和传统的大量文学作品，包括：丹尼尔·沃克·豪主编，《维多利亚时期的美国》（费城，1976）；卡伦·哈尔图宁，《自信的男人和浓妆的女人：美国中产阶级文化研究，1830－1870》（纽黑文，1982）；约翰·F. 卡森，《粗俗与文明：19世纪美国的礼仪》（纽约，1990）。

19. 关于20世纪早期文化转型的著名著作有：沃伦·萨斯曼，《作为历史的文化：20世纪美国文化的转型》（纽约，1984）；T. J. 杰克逊·利尔斯，《从救赎到自我实现：消费文化的宣传和精神根源，1880－1930》，收录于杰克逊·利尔斯和理查德·福克斯主编，《消费0文化：美国历史批判论文集，1880－1980》（纽约，1983）；拉里·梅，《梳理过去：大众文化和动画产业的诞生》（芝加哥，1983）；约翰·卡森，《娱乐大众：世纪之交的科纳里·艾兰》（纽约，1978）；史蒂文·沃茨，《人民的大亨：亨利·福特和美国世纪》（纽约，2005）。

20. 作者对休·赫夫纳的采访，2003年11月6日；林奇/佛罗斯特制作公司对基思·赫夫纳的采访，第1页；利奥·雅诺什对基思·赫夫纳的采访，第4－5页；对米尔德丽德·威廉斯·冈恩的采访，1987年1月，第5面，第10页。

21. 作者对休·赫夫纳的采访，2003年11月6日；利奥·雅诺什对基思·赫夫纳的采访，第1页，第3页，第5－6页。

22. 作者对休·赫夫纳的采访，2003年11月6日；对格雷丝·赫夫纳的的采访，1989年6月30日，第4－5页；《其他声音：基思·赫夫纳》，《基思·赫夫纳档案》；利奥·雅诺什对基思·赫夫纳的采访，第4页；对格雷丝·赫夫纳的采访，1986年，第29－30页。

23. 作者对休·赫夫纳的采访，2003年11月6日；《赫夫与基思之间关于性和压抑的谈话》，1990年3月27日，《基思·赫夫纳档案》，第1－2页；《其他声音：基思·赫夫纳》，《基思·赫夫纳档案》。

24. 利奥·雅诺什对基思·赫夫纳的采访，第1页，第67页；对格雷丝·赫夫纳、休·赫夫纳和基思·赫夫纳的采访，1986年，《格雷丝·赫夫纳档案》，第26页。

25. 作者对休·赫夫纳的采访，2003年11月6日；利奥·雅诺什对基思·赫夫纳的采访，第14页；对格雷丝·赫夫纳的采访，日期不明，第5页；休·赫夫纳，引自玛丽莲·科尔，《镇上最老的滥交者》，《时代杂志》（伦敦），2003年11月1日，第29页。

26. 作者对休·赫夫纳的采访，2003年11月6日。

27. 林奇/佛罗斯特制作公司对基思·赫夫纳的采访，第5页；利奥·雅诺什对基思·赫夫纳的采访，第32页，第28页。

28. 对格雷丝·赫夫纳的采访，日期不明，第3页；对格雷丝·赫夫纳的采访，1989年6月30日，第14－15页；格雷丝·赫夫纳，《追忆》，第75页。

29. 安·赫尔伯特，《养育美国：专家、父母和关于孩子的世纪建议》（纽约，2003），第5页。又见朱莉娅·格兰特，《育儿：美国母亲的教育》（纽黑文，1998）。

30. 参见史蒂文·L. 施洛特曼的三篇文章：《大众化的危险：〈父母杂志〉的创办》，

收录于艾丽斯·B. 斯马茨和约翰·W. 哈根主编,《儿童成长研究的历史》(《儿童成长研究协会论文集》), 第 50 卷(1986), 第 65 - 67 页, 第 77 页;《美国父母教育中的成型时代:概述与说明》, 收录于罗恩·哈斯金斯和戴安娜·亚当斯主编,《父母教育与公共政策》(诺伍德, 新泽西 1983), 第 10 - 20 页, 第 25 - 32 页;《生育之前:美国父母教育历史的注释, 1897 - 1929》,《哈佛教育评述》, 1976 年 8 月, 第 452 - 465 页。

31. 格雷丝于不明日期和她 1934 年写给小学老师的信,《赫夫纳剪贴簿》, 第 25 卷;对格雷丝·赫夫纳的采访, 日期不明, 第 4 页。

32. 对格雷丝·赫夫纳的采访, 日期不明, 第 6 页;利奥·雅诺什对基思·赫夫纳的采访, 第 30 页;林奇/佛罗斯特制作公司对基思·赫夫纳的采访, 第 1 页;格雷丝, 引自马尔科姆·博伊德,《我的美国同胞》(纽约, 1970), 第 41 页。

33. 作者对休·赫夫纳的采访, 2003 年 11 月 6 日;利奥·雅诺什对基思·赫夫纳的采访, 第 33 - 34 页, 第 62 页。

34. 作者对休·赫夫纳的采访, 2003 年 11 月 6 日;格雷丝, 引自马尔科姆·博伊德,《我的美国同胞》(纽约, 1970), 第 43 页。

35. 科罗拉多州第四司法辖区法庭, 1931 年, 赫夫纳案件地方检察官信息单, 卡森县书记办公室, 相关文件收录于《赫夫纳文集》;作者对休·赫夫纳的采访, 2003 年 11 月 6 日。又见对格雷丝·赫夫纳的采访, 1986 年, 第 38 - 39 页;对格雷丝·赫夫纳的采访, 1989 年 6 月 30 日, 第 45 页, 第 47 - 48 页;利奥·雅诺什对基思·赫夫纳的采访, 第 9 页。

36. 休·赫夫纳写给"亲爱的朋友们"的信, 1948 年 9 月 26 日,《赫夫纳文集》;对米尔德丽德·威廉斯·冈恩的采访, 1987 年 1 月, 第 5 面, 第 11 页;作者对休·赫夫纳的采访, 2003 年 11 月 6 日。

37. 对米尔德丽德·威廉斯·冈恩的采访, 1987 年 1 月, 第 1 盘, 第 1 面, 第 6 页, 第 7 面, 第 1 - 2 页;格雷丝, 引自马尔科姆·博伊德,《我的美国同胞》(纽约, 1970), 第 45 页;利奥·雅诺什对基思·赫夫纳的采访, 第 21 - 22 页。

38. 格雷丝, 引自马尔科姆·博伊德,《我的美国同胞》, 第 42 - 43 页;对格雷丝·赫夫纳、休·赫夫纳和基思·赫夫纳的采访, 1986 年,《格雷丝·赫夫纳档案》, 第 21 页;《追忆》, 第 74 - 75 页;《赫夫纳剪贴簿》, 第 25 卷。

39. 格雷丝, 引自《我的美国同胞》, 第 42 - 43 页;作者对休·赫夫纳的采访, 2003 年 11 月 6 日;林奇/佛罗斯特制作对基思·赫夫纳的采访, 第 5 页;《其他声音:基思·赫夫纳》,《基思·赫夫纳档案》。

40. 作者对休·赫夫纳的采访, 2003 年 11 月 6 日;《赫夫纳剪贴簿》, 第 25 卷。

41. 同上。

42. 作者对休·赫夫纳的采访, 2003 年 11 月 6 日, 11 月 8 日。

43. 作者对休·赫夫纳的采访, 2003 年 11 月 6 日。

44.《赫夫纳剪贴簿》, 第 27 卷, 第 29 卷, 第 1 卷。

45.《赫夫纳剪贴簿》, 第 28 卷, 第 1 卷;吉姆·布罗菲,《其他声音》, 第 2 页, 第 4 页。

46.《赫夫纳剪贴簿》, 第 5 卷, 第 3 卷;吉姆·布罗菲,《其他声音》, 第 6 页。

47. 作者对休·赫夫纳的采访，2003年11月6日；《赫夫纳剪贴簿》，第7卷。
48. 作者对休·赫夫纳的采访，2003年11月6日；贾尼·塞勒斯写给休·赫夫纳的信，1987年5月24日；《贾尼·塞勒斯档案》；《赫夫纳文集》；《赫夫纳剪贴簿》，第4卷，第7卷。
49. 《赫夫纳剪贴簿》，第1卷；作者对休·赫夫纳的采访，2003年11月6日。
50. 《赫夫纳剪贴簿》，第26卷；吉姆·布罗菲，《其他声音》，第4页，第3页；作者对休·赫夫纳的采访，2003年11月6日；《赫夫纳剪贴簿》，第5卷。
51. 《赫夫纳剪贴簿》，第1卷，第4卷；作者对休·赫夫纳的采访，2003年11月6日。
52. 《赫夫纳剪贴簿》，第26卷，第28卷，第30卷；作者对休·赫夫纳的采访，2003年11月6日。
53. 《年轻人的悲剧》，《生活》，1938年6月6日；作者对休·赫夫纳的采访，2003年11月6日；对格雷丝·赫夫纳的采访，第8—9页。
54. 作者对休·赫夫纳的采访，2003年11月6日；对基思·赫夫纳的采访，#85-58，第4—5页；对格雷丝·赫夫纳的采访，第6页；《赫夫纳剪贴簿》，第26卷。关于佩蒂女郎与瓦尔加斯女郎，见詹姆斯·R.彼得森，《性的世纪：〈花花公子〉的性革命历史，1900—1999》（纽约，1999），第126页，第167页。
55. 吉姆·布罗菲，《其他声音》，第5页；对贾妮·博尔森·塞勒斯的采访，《贾妮·塞勒斯档案》；休·赫夫纳的卡通画，1944年1月8日，《赫夫纳剪贴簿》，第7卷。
56. 作者对休·赫夫纳的采访，2003年11月6日，11月8日。

第二章

1. 《赫夫纳剪贴簿》，第8卷；作者对休·赫夫纳的采访，2003年11月8日。
2. 对米尔德丽德·威廉斯·冈恩的采访，1987年1月，第5面，第3—4页；作者对休·赫夫纳的采访，2003年11月8日。
3. 作者对休·赫夫纳的采访，2003年11月8日；对米尔·罗尔巴克的采访，1989年10月，第1盘，B面，第21—22页。
4. 作者对休·赫夫纳的采访，2003年11月8日。
5. 《赫夫纳剪贴簿》，第9卷。
6. 《赫夫纳剪贴簿》，第9—11卷。
7. 此信收录于《赫夫纳剪贴簿》，第11卷。
8. 同上；利奥·雅诺什对基思·赫夫纳的采访，1987年，第57页；作者对休·赫夫纳的采访，2003年11月8日。
9. 《赫夫纳剪贴簿》，第12—13卷。
10. 《赫夫纳剪贴簿》，第14—24卷。
11. 作者对休·赫夫纳的采访，2003年11月8日；《赫夫纳剪贴簿》，第14—24卷。《原子时代》，收录于第22卷。
12. 战时休·赫夫纳写给米尔德丽德·威廉斯的信，收录于《米尔·冈恩档案》，《赫夫纳剪文集》。
13. 《赫夫纳剪贴簿》，第12卷，第13卷，第9—11卷；作者对休·赫夫纳的采访，2003年11月8日。

14. 《赫夫纳剪贴簿》, 第31-34卷。
15. 《赫夫纳剪贴簿》, 第35-36卷; 作者对休·赫夫纳的采访, 2003年11月8日。
16. 《赫夫纳剪贴簿》, 第36-38卷; 作者对休·赫夫纳的采访, 2003年11月8日。
17. 作者对休·赫夫纳的采访, 2003年11月8日。
18. 《赫夫纳剪贴簿》, 第38卷; 作者对休·赫夫纳的采访, 2003年11月8日。
19. 《赫夫纳剪贴簿》, 第36卷; 作者对休·赫夫纳的采访, 2003年11月8日。
20. 《赫夫纳剪贴簿》, 第41卷; 作者对休·赫夫纳的采访, 2003年11月8日。
21. 《赫夫纳剪贴簿》, 第38; 利奥·雅诺什对鲍勃·普罗伊斯的采访, 1987年。
22. 《赫夫纳剪贴簿》, 第43卷; 利奥·雅诺什对鲍勃·普罗伊斯的采访, 1987年; 作者对休·赫夫纳的采访, 2003年11月8日。
23. 此剧收录于《赫夫纳剪贴簿》, 第41卷。
24. 休·赫夫纳写给"亲爱的朋友们"的信, 1948年10月11日, 《休·赫夫纳文集》。
25. 《赫夫纳剪贴簿》, 第35卷, 特别是休·赫夫纳写给贾妮·博尔森·塞勒斯的信, 1946年8月5日。
26. 对米尔德丽德·威廉斯·冈恩的采访, 1987年1月, 第1盘, 第1面, 第1-2页, 第18页; 默里·费希尔对米尔·罗尔巴克的采访, 1989年10月, 第1-2页; 作者对休·赫夫纳的采访, 2003年11月8日。
27. 对米尔德丽德·威廉斯·冈恩的采访, 1987年1月, 第1面, 第16-17页, 第5面, 第15-16页; 作者对休·赫夫纳的采访, 2003年11月8日; 《赫夫纳剪贴簿》, 第41卷。
28. 默里·费希尔对米尔·罗尔巴克的采访, 1989年10月, 第1-2页; 作者对休·赫夫纳的采访, 2003年11月8日; 对米尔德丽德·威廉斯·冈恩的采访, 1987年1月, 第1盘, 第1面, 第10页, 第18页, 第1盘, 第2面, 第1-2页。
29. 雷吉娜·马克尔·莫兰兹, 《身为性斗士的科学家: 艾尔弗雷德·C.金西与美国文化》, 《美国人季刊》(1977冬), 第564页。又见詹姆斯·H.琼斯, 《艾尔弗雷德·C.金西: 公众/私人生活》(纽约, 1997)。
30. 莫兰兹, 《性斗士》, 第568-575页, 第582-583页。
31. 莫兰兹, 《性斗士》, 第575-582页; 《时代》, 1953年8月24日。
32. 休·赫夫纳写给贾妮·博尔森·塞勒斯的信, 1946年8月5日, 《赫夫纳剪贴簿》, 第35卷。
33. 《赫夫纳剪贴簿》, 第40卷, 第42卷, 第36卷, 第38卷。
34. 《赫夫纳剪贴簿》, 第41卷, 第42卷。
35. 利奥·雅诺什对鲍勃·普罗伊斯的采访, 1987年; 对米尔德丽德·威廉斯·冈恩的采访, 1987年1月, 第5面, 第12页, 第15页。
36. 休·赫夫纳的评论, 收录于《赫夫纳剪贴簿》, 第41卷。
37. 《赫夫纳剪贴簿》, 第42卷。
38. 对米尔德丽德·威廉斯·冈恩的采访, 1987年1月, 第1盘, 第1面, 第10-11页; 作者对休·赫夫纳的采访, 2003年11月8日。
39. 作者对休·赫夫纳的采访, 2003年11月8日; 对米尔德丽德·威廉斯·冈恩的采访, 1987年1月, 第1盘, 第2面, 第2页, 第1盘, 第1面, 第17页, 第

1盘，第5面，第18页，第20页，米尔在这个采访中，对自己风流韵事作出了解释。年轻的赫夫纳一定会崩溃的，如果他知道事实真相：米尔与她的教练多次发生性关系，并颇为享受，甚至在坦白此事后仍与教练维持性关系。赫夫纳是在多年以后才了解真相的。

40. 作者对休·赫夫纳的采访，2003年11月8日，2004年5月26日。
41. 赫夫纳的笔记，见《赫夫纳剪贴簿》，第24卷。

第三章

1. 休·赫夫纳写给"亲爱的朋友们"的信，1948年9月26日，《休·赫夫纳文集》。
2. 《赫夫纳剪贴簿》，第44卷；作者对休·赫夫纳的采访，2004年1月3日。
3. 休·赫夫纳，《休·赫夫纳故事》备忘录，1995年9月12日；作者对休·赫夫纳的采访，2004年1月3日。
4. 《赫夫纳剪贴簿》，第44卷，第46卷，第47卷；作者对休·赫夫纳的采访，2004年1月3日。
5. 作者对休·赫夫纳的采访，2004年1月3日；休·赫夫纳的信，1951年圣诞节，收录于《赫夫纳剪贴簿》，第49卷；休·赫夫纳，《休·赫夫纳故事》备忘录，1995年9月12日。
6. 同上；休·赫夫纳的信，1953年1月1日，收录于《赫夫纳剪贴簿》，第51卷。
7. 赫夫纳的笔记，1949年9月，收录于《赫夫纳剪贴簿》，第46卷。
8. 对米尔德丽德·威廉斯·冈恩的采访，1987年1月；《赫夫纳剪贴簿》，第44卷，第46卷。
9. 《赫夫纳剪贴簿》，第47卷；利奥·雅诺什对米尔·冈恩的采访，1987年1月。
10. 《芝加哥每日论坛报》，1951年4月4日；《芝加哥美国人报》，1951年4月16日，《赫夫纳剪贴簿》，第48卷；休·赫夫纳的信，1951年3月，《赫夫纳剪贴簿》，第48卷。
11. 休·赫夫纳的信，1951年1月1日，1951年8月19日，《赫夫纳剪贴簿》，第49卷。
12. 休·赫夫纳的信，1951年圣诞节，《赫夫纳剪贴簿》，第49卷；休·赫夫纳的信，1952年5月1日，《赫夫纳剪贴簿》，第50卷；作者对休·赫夫纳的采访，2004年1月3日。
13. 作者对休·赫夫纳的采访，2003年11月8日，2004年1月3日。
14. 休·赫夫纳，引自理查德·格曼，《了不起的赫夫》手稿，1962年，第404—405页。
15. 同上，第406—407页；《花花公子访谈：安·兰德》，《花花公子》，1964年3月；作者对休·赫夫纳的采访，2004年1月7日。
16. 休·赫夫纳，《性行为和美国法律》，《赫夫纳文集》，第4页，第73—77页。
17. 休·赫夫纳备忘录，1987年6月17日，《赫夫纳文集》；作者对休·赫夫纳的采访，2004年1月3日。
18. 休·赫夫纳，引自理查德·格曼，《了不起的赫夫》手稿，1962年，第406—407页；作者对休·赫夫纳的采访，2004年1月3日。
19. 作者对休·赫夫纳的采访，2004年1月3日；对米尔德丽德·威廉斯·冈恩的采访，1987年1月，第5面，第11页；休·赫夫纳的信，1951年圣诞节，《赫夫纳剪贴簿》，第47卷。
20.《赫夫纳剪贴簿》，第50卷，第51卷；休·赫夫纳，《休·赫夫纳故事》备忘录，1995年9月12日，《赫夫纳文集》；对米尔德丽德·威廉斯·冈恩的采访，1987年1月；作者对休·赫夫纳的采访，2004年1月23日。
21. 作者对休·赫夫纳的采访，2004年1月3日。
22. 作者对休·赫夫纳的采访，2004年1月3日；对米尔·罗尔巴克的采访，1989年10月；埃尔登·塞勒斯，日期不明的回忆录，《埃尔登·塞勒斯档案》，《赫夫纳文集》。
23. 对米尔德丽德·威廉斯·冈恩的采访，1987年1月；作者对休·赫夫纳的采访，2004年1月3日。
24. 埃尔登·塞勒斯回忆录；《赫夫纳剪贴簿》，第51卷；休·赫夫纳，《休·赫夫纳故事》备忘录，1995年9月12日，《赫夫纳文集》，第11页；作者对休·赫夫纳的采访，2004年1月3日。
25. 对米尔·罗尔巴克的采访，1989年10月；休·赫夫纳的信，1952年5月1日，《赫夫纳剪贴簿》，第50卷；《赫夫纳剪贴簿》，第51卷；埃尔登·塞勒斯回忆录。
26. 对米尔·罗尔巴克的采访，1989年10月；米尔德丽德·威廉斯·冈恩访谈，1987年1月；埃尔登·塞勒斯回忆录。
27. 对米尔德丽德·威廉斯·冈恩的采访，1987年1月；埃尔登·塞勒斯回忆录；对米尔·罗尔巴克的采访，1989年10月。
28. 埃尔登·塞勒斯回忆录。
29. 同上。
30. 埃尔登·塞勒斯回忆录；对米尔德丽德·威廉斯·冈恩的采访，1987年1月。
31. 埃尔登·塞勒斯回忆录；作者对休·赫夫纳的采访，2004年1月3日。
32.《休·赫夫纳故事》，第11页；作者对休·赫夫纳的采访，2004年1月3日。
33.《赫夫纳剪贴簿》，第51卷；休·赫夫纳，《休·赫夫纳故事》，第11页。
34. 卡通画片段，1944年8月6日，收录于《赫夫纳剪贴簿》，第12卷；《休·赫夫纳故事》，第11–12页；作者对休·赫夫纳的采访，2004年1月3日。
35. 作者对休·赫夫纳的采访，2004年1月3日。
36.《其他声音：埃尔登·塞勒斯》，《埃尔登·塞勒斯档案》，《赫夫纳文集》；卡通画，1953年3月，收录于《赫夫纳剪贴簿》，第52卷。
37.《赫夫纳剪贴簿》，第52卷。
38.《赫夫纳剪贴簿》，第52卷；对米尔·罗尔巴克的采访，1989年10月；《对伯特·佐洛采访的笔记》，1988年8月18日，《伯特·佐洛档案》，《赫夫纳文集》。
39.《休·赫夫纳故事》，第12–13页；《对伯特·佐洛采访的笔记》；写给父母的信，1953年9月5日，《赫夫纳剪贴簿》，第52卷；对米尔德丽德·威廉斯·冈恩的采访，1989年10月；埃尔登·塞勒斯回忆录。
40. 作者对休·赫夫纳的采访，2004年1月3日；《休·赫夫纳故事》，第13页；利奥·雅诺什对阿特·保罗的采访，1986年，《赫夫纳文集》；《了不起的赫夫》手稿，第241–243页。
41.《赫夫纳剪贴簿》，第50卷；《休·赫夫纳故事》手稿，第12页；休·赫夫纳，

《黄金梦》，《花花公子》，1994 年 1 月，第 121 页。

42. 作者对休·赫夫纳的采访，2004 年 1 月 3 日；《赫夫纳剪贴簿》，第 52 卷；《黄金梦》，第 265 页；利奥·雅诺什对阿特·保罗的采访，1986 年，《赫夫纳文集》。

第四章

1. 休·赫夫纳，《黄金梦》，《花花公子》，1994 年 1 月，第 271 页；休·赫夫纳写给后代的信，1954 年 1 月，《赫夫纳剪贴簿》，第 53 卷。

2. 《黄金梦》，第 271-272 页。

3. 同上。

4. 同上，第 270-271 页；作者对休·赫夫纳的采访，2004 年 1 月 3 日。

5. 《花花公子》，第 1 期，日期不明，第 3 页。

6. 同上。

7. 同上，第 17-19 页。

8. 戴维·哈伯斯塔姆，《50 年代》（纽约，1993），第 116-130 页，第 173-187 页；肯尼思·杰克逊，《杂草边缘：美国的郊区化》，（纽约，1985）；《了不起的国家!》，《财富》，1956 年 10 月；戴维·波特，《富足的人民》（芝加哥，1954）；《特殊事件：美好生活》，《生活》，1959 年 12 月 28 日，第 13-14 页。

9. 见伊莱恩·泰勒·梅，《回家：冷战时代的美国家庭》（纽约，1988）。此处引自第 11 页。

10. 关于这次变革的经典分析，见沃伦·I. 萨斯曼，《人格与 20 世纪文化的产生》，收录于他的《作为历史的文化》（纽约，1984），第 271-285 页。

11. 见斯蒂芬·J. 怀特菲尔德，《冷战文化》（巴尔的摩，1991），该书对此趋势做了有趣的分析。

12. 见拉里·梅主编的论文集《重塑美国：冷战时期的文化和政治》（芝加哥，1988），该论文集探讨了多种异见的动因。

13. 休·赫夫纳给后代的信，1954 年 1 月，《赫夫纳剪贴簿》，第 53 卷；作者对休·赫夫纳的采访，2004 年 1 月 3 日。

14. 作者对休·赫夫纳的采访，2004 年 1 月 3 日。

15. 《对休·赫夫纳的不礼貌的采访》，《现实主义者》，1961 年 5 月，第 11 页。

16. 来自《花花公子》副主编雷·拉塞尔的信，发表在 1954 年 4 月的《作家文摘》，《赫夫纳剪贴簿》，第 53 卷；《美好生活》，《花花公子》，1955 年 9 月，第 63 页。

17. 《花花账单》，《花花公子》，1954 年 11 月，第 2 页；《他们叫我花花公子》，1955 年在《广告时代》上刊登的广告，《赫夫纳剪贴簿》，第 56 卷。

18. 《〈花花公子〉读者》，《花花公子》，1955 年 9 月，第 36-37 页。

19. 《什么是花花公子》，《花花公子》，1956 年 4 月，第 73 页。

20. 休·赫夫纳，引自艾伦·惠特尼，《〈花花公子〉：爆发的性活动》，《芝加哥》，1955 年 10 月，第 37 页。

21. 《裸体与外国电影》，《花花公子》，1954 年 10 月，第 40-44 页。

22. 休·赫夫纳，引自《花花公子：爆发的性活动》，第 36-37 页。

23. 见《花花公子》：鲍勃·诺曼（伯特·佐洛），《1953 年的掘金女》（第 1 期，日期不明),《亲爱的花花公子》,1954年1月;伯特·佐洛,《单身汉渔猎期》,1954年1月;杰伊·史密斯,《针对多配偶制的投票》,1955年7月。

24. 见《花花公子》:朱利恩·戴德曼,《布鲁克斯兄弟看过来》,1954年2月;托马斯·马里奥,《牡蛎的美妙之处》,1954年4月;托马斯·马里奥,《如何玩火》,1954年7月。

25. 见《花花公子》:戴维·布鲁贝克,《新爵士乐的听众》,1955年8月;《花花账单》和《下班后的花花公子》,1955年11月;《花花账单》,1956年10月。

26. 见《花花公子》:谢波德·米德,《如何找工作》,1954年5月;托马斯·马里奥,《她是你喜欢的类型吗?》,1954年10月;伊夫林·沃,《绘画之死》,1956年8月。

27. 雷·布雷德伯里,《华氏451度》,1954年3月至5月在《花花公子》上连载;查尔斯·波蒙特,《黑乡》,《花花公子》,1954年9月;来自《花花公子》副主编雷·拉塞尔的信,发表在1954年4月的《作家文摘》,《赫夫纳剪贴簿》,第53卷。《花花公子》早期的其他小说作品还有:W. 萨摩赛特·莫姆,《表象与事实》,1954年10月;约翰·斯坦贝克,《强尼熊的耳朵》,1955年1月;詹姆斯·琼斯,《国王》,1955年10月。

28. 杰克逊·利尔斯,《品位问题:大众消费社会中的公司文化垄断》,《重塑美国》5月刊,第38—57页。

29. 休·赫夫纳写给后代的信,1955年1月,《赫夫纳剪贴簿》,第55卷;休·赫夫纳写给后代的信,1955年夏,《赫夫纳剪贴簿》,第56卷;休·赫夫纳写给投资者的信,1956年12月,《赫夫纳剪贴簿》,第57卷。

30. 休·赫夫纳写给后代的信,1954年1月,《赫夫纳剪贴簿》,第53卷。

31. 埃尔登·塞勒斯回忆录(日期不明),《埃尔登·塞勒斯档案》,《赫夫纳文集》;休·赫夫纳写给后代的信,1955年1月。

32. 休·赫夫纳,引自《〈花花公子〉:爆发的性活动》,《芝加哥》,1955年10月,第37页;休·赫夫纳在迈克·华莱士的电视节目《晚间节奏》中对话的抄本,1956年秋,《赫夫纳剪贴簿》,第58卷;休·赫夫纳写给后代的信,1955年1月。

33. 休·赫夫纳写给后代的信,1955年1月。

34. 休·赫夫纳写给后代的信,1954年1月;休·赫夫纳写给后代的信,1955年夏。

35. 《〈花花公子〉:爆发的性活动》,《芝加哥》,1955年10月,第35页;休·赫夫纳引自第37页;《无礼的初来者》,《时代》,1956年9月24日;《为了年轻的城市伙计们》,《新闻周刊》,1955年11月7日;1956年《晚间节奏》抄本。

36. 《〈花花公子〉走向法庭,挑战萨默菲尔德的禁令》,《纽约邮报》,1955年11月18日;《〈花花公子〉,二等邮件的困扰》,《印刷墨》,1955年12月2日;《新闻稿》,1955年11月,《赫夫纳文集》。

37. 《西北日报》文章:《大学书店拒绝〈花花公子〉》,1956年1月13日;《未在现场的人的故事》,1956年1月30日;休·赫夫纳,《〈花花公子〉编辑驳书店封杀令》,1956年1月19日。

第五章

1. 对玛吉·皮特纳的采访，1988年7月8日，《赫夫纳文集》。
2. 对玛吉·皮特纳的采访，1988年7月8日，《赫夫纳文集》；特里基利斯制作公司对帕特里夏·帕帕格里斯的采访，《帕特·帕帕斯档案》，《赫夫纳文集》。
3. 特里基利斯制作公司对约翰·马斯特罗的采访，《马斯特罗档案》，《赫夫纳文集》；默里·费希尔对文斯·田尻的采访，1989年12月18日，《文斯·田尻档案》，《赫夫纳文集》。
4. 利奥·雅诺什对阿特·保罗的采访，1986年，《阿特·保罗档案》，《赫夫纳文集》，第12－16页。
5. 《阿特·保罗和朋友》，《商业艺术日报》，1960年8月，未注明出版商；理查德·格曼，《了不起的赫夫》手稿，1962年，《赫夫纳文集》，第242－244页。格曼未出版的手稿主要通过采访获取资料，并大量引用了采访内容。
6. 利奥·雅诺什对阿特·保罗的采访，1986年，《阿特·保罗档案》，《赫夫纳文集》，第2－4页；《阿特·保罗和朋友》，《商业艺术日报》，1960年8月，未注明出版商。
7. 雷·拉塞尔写给利奥·雅诺什的信，1987年1月20日，《雷·拉塞尔档案》，《赫夫纳文集》；拉塞尔，引自格曼，《了不起的赫夫》手稿，1962年，第438－442页。
8. 雷·拉塞尔写给利奥·雅诺什的信，1987年1月20日，《雷·拉塞尔档案》，《赫夫纳文集》。
9. 雷·拉塞尔写给利奥·雅诺什的信，1987年1月20日，《雷·拉塞尔档案》，《赫夫纳文集》；拉塞尔，引自格曼，《了不起的赫夫》手稿，1962年，第443－444页。
10. 对文斯·田尻的采访，日期不明，《文斯·田尻档案》，《赫夫纳文集》；《著名第二代日裔美国人文斯·田尻辞世》，《罗府新报》，1993年2月9日。
11. 对文斯·田尻的采访，日期不明，《文斯·田尻档案》，《赫夫纳文集》；田尻，引自格曼，《了不起的赫夫》手稿，1962年，第244－247页。
12. 《赫夫纳剪贴簿》，第57卷；休·赫夫纳写给基思和蕾·赫夫纳的信，1956年4月2日，《基思·赫夫纳档案》，《赫夫纳文集》。
13. 雷·拉塞尔写给利奥·雅诺什的信，1987年1月20日，《雷·拉塞尔档案》，《赫夫纳文集》；斯佩克特斯凯，引自格曼，《了不起的赫夫》手稿，1962年，第218－220页。
14. 斯佩克特斯凯写给休·赫夫纳的信，1956年2月18日，《赫夫纳文集》；休·赫夫纳写给基思和蕾·赫夫纳的信，1956年4月2日，《基思·赫夫纳档案》，《赫夫纳文集》；默里·费希尔采访阿琳·布拉斯时，引用了斯佩克特斯凯的话，1989年5月10日，第18－19页，《赫夫纳文集》；斯佩克特斯凯写给维克·洛恩斯的备忘录，1956年5月14日，《赫夫纳文集》。
15. 对斯佩克特斯凯的采访，引自理查德·格曼，《了不起的赫夫》手稿，1962年，第221－224页；对西奥·斯佩克特斯凯的采访，《西奥·斯佩克特斯凯档案》，《赫夫纳文集》。赫夫纳在2004年5月接受作者采访时，指出了斯佩克特斯凯的重要影响。
16. 默里·费希尔对西奥·斯佩克特斯凯的采访，1989年5月8日，《赫夫纳文集》。

17. 默里·费希尔对西奥·斯佩克特斯凯的采访，1989 年 5 月 8 日；默里·费希尔对阿琳·布拉斯的采访，1989 年 5 月 10 日，第 5-6 页；默里·费希尔，引自格曼，《了不起的赫夫》手稿，1962 年，第 227-228 页；《A.C. 斯佩克特斯凯深度访谈》，《世界商业》，1967 年 4 月，第 45 页。

18. 斯佩克特斯凯，引自格曼，《了不起的赫夫》手稿，1962 年，第 229 页；默里·费希尔对斯佩克特斯凯的采访，1989 年 5 月 8 日。

19. 默里·费希尔对斯佩克特斯凯的采访，1989 年 5 月 8 日；默里·费希尔对阿琳·布拉斯的采访，1989 年 5 月 10 日，第 16-18 页。《花花公子》的编辑沃特·古德曼叙述了这个三部曲故事，托马斯·韦尔在其书中重述，《向天堂进发：〈花花公子〉看美国》（纽约，1978），第 39 页。

20. 斯佩克特斯凯，引自格曼，《了不起的赫夫》手稿，1962 年，第 193 页；斯佩写给赫夫的备忘录，"操纵者"，1957 年 9 月 25 日，《赫夫纳文集》；《雷·拉塞尔访谈精华》，1989 年 6 月 8 日，《雷·拉塞尔档案》，《赫夫纳文集》。

21. 默里·费希尔对西奥·斯佩克特斯凯的采访，1989 年 5 月 8 日；《雷·拉塞尔访谈精华》，1989 年 6 月 8 日，《雷·拉塞尔档案》，《赫夫纳文集》；斯佩克特斯凯，引自牧师马尔科姆·博伊德，《晚年的斯佩克特斯凯在〈花花公子〉》，《综艺》，1972 年 2 月 2 日。

22. 《埃尔登·塞勒斯谈话拾遗》，1989 年 1 月 3 日，《埃尔登·塞勒斯档案》，《赫夫纳文集》。

23. 林奇/佛罗斯特对维克托·洛恩斯的采访，1991 年 4 月 13 日，《维克托·洛恩斯档案》，《赫夫纳文集》；《埃尔登·塞勒斯谈话拾遗》，1989 年 1 月 3 日，《埃尔登·塞勒斯档案》，《赫夫纳文集》。

24. 默里·费希尔对西奥·斯佩克特斯凯的采访，1989 年 5 月 8 日；利奥·雅诺什对贝蒂·祖济亚克的采访，1988 年；默里·费希尔对维克托·洛恩斯的采访，1989 年 3 月 10 日。

25. 洛恩斯，引自格曼，《了不起的赫夫》手稿，1962 年，第 261-262 页；对谢尔·西尔弗斯坦的采访，休·赫夫纳在场，1986 年 12 月 26 日，《谢尔·西尔弗斯坦档案》，《赫夫纳文集》。

26. 默里·费希尔对维克托·洛恩斯的采访，1989 年 3 月 10 日，《赫夫纳文集》；埃尔登·塞勒斯回忆录，1989 年，《埃尔登·塞勒斯档案》，《赫夫纳文集》。

27. 默里·费希尔对维克托·洛恩斯的采访，1989 年 3 月 12 日；迪克·罗森茨魏希，《罗森茨魏希谈工作中的维克》，《维克托·洛恩斯档案》，《赫夫纳文集》；《西奥·斯佩克特斯凯谈安森·芒特》，《安森·芒特档案》，《赫夫纳文集》；《文斯·田尻谈维克·洛恩斯》，《文斯·田尻档案》，《赫夫纳文集》。

28. 默里·费希尔对维克托·洛恩斯的采访，1989 年 3 月 12 日，《维克托·洛恩斯档案》，《赫夫纳文集》；休·赫夫纳写给维克托·洛恩斯的信，1959 年 12 月备忘录，《维克托·洛恩档案》，《赫夫纳文集》。

29. 利奥·雅诺什对贝蒂·祖济亚克的采访，1988 年，第 51 页；默里·费希尔对西奥·斯佩克特斯凯的采访，1989 年 5 月 8 日；默里·费希尔对埃莉诺·布拉德利的采访，1989 年 9 月 27 日；默里·费希尔对琼·帕克的采访，1989 年 6 月 14 日；

拉塞尔·米勒，《兔女郎：〈花花公子〉的真实故事》（纽约，1984），第 56 页；《埃尔登·塞勒斯谈工作中的维克》，《维克托·洛恩斯档案》，《赫夫纳文集》。

30. 迪克·罗森茨魏希，《罗森茨魏希谈工作中的维克》，《维克托·洛恩斯档案》，《赫夫纳文集》；格曼，《了不起的赫夫》手稿，1962 年，第 257 页；迈克·谢伊，《迈克·谢伊谈维克》，《维克托·洛恩斯档案》，《赫夫纳文集》；作者对休·赫夫纳的采访，2004 年 5 月。

31. 默里·费希尔对埃莉诺·布拉德利的采访，1989 年 9 月 27 日，《赫夫纳文集》；对谢尔·西尔弗斯坦的采访，休·赫夫纳在场，1986 年 11 月 26 日，《赫夫纳文集》。

32. 西奥·斯佩克特斯凯，《杰克·凯西档案》，《赫夫纳文集》；乔·帕采克谈《232 的生活》，《乔·帕采克档案》，《赫夫纳文集》。

33. 默里·费希尔对南希·芒特的采访，1989 年 7 月 7 日，《赫夫纳文集》；《西奥·斯佩克特斯凯谈安森·芒特》，《安森·芒特档案》，《赫夫纳文集》。

34. 《勒罗伊·奈曼、艺术与生活方式》小册子，《奈曼档案》，《赫夫纳文集》；林奇/佛罗斯特制作公司对勒罗伊·奈曼的采访，1991 年 5 月 23 日，《赫夫纳文集》；《勒罗伊·奈曼谈'男性休闲'栏目的开创》，《奈曼档案》，《赫夫纳文集》；《其他声音：勒罗伊·奈曼》，《奈曼档案》，《赫夫纳文集》。

35. 乔·帕采克谈《232 的生活》，《乔·帕采克档案》，《赫夫纳文集》；作者对休·赫夫纳的采访，2004 年 5 月；休·赫夫纳，《休·赫夫纳故事》备忘录，1995 年，第 15 页，《赫夫纳文集》。

36. 作者对休·赫夫纳的采访，2004 年 5 月。

37. 阿琳·布拉斯，日期不明的陈述，《布拉斯档案》，《赫夫纳文集》；特里基利斯制作公司对帕特里夏·帕帕格里斯的采访，《帕特·帕帕斯档案》，《赫夫纳文集》；文斯·田尻，日期不明的陈述，《文斯·田尻档案》，《赫夫纳文集》；特里基利斯制作公司对玛吉·皮特纳的采访，《赫夫纳文集》。

38. 作者对休·赫夫纳的采访，2004 年 5 月；阿琳·布拉斯，日期不明的陈述，《布拉斯档案》，《赫夫纳文集》；约翰·马斯特罗，日期不明的陈述，《约翰·马斯特罗档案》，《赫夫纳文集》；埃内斯特·图克，《〈花花公子〉背后的花花公子》，《芝加哥美国人生活画报》，1960 年 6 月 5 日；谢尔·西尔弗斯坦，日期不明的陈述，《西尔弗斯坦档案》，《赫夫纳文集》。

39. 勒罗伊·奈曼，日期不明的陈述，《奈曼档案》，《赫夫纳文集》。

40. 阿琳·布拉斯，引自尼娜·利乌，《在赫夫的国度里遇见纯粹主义者》，《文字编辑》，1990 年 12 月/1991 年 1 月，第 5 页；对约翰·马斯特罗的采访，日期不明，《约翰·马斯特罗档案》，《赫夫纳文集》。

41. 对玛吉·皮特纳的采访，1988 年 7 月 8 日，《赫夫纳文集》；对帕特·帕帕格里斯的采访，1988 年 7 月 7 日，《帕特·帕帕斯档案》，《赫夫纳文集》；对约翰·马斯特罗的采访，日期不明，《约翰·马斯特罗档案》，《赫夫纳文集》；埃尔登·塞勒斯回忆录（日期不明），《埃尔登·塞勒斯档案》，《赫夫纳文集》；格曼，《了不起的赫夫》手稿，1962 年，第 206 页，第 207–208 页，《赫夫纳文集》。

42. 格曼，《了不起的赫夫》手稿，1962 年，第 207–208 页；利奥·雅诺什对阿特·保罗的采访，1986 年，《阿特·保罗档案》，《赫夫纳文集》。

43. 利奥·雅诺什对阿特·保罗的采访，1986年，《阿特·保罗档案》，《赫夫纳文集》；雷·拉塞尔写给利奥·雅诺什的信，1987年1月20日，《雷·拉塞尔档案》，《赫夫纳文集》；利奥·雅诺什对休·赫夫纳和谢尔·西尔弗斯坦的采访，1989年，《谢尔·西尔弗斯坦档案》，《赫夫纳文集》。
44. 休·赫夫纳写给雷·拉塞尔、A.C.斯佩克特斯凯和杰克·凯西的备忘录，1956年11月19日，《赫夫纳文集》。
45. 对文斯·田尻的采访，日期不明，《文斯·田尻档案》，《赫夫纳文集》；阿琳·布拉斯，日期不明的陈述，《布拉斯档案》，《赫夫纳文集》；休·赫夫纳写给弗雷德·克劳福德的备忘录，1957年4月2日，《赫夫纳文集》。
46. 休·赫夫纳写给帕金斯·贝莉的信，1956年9月4日，《赫夫纳文集》；休·赫夫纳给A.C.斯佩克特斯凯的备忘录，1956年6月21日，《赫夫纳文集》；休·赫夫纳写给雷·拉塞尔的备忘录，1959年12月4日，《赫夫纳文集》。
47. 休·赫夫纳写给斯佩克特斯凯的备忘录，1956年10月9日，《赫夫纳文集》；休·赫夫纳写给斯佩克特斯凯、拉塞尔和凯西的备忘录，1956年6月27日，《赫夫纳文集》。
48. 休·赫夫纳写给伯特·佐洛的信，1956年3月21日，《赫夫纳文集》。
49. 杰克·凯西，引自韦尔，《向天堂进发》，第33页；林奇/佛斯特对维克托·洛恩斯的采访，1991年4月13日；A.C.斯佩克特斯凯和阿特·保罗，引自格曼，《了不起的赫夫》手稿，1962年，第197页，第204-205页，《赫夫纳文集》；休·赫夫纳，引自威尔·琼斯，《赫夫纳是花花公子——也是老黄牛，芝加哥有点罗马的味道》，《明尼阿波利斯周日论坛报》，1961年2月26日；作者对休·赫夫纳的采访，2004年5月。
50. 《对休·赫夫纳的秘密的职业审计》，1956年8月13日，《赫夫纳剪贴簿》，第57卷。
51. 休·赫夫纳写给弗雷德·克劳福德的备忘录，1956年5月20日，《赫夫纳文集》；休·赫夫纳1959年年底的信，《赫夫纳剪贴簿》，第63卷。
52. 格曼，《了不起的赫夫》手稿，1962年，第206-207页；休·赫夫纳年底的信，1958年12月，《赫夫纳剪贴簿》，第60卷。
53. 作者对休·赫夫纳的采访，2004年5月。

第六章

1. 抄本，休·赫夫纳在《迈克·华莱士访谈》，1956年秋，《赫夫纳剪贴簿》，第58卷。
2. 贝丝·贝莉在其文章《性革命》中梳理并分析了性革命的脉络，该文章见戴维·法伯主编，《60年代：从记忆到历史》（查珀尔希尔，北卡罗来纳，1994），第235-262页，以及《中心地带的性》（剑桥，马萨诸塞，1999）。
3. 《纽约客》封面，1957年6月22日；戴维·科特，《时尚在美国》，《国家》，1957年2月2日，第96-96页。
4. 休·赫夫纳，"花花公子哲学"，《花花公子》，1963年9月，第81页，1963年2月，第45页，1965年2月，第177页；《花花公子访谈：休·赫夫纳》，《花花公子》，1974年1月，第65-66页。

5. 关于维多利亚文化的二次文献是海量的，其中丹尼尔·沃克·豪主编的《维多利亚时期的美国》（费城，1976）是个好的开端。又见雅伊梅·索科洛夫，《性爱与现代化：西尔维斯特·格雷厄姆、健康改革以及维多利亚时期美国性特征的根源》（拉瑟福德，新泽西，1983）；科姆斯托克，海伦·莱夫科维茨·霍罗维茨，《重新解读性：关于性知识和美国19世纪性压抑的战争》（纽约，2002），第367-403页。
6. 世纪之交，美国文化从维多利亚时期的自我否定向现代消费文化的自我满足转变，关于这方面的优秀作品有：T.J.杰克逊·利尔斯，《从救赎到自我实现：广告与消费文化的精神根源，1880-1930》，收录于杰克逊·利尔斯和理查德·福克斯主编，《消费文化：美国历史批判论文集，1880-1980》（纽约，1983）；拉里·梅，《梳理过去：大众文化和动画产业的诞生》（芝加哥，1983）；约翰·卡森，《娱乐大众：世纪之交的科纳里·艾兰》（纽约，1978）；刘易斯·艾伦伯格，《走出去：纽约夜生活和美国文化的转型，1890-1930》（芝加哥，1981）。伊莱恩·泰勒·梅的《回家：冷战时代的美国家庭》（纽约，1988），对冷战时期家庭规划和政治之间的关系作了令人信服的分析。
7. 见贝丝·贝莉，《中心地带的性》，第75-80页，该书对正统的性作了深入的分析。
8. 戴维·哈伯斯塔姆，《50年代》（纽约，1993），第59-61页，第272-281页，第455-462页，第471-478页，第576-584页，书中讨论了这10年间性领域的许多逆流现象。
9. 艾伦·惠特尼，《〈花花公子〉：爆发的性活动》，《芝加哥》，1955年10月，第36-37页；作者对休·赫夫纳的采访，2004年1月3日，2004年5月26日。
10. 见《花花公子》：对读者来信的回复，1954年8月，第3页；朱尔斯·阿彻，《不要在清晨痛恨自己》，1955年8月；哈里森·凯斯，《轮廓联系》，1957年6月；杰伊·史密斯，《大波之战》，1955年9月。
11. 见《花花公子》："花花公子游艇聚会"，1957年7月；"花花公子豪宅聚会"，1959年5月；"好莱坞美女"，1960年10月；"明斯基在拉斯维加斯"，1958年4月。
12. 休·赫夫纳，引自《爆发的性活动》，第36页；弗兰肯斯坦·史密斯（休·赫夫纳的笔名），《贞洁》，《花花公子》，1954年9月。
13. 谢波德·米德，《男人的第一滴精液和它是如何产生的》，《花花公子》，1955年12月。
14. 见《花花公子》：托马斯·马里奥，《破戒：两个人的早餐食谱》，1957年6月；布莱克·拉瑟福德，《男性着装得体的标志》，1957年3月，"花花公子的阁楼风情"，1956年9月、10月；"下班后的花花公子"，1955年11月。
15. 休·赫夫纳，引自哈尔·希格登，《与休·赫夫纳一起当花花公子，快乐不间断》，《高潮》，1962年2月；加拿大广播公司广播纪录片《62年计划：现代世界的花花公子》抄本，1962年，第10页，《赫夫纳文集》。
16. 休·赫夫纳，引自《关于〈花花公子〉中的裸照》，《美国摄影》，1962年4月，第69页；《现代世界的花花公子》抄本，第10页。
17. 休·赫夫纳，引自《关于〈花花公子〉中的裸照》，1962年4月，第69页；休·赫夫纳，引自哈尔·希格登，《与休·赫夫纳一起当花花公子，快乐不间断》,《高潮》,1962年2月。
18. 休·赫夫纳在伊瓦·库普希西特的《随意聊聊》节目中的谈话,哥伦比亚广播公司电视脱口秀节目,芝加哥,1962年7月3日。
19. 休·赫夫纳,"花花公子哲学",《花花公子》,1965年2月,第184页。
20. 作者对休·赫夫纳的采访,2004年5月26日;艾弗·威廉姆斯,《虔诚的色情作品制作者》,《花花公子》,1957年10月。
21. 休·赫夫纳写给拉里·西尔弗斯坦、A. 斯坦和康帕尼的信,1958年10月26日,《赫夫纳文集》。
22. 休·赫夫纳,"花花公子哲学",《花花公子》,1964年12月,第160页,1963年9月,第233页。
23. 作者对休·赫夫纳的采访,2004年1月3日。
24.《花花公子》,1955年7月,第27页。
25.《花花公子》,1955年12月,第29–32页;《花花公子》,1956年10月,第40–46页;《花花公子》,1957年10月,第85页。
26. 见拉尔夫·斯坦,《床头画:1952年至今》(芝加哥,1974);马克·加博尔,《床头画简史》(纽约,1972);乔安妮·迈耶罗维茨,《女人、奶酪蛋糕和暧昧之物:对美国19世纪中期裸体照片的评论》,《妇女历史日报》(1996年秋),第11–13页。
27. 休·赫夫纳在《迈克·华莱士访谈》中的谈话;作者对休·赫夫纳的采访,2004年5月26日。
28.《〈花花公子〉对'当月花花玩伴'的要求》,1956年,第1页,《赫夫纳文集》;休·赫夫纳写给露华浓产品公司广告部副部长乔治·J. 艾布拉姆斯的信,1956年3月23日,《赫夫纳文集》。
29. 休·赫夫纳,在《关于〈花花公子〉中的裸照》的谈话,《美国摄像》,1962年4月,第70–71页;《花花公子访谈:休·赫夫纳》,《花花公子》,1974年1月,第69页。
30. 默里·费希尔对乔·帕采克采访,1988年7月8日,《赫夫纳文集》。
31.《花花公子》,1956年12月,第41–47页。
32.《花花公子》,1959年1月,第39–43页。
33. 鲍勃·诺曼(伯特·佐洛),《1953年的掘金女》,《花花公子》,1953年12月,第6–8页;伯特·佐洛,《单身汉渔猎期》,《花花公子》,1954年6月,第37–38页。
34. 杰伊·史密斯,《针对多配偶制的投票》,《花花公子》,1955年7月,第15–16页;《遇见〈花花公子〉读者》,《花花公子》,1958年4月,第76页。
35.《对休·赫夫纳的不礼貌的采访》,《现实主义者》,第14页;休·赫夫纳,引自广播纪录片《现代世界的花花公子》抄本,1962年,第13–14页,《赫夫纳文集》。
36. 休·赫夫纳,"花花公子哲学",《花花公子》,1965年2月,第176页,第179–180页。
37. 杰克逊·利尔斯,《从救赎到自我实现:广告与消费者文化的精神根源,1880–1930》,收录于杰克逊·利尔斯和理查德·福克斯主编,《消费文化:美国历史

281

批判论文集，1880-1980》（纽约，1983），第 4 页。"花花公子哲学"，《花花公子》，1963 年 2 月，第 45 页，此文中引用了休·赫夫纳的话。

38. 休·赫夫纳，"花花公子哲学"，《花花公子》，1965 年 1 月，第 172 页；玛莎·沃尔芬斯泰因，《玩乐道德观：对最近美国儿童训练文学的分析》，收录于玛格丽特·米德和玛莎·沃尔芬斯泰因主编，《当代文化中的童年》（芝加哥，1955），第 168 页。

39. 休·赫夫纳，"花花公子哲学"，《花花公子》，1965 年 2 月，第 179 页。

第七章

1. 《花花公子访谈：休·赫夫纳》，《花花公子》，1974 年 1 月，第 65 页，第 82 页。
2. 林奇/佛罗斯特对维克托·洛恩斯的采访，1991 年 4 月 13 日。
3. "男性商店"，《花花公子》，1953 年 12 月。
4. 戴维·波特，《富人：经济富裕与美国特征》（芝加哥，1954）；戴维·里斯曼，《物质富足有什么用？及其他论文》（加登城，纽约，1964）；约翰·肯尼思·加尔布雷思，《物质富足的社会》（波士顿，1958）；丽莎贝斯·科恩，《消费者共和国：美国战后的大众消费政治》（纽约，2003），第 11-15 页。
5. 《花花公子访谈：休·赫夫纳》，《花花公子》，1974 年 1 月，第 66 页。
6. 《他们叫我花花公子》，1955 年在《广告时代》上刊登的广告，《赫夫纳剪贴簿》，第 56 卷。
7. 见《花花公子》：《吧台基础》，1958 年 1 月；《资深乐迷》，1957 年 10 月；《立体声》，1958 年 10 月；《揭秘酒的真相》，1958 年 10 月；《资深跑车族》，1957 年 4 月；《花花公子跑车》，1960 年 9 月；《调配完美马提尼》，1955 年 9 月。
8. 《花花公子的阁楼风情》，《花花公子》，1956 年 9 月，第 53-60 页，1956 年 10 月，第 65-70 页。
9. 见《花花公子》：费雷德里克·A. 伯明翰，《时尚大学生》，1958 年 9 月；布莱克·拉瑟福德，《时尚进行中》，1959 年 3 月；布莱克·拉瑟福德，《男性着装得体的标志》，1957 年 3 月；罗伯特·L. 格林，《正式事件》，1959 年 6 月。
10. 格蕾琴·埃杰里恩，《〈花花公子〉40 年》（洛杉矶，1994），第 35 页；休·赫夫纳写给本特利·巴恩斯和林恩公司的彼得·L. 波斯特内克的信，1959 年 2 月 24 日，《赫夫纳文集》。
11. 埃杰里恩，《〈花花公子〉40 年》，第 35 页；《埃尔登·塞勒斯谈话拾遗》，1989 年 1 月 3 日，《埃尔登·塞勒斯档案》，《赫夫纳文集》。
12. 作者细致研究了 1959 年 6 月的《花花公子》后，对前面三段提到的广告进行了注释。
13. 《花花公子读者服务》，《花花公子》，1957 年 10 月，第 87 页。
14. 见《花花公子》：约翰·莫斯，《花花公子在打牌》，1957 年 11 月；帕特里克·蔡斯，《旅行的艺术》，1959 年 5 月；"邀您登游艇：花花公子水上游乐指南"，1959 年 7 月；夜总会广告，刊登在 1959 年 11 月刊上。
15. 见《花花公子》：理查德·格曼和罗伯特·赖斯纳，《鸟》，1957 年 1 月；伦纳德·费瑟，《当埃拉遇上杜克》，1957 年 11 月；罗伯特·乔治·赖斯纳，《西纳特拉》，1958年11月；《1957年花花公子全明星》，1957年2月。
16. 见《花花公子》：埃德·帕兹杜尔，《拳击1956》，1956年2月；阿森·芒特，《花花公子猪皮预测》，1958年9月；《花花公子运动爱好者的圣诞季》，1958年12月。又见休·赫夫纳，《〈花花公子〉杂志，1955－1959》，1987年9月16日，第18页，关于《猪皮预测》，《赫夫纳文集》。
17. 见《花花公子》：霍利斯·阿尔珀特和查尔斯·博蒙特，《恐怖的艺术》，1959年3月；查尔斯·博蒙特，《卓别林：一个男人的成长及天分》，1960年3月；理查德·格曼，《魅力比利》，1960年12月；沃尔科特·吉布斯和沃德·莫尔豪斯，《百老汇：刚刚过去的一季和即将到来的一季》，1956年。
18. 《西尔弗斯坦：出于天才新艺术家嘲讽之笔的画作》，《花花公子》，1956年8月，第52页；《朱尔斯·费弗的变态小天地》，《花花公子》，1958年8月，第25－27页。这些卡通画画家的代表作见《〈花花公子〉：卡通50年》（旧金山，2004）。
19. 《花花账单》，《花花公子》，1957年7月，第2页；《花花账单》，《花花公子》，1958年1月，第2页。
20. 休·赫夫纳，《〈花花公子〉杂志，1955－1959》，1987年9月16日，第6页，第16页；《赫夫纳文集》；休·赫夫纳1959年年底的信，《赫夫纳剪贴簿》，第63卷；休·赫夫纳1960年年底的信，《赫夫纳剪贴簿》，第65卷。
21. 休·赫夫纳写给后代的信，1957年7月，《赫夫纳剪贴簿》，第58卷。有关这次金融危机的内部描述，见《1989年3月2日埃尔登·塞勒斯访谈精华》，《埃尔登·塞勒斯档案》，《赫夫纳文集》；默里·费希尔对约翰·马斯特罗的采访，《赫夫纳文集》。
22. 《遇见〈花花公子〉读者》，《花花公子》，1958年4月。
23. "什么类型的男人读《花花公子》？"，《花花公子》上的订阅广告，1958年5月，第82页，1958年11月，第98页，1959年1月，第82页。
24. 《揭秘"垮掉的一代"》，《花花公子》，1958年2月，以及赫伯特·戈尔德，《它是什么？它什么时候来？》，第20页，第84－87页；萨姆·博尔，《在纽约炫酷摇摆》，第21页，第26页，第50页；诺埃尔·克拉德，《旧金山拙劣调情》，第21页，第22页，第74－75页。杰克·克鲁亚克，《"垮掉的一代"的起源》，《花花公子》1959年6月，第31－32页，第42页，第79页。对"垮掉"的描述见戴维·哈伯斯塔姆的作品《50年代》（纽约，1993），第295－307页。更多的学术分析，见史蒂文·沃森，《"垮掉的一代"的产生：远见、反叛和时髦，1944－1960》（纽约，1995），以及普雷斯顿·惠利，《像号角一样吹：美国文化转型时期的"垮掉"文学、爵士乐、风格和市场》（剑桥，马萨诸塞，2004）。
25. 《"垮掉的一代"的最佳花花玩伴》，《花花公子》，1959年7月。
26. 休·赫夫纳在《花花账单》中的话，《花花公子》，1958年12月，第3页，杂志五周年纪念。同样出现在休·赫夫纳写给后代的信，1958年12月，《赫夫纳剪贴簿》，第60卷。
27. 作者对休·赫夫纳的采访，2004年1月3日，5月26日。
28. 休·赫夫纳写给霍默·哈格罗夫的信，1960年5月13日，《赫夫纳剪贴簿》，第

64卷；加拿大广播公司广播纪录片《62年计划：现代世界的花花公子》抄本，1962年，《赫夫纳文集》。

29. 休·赫夫纳，引自哈尔·希格登，《与休·赫夫纳一起当花花公子，快乐不间断》，《高潮》，1962年2月。

30. 休·赫夫纳写给琼·谢泼德的信，1961年6月8日，《赫夫纳文集》；休·赫夫纳，引自哈尔·希格登，《与休·赫夫纳一起当花花公子，快乐不间断》。

31. 见1959年4月和5月《芝加哥太阳时报》和《芝加哥美国人报》的一些文章，以及《〈花花公子〉杂志的爵士音乐节从士兵体育场滚出去》，《综艺》，1959年5月20日，以上全部收录于《赫夫纳剪贴簿》，第61卷，这些文章介绍了该事件的订票问题的背景。《〈花花公子〉杂志，1955－1959》，1987年9月16日，第22页，《赫夫纳文集》，休·赫夫纳在该文中叙述了花花公子爵士音乐节和"积极的一代"的关系。

32. 见《赫夫纳剪贴簿》第62卷的大量报纸和杂志文章。

33. 见《芝加哥音乐节：〈花花公子〉的优势》，《综艺》，日期不明，以及洛恩斯的叙述，来自发表在《告示牌》上日期未明的文章，以上全部收录于《赫夫纳剪贴簿》，第62卷。

34. 休·赫夫纳，引自比尔·戴维森，《兔女郎王国的沙皇》，《星期六晚邮报》，1962年4月28日，第34页。

35. 对"厨房辩论"有深度的描述，见伊莱恩·泰勒·梅，《回家：冷战时代的美国家庭》（纽约，1988），第16－18页。

36. 休·赫夫纳的谈话，加拿大广播公司广播纪录片《62年计划：现代世界的花花公子》抄本，1962年，《赫夫纳文集》。

37. 作者对休·赫夫纳的采访，2004年5月26日；休·赫夫纳，"花花公子哲学"，《花花公子》，1965年，第171－172页。

38. 休·赫夫纳，"花花公子哲学"，《花花公子》，1965年1月，第172页；作者对休·赫夫纳的采访，2004年5月26日。

39. 休·赫夫纳写给雷·拉塞尔的备忘录，1959年12月4日，《赫夫纳文集》；休·赫夫纳写给小霍默·哈格罗夫的信，1960年5月15日，《赫夫纳文集》。

40. 关于这件事的具体情况，见《赫夫纳剪贴簿》第62卷的大量报纸剪报。

41. 休·赫夫纳的反驳，见《亲爱的花花公子》，《花花公子》，1960年7月，第6页。

42. 休·赫夫纳，《休·赫夫纳故事》，1995年9月12日，第16－17页，《赫夫纳文集》；联邦调查局内部备忘录，1955年10月27日；邮局备忘录的复印件，1955年2月11日，以上收录于《休·赫夫纳/〈花花公子〉联邦调查局档案》，该档案根据《信息自由法案》被公之于众。

43. 休·赫夫纳写给后代的信，1952年5月1日，1952年9月，《赫夫纳剪贴簿》，第50卷；休·赫夫纳写给小霍默·哈格罗夫的信，1960年5月15日，《赫夫纳文集》；休·赫夫纳，"花花公子哲学"，《花花公子》，1965年1月，第171页。

44. 休·赫夫纳备忘录，标题为"朱尔斯·费弗、莫尔·萨尔和伦尼·布鲁斯"，1987年12月17日，第1－20页，《赫夫纳文集》；罗夫·马尔科姆，《一个真正不拘小节的人：莫尔·萨尔的学究幽默》，《花花公子》，1957年6月；拉里·西格尔，《尖酸刻薄的反叛：喜剧演员伦尼·布鲁斯》，《花花公子》，1959年2月。
45. 同上。
46. 见《花花公子》：万斯·帕卡德，《操纵者》，1957年12月；约翰·基茨，《底特律的愿望和理性丧失》，1958年8月；拉尔夫·金兹伯格，《对于年长领袖的崇拜》，1959年8月；《污染物：〈花花公子〉编辑们的声明》，1959年10月。
47. 休·赫夫纳写给罗纳德·里根的信，1960年5月13日，《赫夫纳文集》。
48. 埃内斯特·图克，《〈花花公子〉背后的花花公子》，《芝加哥美国人生活画报》，1960年6月5日。
49. 休·赫夫纳，引自比尔·戴维森，《兔女郎王国的沙皇》，《星期六晚邮报》，1962年4月28日，第36页。
50. 休·赫夫纳，引自马尔科姆·博伊德，《我的美国同胞》（纽约，1970），第60页；休·赫夫纳在《关于〈花花公子〉中的裸照》的话，《美国摄影》，1962年4月，第68页。

第八章

1. 《雷·拉塞尔访谈精华》，1989年6月8日，《雷·拉塞尔档案》，《赫夫纳文集》。
2. 林奇/佛罗斯特对维克·洛恩斯的采访，1991年4月13日，《赫夫纳文集》。
3. 丹尼尔·布尔斯廷，《形象：或者说，美国梦怎么了》（纽约，1962），第57页；理查德·席克尔，《熟悉的陌生人：美国名人文化》（芝加哥，2002（1985）），第29页。利奥·布劳迪，《名声的疯狂：名誉及其历史》，该书是探讨名誉广义进化史的优秀作品。
4. 作者对休·赫夫纳的采访，2004年5月26日；谢利·卡斯滕，《其他声音》，《赫夫纳文集》；斯基普·克拉斯科，《其他声音》，《赫夫纳文集》；1989年对唐·亚当斯的采访，《赫夫纳文集》。
5. 卡斯滕，《其他声音》；克拉斯科，《其他声音》。
6. 阿琳·布拉斯谈雷·拉塞尔，《阿琳·布拉斯档案》，《赫夫纳文集》；默里·费希尔对贝克·张伯伦采访，1989年10月26日；休·赫夫纳，《个人对20世纪50年代的思考》，1987年10月5日，《赫夫纳文集》；《埃尔登·塞勒斯谈话拾遗》，1989年1月3日，《埃尔登·塞勒斯档案》，《赫夫纳文集》；对玛吉·皮特纳的采访，《赫夫纳文集》；阿琳·布拉斯谈乔·帕克，《阿琳·布拉斯档案》，《赫夫纳文集》；《雷·拉塞尔访谈精华》，1989年6月8日，《雷·拉塞尔档案》，《赫夫纳文集》。
7. 关于私通的记录，收录在《赫夫纳剪贴簿》，第57—59卷。又见休·赫夫纳，《〈花花公子〉杂志，1955—1959》，1987年9月16日，第9页，《赫夫纳文集》；休·赫夫纳，《个人对20世纪50年代的思考》，1987年10月5日，《赫夫纳文集》；默里·费希尔对贝克·张伯伦采访，1989年10月26日；对贾妮·博尔森·塞勒斯的采访，《贾妮·塞勒斯档案》，《赫夫纳文集》；休·赫夫纳给拉里·杜波依斯和默里·费希尔的信，1989年10月24日，《赫夫纳文集》。
8. 利奥·雅诺什对阿特·保罗的采访，1986年，《阿特·保罗档案》，《赫夫纳文集》；对玛吉·皮特纳的采访，《赫夫纳文集》。

9. 利奥·雅诺什对米尔·冈恩的采访，1987年1月；休·赫夫纳写给基思和蕾·赫夫纳的信，1956年4月2日，《基思·赫夫纳档案》，《赫夫纳文集》。

10. 休·赫夫纳1959年年底的信，《赫夫纳剪贴簿》，第63卷；对玛吉·皮特纳的采访，《赫夫纳文集》；休·赫夫纳，引自《贝蒂·祖济亚克》，《贝蒂·祖济亚克档案》，《赫夫纳文集》；利奥·雅诺什对贝蒂·祖济亚克的采访，1988年。

11. 休·赫夫纳，《时尚在美国》，1989年12月4日，《赫夫纳文集》；《赫夫纳剪贴簿》，第59-60卷；《花花公子》，1958年12月，第51-54页。

12. 利奥·雅诺什对琼妮·马蒂斯的采访，1988年；休·赫夫纳，内部备忘录，1990年3月1日，《琼妮·马蒂斯档案》，《赫夫纳文集》。

13. 利奥·雅诺什对贝蒂·祖济亚克的采访，1988年；利奥·雅诺什对琼妮·马蒂斯的采访，1988年；康妮·钱塞勒，《其他声音》，《赫夫纳文集》。

14. 利奥·雅诺什对贝蒂·祖济亚克的采访，1988年；默里·费希尔对琼妮·马蒂斯的采访，1990年1月19日，第11-18页。

15. 利奥·雅诺什对贝蒂·祖济亚克的采访，1988年，第83页。

16. 对玛吉·皮特纳的采访，《赫夫纳文集》；利奥·雅诺什对贝蒂·祖济亚克的采访，1988年。

17. 默里·费希尔对琼妮·马蒂斯的采访，1990年1月19日；利奥·雅诺什对贝蒂·祖济亚克的采访，1988年；利奥·雅诺什对琼妮·马蒂斯的采访，1988年。

18. 对玛吉·皮特纳的采访，《赫夫纳文集》，以及利奥·雅诺什对贝蒂·祖济亚克的采访，1988年；默里·费希尔对琼妮·马蒂斯的采访，1990年1月19日；利奥·雅诺什对贝蒂·祖济亚克的采访，1988年；利奥·雅诺什对琼妮·马蒂斯的采访，1988年；默里·费希尔对琼妮·马蒂斯的采访，1990年1月19日。

19. 利奥·雅诺什对米尔·冈恩的采访，1987年1月；对玛吉·皮特纳的采访，《赫夫纳文集》。

20. 休·赫夫纳写给后代的信，1957年7月，《赫夫纳剪贴簿》，第58卷；默里·费希尔对米尔·罗尔巴克的采访，1989年10月；利奥·雅诺什对米尔·冈恩·罗尔巴克的采访，1986年。

21. 《休·赫夫纳被妻子起诉离婚》，《芝加哥每日论坛报》，1959年3月19日；休·赫夫纳1959年年底的信，《赫夫纳剪贴簿》，第63卷。

22. 《花花账单》，《花花公子》，1957年6月，第2-3页。

23. 休·赫夫纳写给利奥·雅诺什的信，关于《〈花花公子〉杂志，1955-1959》的备忘录，1987年9月16日，第19页，《赫夫纳文集》。

24. 《花花账单》和《游艇上的谋杀案》，《花花公子》，1960年3月；《伊恩·弗莱明/詹姆斯·邦德/肖恩·康纳利年表》，1990年10月12日，《赫夫纳文集》；《詹姆斯·邦德女郎》，《花花公子》，1965年11月，第113页；作者对休·赫夫纳的采访，2004年11月11日。又见格蕾琴·埃杰里恩，《〈花花公子〉40年》（洛杉矶，1994），第76页，第103页。伊恩·弗莱明是"花花公子访谈"栏目的采访对象，《花花公子》1962年12月刊，肖恩·康纳利在1965年11月刊也出现在该栏目中。詹姆斯·邦德系列小说在《花花公子》上连载的顺序是：《女王陛下的间谍机构》，1963年4月；《你只能活两次》，1964年4月；《持金枪的男人》，1965年4月。

25. 罗伯特·乔治·赖斯纳，《西纳特拉》，《花花公子》，1958年11月；罗伯特·勒加雷，《巅峰聚首：西纳特拉和兄弟们在拉斯维加斯不欢而散》，《花花公子》，1960年6月。西纳特拉是《花花公子》1963年2月刊"花花公子访谈"栏目的主人公。

26. 作者对休·赫夫纳的采访，2004年11月11日；休·赫夫纳，《我的卡片档案——1959年中至1961年1月》，1987年12月21日，第15-17页。

27. 作者对休·赫夫纳的采访，2004年11月11日；休·赫夫纳，《我的卡片档案——1959年中至1961年1月》，1987年12月21日，第19页；休·赫夫纳，标题为"如果你不跳摇摆舞"的备忘录，1990年2月14日，第15页。

28. 《赫夫纳剪贴簿》，第66卷；休·赫夫纳，《我的卡片档案——1959年中至1961年1月》，1987年12月21日，第25页。

29. 为瓦尔特发动机公司做的名为"要想知道就得付出代价"的广告，1959年秋，《赫夫纳剪贴簿》，第62卷；休·赫夫纳写给霍华德·莱德勒的信，1959年3月2日，《赫夫纳文集》。

30. 埃内斯特·图克，《〈花花公子〉背后的花花公子》，《芝加哥美国人生活画报》，1960年6月5日；威尔·琼斯，《赫夫纳是花花公子——也是老黄牛，芝加哥有点罗马的味道》，《明尼阿波利斯周日论坛报》，1961年2月26日；电报服务报纸文章，收录于《赫夫纳剪贴簿》，第68卷。

31. 雷·拉塞尔写给利奥·雅诺什的信，1987年2月2日，《赫夫纳文集》；利奥·雅诺什对贝蒂·祖济亚克的采访，1988年，第10页，《赫夫纳文集》。

32. 利奥·雅诺什对贝蒂·祖济亚克的采访，1988年，第63-64页，第85页。

33. 休·赫夫纳，《我的卡片档案——1959年中至1961年1月》，1987年12月21日，第2页；休·赫夫纳写给拉里·杜波依斯和默里·费希尔的备忘录，1989年4月3日。

34. 《芝加哥太阳时报》，1959年8月13日。

35. 《赫夫纳剪贴簿》，第62卷。

36. 休·赫夫纳，《我的卡片档案——1959年中至1961年1月》，1987年12月21日；维克托·洛恩斯，引自《营销管理》，1959年10月16日，第108页。

37. 休·赫夫纳给丹·沙夫曼的备忘录，1959年12月8日，《赫夫纳文集》；默里·费希尔对维克托·洛恩斯的采访，1989年3月12日。

38. 休·赫夫纳写给拉里·杜波依斯和默里·费希尔的备忘录，1989年10月24日；休·赫夫纳写给拉里·杜波依斯和默里·费希尔的备忘录，1989年4月17日。

39. 休·赫夫纳写给拉里·杜波依斯和默里·费希尔的备忘录，1989年10月24日；《花花公子的电视阁楼》，《花花公子》，1960年3月，第41-43页；《花花公子》上的广告，1960年1月，第6页；在《电视指南》上的广告，1959年12月26日，第28页。

40. 《芝加哥每日论坛报》和《综艺》的剪报，《赫夫纳剪贴簿》，第63卷；休·赫夫纳写给拉里·杜波依斯和默里·费希尔的备忘录，1989年10月24日。

41. 《赫夫纳剪贴簿》，第63-65卷；《花花公子更优雅》，《芝加哥太阳时报》，

1960年9月21日。

42. 休·赫夫纳写给拉里·杜波依斯和默里·费希尔的备忘录，1989年10月24日，《赫夫纳文集》；格蕾琴·埃杰里恩，《深入花花公子大厦内部》（洛杉矶，1998），第8-9页。

43. 休·赫夫纳1959年年底的信，《赫夫纳剪贴簿》，第63卷；西奥·斯佩克特斯凯的回忆，《维克托·洛恩斯档案》中的未标记的文件，《赫夫纳文集》。

44. 休·赫夫纳写给拉里·杜波依斯和默里·费希尔的备忘录，1989年10月24日，第18-20页；休·赫夫纳，《休·赫夫纳故事》，1995年9月12日，第22-23页。

45. 同上；格蕾琴，《深入花花公子大厦内部》，第66-67页。

46. 休·赫夫纳，《我的卡片档案——1959年中至1961年1月》，1987年12月21日，第11页，第14-15页；休·赫夫纳，《休·赫夫纳故事》，1995年9月12日，第22-23页。

47. 凯瑟琳·洛林，《一个单身汉的梦想》，《芝加哥周日论坛杂志》，1961年3月5日；《品位之城的老板》，《时代》，1961年3月24日，第55-56页；比尔·戴维森，《兔女郎王国的沙皇》，《星期六晚邮报》，1962年4月28日，第34-38页；《花花玩伴假日豪宅聚会》，《花花公子》，1961年12月，第120-129页，第209页。

48. 休·赫夫纳写给杰克·凯西的备忘录，标题为"花花公子贵宾俱乐部"，1959年7月28日，《赫夫纳文集》；林奇/佛罗斯特对维克·洛恩斯的采访，1991年4月13日。

49. 休·赫夫纳写给拉里·杜波依斯和默里·费希尔的备忘录，1989年4月19日；默里·费希尔对维克·洛恩斯的采访，1989年3月12日。

50. 哈尔·希格登对阿诺德·莫顿的采访，1967年；利奥·雅诺什对阿诺德·莫顿的采访，1986年；默里·费希尔对阿诺德·莫顿的采访，1989年10月20日。

51. 关于芝加哥俱乐部的资料，收录于休·赫夫纳写给拉里·杜波依斯和默里·费希尔的备忘录，1989年4月19日；《赫夫纳剪贴板》，第64卷；《花花公子俱乐部》，《花花公子》，1960年8月，第40-44页。大量关于贵宾的资料，收录于《赫夫纳剪贴簿》，第102-104卷。

52. 《花花公子俱乐部》；休·赫夫纳写给拉里·杜波依斯和默里·费希尔的备忘录，1989年4月19日；林奇/佛罗斯特对维克·洛恩斯的采访，1991年4月13日。

53. 休·赫夫纳，《休·赫夫纳故事》，1995年9月12日，第23页；对基思·赫夫纳的采访，1991年4月19日，《赫夫纳文集》；威尔·琼斯，《赫夫纳是花花公子——也是老黄牛，芝加哥有点罗马的味道》，《明尼阿波利斯周日论坛报》，1961年2月26日。

54. 对基思·赫夫纳的采访，1991年4月19日；《花花公子俱乐部》，第41页。

55. 《广告：〈花花公子〉策划新杂志》，《纽约时报》，1961年2月10日；威尔·琼斯，《赫夫纳是花花公子——也是老黄牛，芝加哥有点罗马的味道》，《明尼阿波利斯周日论坛报》，1961年2月26日。关于杂志简史的资料，收录于《赫夫纳剪贴簿》，第68-71卷。一些批判性的评论见：《新闻周刊》，1961年8月28日，第72页；《时代》，1961年8月28日，第39页；《周六评述》，1961年9

月9日，第79页。

56. 《花花账单》，《花花公子》，1961年11月，第3页；《综艺》，1962年1月11日。更多关于电影计划的资料，见《赫夫纳剪贴簿》，第68卷。

57. 对托尼·柯蒂斯的采访，1991年6月6日，《赫夫纳文集》；《1960-1961年托尼·柯蒂斯电影年表》和《1962年和1963年托尼·柯蒂斯电影年表》，《赫夫纳文集》。

58. 休·赫夫纳写给托尼·柯蒂斯的信，1961年1月10日，《赫夫纳文集》。

59. 相关文件和信件，见《1960-1961年托尼·柯蒂斯电影年表》和《1962年和1963年托尼·柯蒂斯电影年表》，《赫夫纳文集》；默里·费希尔对诺曼·利尔的采访，1991年4月8日；休·赫夫纳写给拉里·杜波依斯和默里·费希尔的备忘录，1990年5月28日。

60. 休·赫夫纳年底的信，1961年12月，《赫夫纳剪贴簿》，第70卷。

第九章

1. 《最》，国际影像制片公司，理查德·巴伦坦制片，戈登·谢波德导演，1961年，《赫夫纳文集》。

2. 《花花玩伴的王子》，《新闻周刊》，1963年9月2日。

3. 《品位之城的老板》，《时代》，1961年3月24日，第55-56页；比尔·戴维森，《兔女郎王国的沙皇》，《星期六晚邮报》，1962年4月，第34-38页。

4. 《花花公子的世界：建立在性和时尚基础上的杂志和名人俱乐部》，《华尔街日报》，1962年3月22日；《纽约客》，1962年2月17日；《〈花花公子〉的头号花花公子》，《盛典》，1961年7月；《对休·赫夫纳的不礼貌的采访》，《现实主义者》，1961年5月。这些国际性文章的复印件，见《赫夫纳剪贴簿》，第68卷。

5. 阿特·布赫瓦尔德，《世界的明天》，《纽约先驱论坛报》，1962年3月8日；《疯狂》，1960年3月，《赫夫纳剪贴簿》，第66卷；1962年的《〈土豚〉：讽刺与诙谐的国际学院杂志》，《赫夫纳剪贴簿》，第68卷。

6. 见收录于《赫夫纳文集》的以下的抄本或录像带资料：《62年计划：现代世界的花花公子》，加拿大广播公司广播纪录片；来自1961的《锁眼》和《今天》；伊瓦·库普希西特的《随意聊聊》，哥伦比亚广播公司电视脱口秀节目，1962年7月3日；迈克·华莱士的《东海岸之声》，1961年8月18日；《史蒂夫·艾伦脱口秀》，1963年11月6日，收录于《赫夫纳剪贴簿》，第92卷。大量的广播和影像剪辑资料，见《赫夫纳剪贴簿》，第91-92卷。

7. P. T. 巴纳姆，《挣扎与胜利》，（纽约，1981（1869）），第120页。

8. 休·赫夫纳在伊瓦·库普希西特的《随意聊聊》节目中的谈话，哥伦比亚广播公司电视脱口秀节目，1962年7月3日，《赫夫纳文集》。休·赫夫纳关于《花花公子》道德观典型的论述，见其在以下文中的评论：哈尔·希格登，《与休·赫夫纳一起当花花公子，快乐不间断》，《高潮》，1962年2月，第17页；罗宾·道格拉斯-霍姆，《密友》，《皇后》，1962年4月24日，第50-51页。

9. 休·赫夫纳，引自道格拉斯-霍姆，《密友》，第51页；在伊瓦·库普希西特的《随意聊聊》节目中的谈话。休·赫夫纳对自己性的观点的典型解释，见哈尔·

希格登，《与休·赫夫纳一起当花花公子，快乐不间断》，第17页。

10. 休·赫夫纳，引自哈尔·希格登，《与休·赫夫纳一起当花花公子，快乐不间断》，《高潮》，1962年2月，第12页，第17—18页；《花花公子的世界》，《华尔街日报》，1962年3月22日；《最》，28分钟的获奖电影纪录片，1962年。

11. 拉塞尔·柯克，《兔耳朵是病态社会的症状》，《旧金山新闻简报》，1963年7月9日；约翰·恰尔迪，《广场映像》，《周六评论》，1963年11月2日，第56页；本杰明·德莫特，《解剖"花花公子"》，《评论》，1962年8月，第113页。

12. 休·赫夫纳，"花花公子哲学"，《花花公子》，1962年12月，第73页；休·赫夫纳写给《芝加哥太阳时报》的米尔本·P. 埃克斯的信，1963年9月23日，《赫夫纳文集》。

13. 休·赫夫纳写给《芝加哥太阳时报》的米尔本·P. 埃克斯的信，1963年9月23日，《赫夫纳文集》。

14. 休·赫夫纳写给《芝加哥太阳时报》的米尔本·P. 埃克斯的信，1963年9月23日，《赫夫纳文集》；休·赫夫纳写给A.C. 斯佩克特斯凯的名为"哲学研究"的备忘录，1963年11月4日，1963年4月17日，1963年1月25日，1963年3月19日，4月12日。大量类似的备忘录见《赫夫纳文集》。

15. 特里基利斯制作公司对纳特·莱尔曼的采访，第1—2页；纳特·莱尔曼，《赫夫纳自传的注释》，1991年，第2页，第4—8页；理查德·格曼，《了不起的赫夫》手稿，《赫夫纳文集》。

16. 默里·费希尔对基恩·赫夫纳的采访，1991年2月22日；《雷·拉塞尔访谈精华》，1989年6月8日；默里·费希尔对西奥·斯佩克特斯凯的采访，1989年5月8日。

17. "花花公子哲学"在《花花公子》中一共有25篇。1962年12月第1篇发表后，1963年有12篇，1964年6篇，1965年5篇，1966年1篇。

18. "花花公子哲学"，《花花公子》，第7篇，1963年6月；第10篇，1963年9月；第2篇，1963年1月；《莫尔·萨尔谈哲学》，《莫尔·萨尔档案》，《赫夫纳文集》。

19. 信件见《亲爱的花花公子》，《花花公子》，1963年6月，第12—13页；《亲爱的花花公子》，《花花公子》，1963年3月；"花花公子论坛"，《花花公子》，1963年9月，第66页，第67页。

20. 保罗·F. 霍耶，《给赫夫纳先生的关于哲学的公开信》，《普罗维登斯晚间简报》，1963年2月16日；罗伯特·A. 威尔森，《负面思考》，《现实主义者》，1963年6月，第25页；格雷·格拉克，《兔王国的生意——花花公子还是"花钱公子"?》，《洛瓦城洛瓦人》，1963年4月25日。

21. 《〈花花公子〉》，《圣母院学究》，1963年3月8日；《陈述正确，出处可疑》，《波特兰记者》，1963年5月10日；《花花公子道德观通过神父攻击我们》，《纽黑文信使日报》，1964年2月12日；J. A. 沃德，《休·赫夫纳：信仰的卫士》，《安蒂奥克评论》(1963年夏)，第215页。

22. 哈维·迈耶森，《花花公子哲学：金碧辉煌的思想城堡里的兔女郎》，《芝加哥太阳时报》，1963年4月21日。

23. 格雷·格拉克，《兔王国的生意——花花公子还是"花钱公子"?》，《洛瓦城洛瓦人》,1963年4月25日;《绅士》,1964年1月;《无数只猴子》,《基督世纪》,1963年8月28日。

24. 休·赫夫纳写给杰克·凯西的备忘录,标题为"'花花公子哲学'的相关信件",1963年4月24日,《赫夫纳文集》;"花花公子论坛",《花花公子》,1963年7月,第41页。《赫夫纳剪贴簿》,第110卷,包括一份赫夫纳在1965年校园活动的清单及参与者名单,几家当地报纸的相关报道,还有他未能接受的数十份来自全国高校的邀请。关于花花公子基金会,见詹姆斯·R. 彼得森,《性的世纪》(纽约,1999),第297-298页,以及休·赫夫纳写给作者的信,2007年11月9日。

25. 见《花花公子》中以下"花花公子哲学":1962年12月;1964年12月;1965年1月;1965年2月;1965年5月。

26. "花花公子哲学",《花花公子》,1963年3月。

27. "花花公子哲学",《花花公子》,1963年1月,第52页。

28. "花花公子哲学",《花花公子》,1963年9月,1963年8月,1963年7月。

29. "花花公子哲学",《花花公子》,1963年3月,1963年7月,1963年4月,1964年1月,1964年2月。

30. "花花公子哲学",《花花公子》,1963年12月,1965年1月。

31. "花花公子哲学",《花花公子》,1963年3月,第58页。

32. 休·赫夫纳,引自马尔科姆·博伊德,《我的美国同胞》(纽约,1970),第55-56页。关于20世纪60年代的宗教动荡的著作,见以下例子:乔治·M. 马斯登,《宗教与美国文化》(贝尔蒙特,加州,2001),第249-271页;伦纳德·斯威特,《20世纪60年代:自由基督教的危机和福音主义的公开出现,收录于乔治·马斯登,《福音主义与现代美国》(大急流城,1984);罗伯特·乌斯诺,《追寻天堂:20世纪50年代以来的美国精神》(伯克利,1998)。

33. 西奥多·彼得森,《〈花花公子〉与传道士》,《哥伦比亚新闻学评论》,1966年春,第32-35页;J. W. 马克戈尔曼,《花花公子哲学曝光》,《漫礼会教徒计划》,1965年8月,第17页。

34. J. 詹姆斯·托马斯,《花花公子道德观》,《空间》,1963年11月4日,第3页;J. 克劳德·埃文斯,"花花公子哲学",《天主教世界》,1964年10月,第44-45页;埃文斯,"花花公子哲学",第44页;威廉·汉密尔顿,《赫夫纳的速食布丁》,《动机》,1963年5月,第20-21页。

35. 艾伦·J. 穆尔,《花花公子信教了》,《基督徒拥护者》,1965年7月15日,第7页;罗伊·拉尔森,《"积极的一代"的内幕》,《动机》,1960年4月,第40页。又见达雷尔·L. 古德,《什么是人,什么是爱》,《永恒》,1964年10月,第23页。

36. 穆尔,《花花公子信教了》,第8页;拉尔森,《"积极的一代"的内幕》,第41页;考克斯,《花花公子的男性信条》,《基督教与危机》,1961年4月27日,第58-59页;弗兰克·E. 豪泽,《使美国男人失去人性》,《永恒》,1964年10月,第28页,第30页;J. 克劳德·埃文斯,"花花公子哲学",第46页。

37. 考克斯,《花花公子的男性信条》,第57页,第59页;古德,《什么是人,什么是爱》，第 24-25 页；豪泽，《使美国男人失去人性》，第 28-30 页。

38. 《宗教与花花公子哲学》，《全国观察家》，1965 年 7 月 19 日，第 15 页；约翰·格雷厄姆，"花花公子哲学"，1964 年的布道，《赫夫纳文集》。

39. "花花公子哲学"，《花花公子》，1965 年 1 月，第 169-170 页；穆尔，《花花公子信教了》，第 7 页。

40. "花花公子哲学"，《花花公子》，1965 年 5 月，第 193 页。

41. 牧师威廉·汉密尔顿，《上帝之死》，《花花公子》，1966 年 8 月，第 137 页，第 139 页；《花花公子专题研讨会：宗教和新道德》，《花花公子》，1967 年 6 月，第 55-78 页，第 148-161 页。

42. 考克斯和休·赫夫纳在康奈尔的节目谈话的抄本被重印在下面的文章中：《赫夫纳和考克斯：性——神秘与现实》，《动机》，1965 年 11 月，第 7-11 页。又见哈维·考克斯，《教会起义》，《花花公子》，1967 年 1 月，第 129 页，第 211 页；哈维·考克斯，《以上帝之名》，《花花公子》，1970 年 1 月，第 117 页，第 238 页。

第十章

1. 汤姆·沃尔夫，《休·赫夫纳，芝加哥隐士——离经叛道之王》，《纽约：周日先锋论坛杂志》，1965 年 11 月 7 日，第 7-11 页，第 22 页，第 24 页。

2. 同上，第 22 页，第 24 页；汤姆·沃尔夫，《泵房帮》（纽约，1968），第 9 页，第 14 页。

3. 《建立在性之上的帝国》，《生活》，1965 年 10 月 29 日，第 68 页 A 面；奥丽娅娜·法拉希，《休·赫夫纳："我是世界的中心"》，《形象》，1967 年 1 月 10 日，第 55 页，第 56 页；《马尔科姆·马格里奇对休·赫夫纳的采访》，1964 年，《赫夫纳文集》。

4. 戴维·法伯，《60 年代：从记忆到历史》（查珀尔希尔，北卡罗来纳，1994），第 2 页。

5. 见以下例子：悉尼·蒂利姆，《获取上乘艺术品的艺术》，《花花公子》，1962 年 1 月；罗纳德·杰伊，《花花公子别墅》，《花花公子》，1962 年 5 月；《花花账单》，《花花公子》，1960 年 10 月，第 1 页。

6. 约瑟夫·伍德·克鲁奇，《生活、自由和对于不幸的追求》，《花花公子》，1964 年 12 月；艾尔弗雷德·卡津，《爱的狂热》，《花花公子》，1962 年 3 月；莱斯莉·A. 菲尔德，《四个字母单词的学者》，《花花公子》，1961 年 6 月。

7. 《花花账单》，《花花公子》，1960 年 11 月，第 3 页；《花花公子专题研讨会：文学艺术作品中的性和审查制度》，《花花公子》，1961 年 7 月；《花花公子专题研讨会：新乐趣的应用和滥用》，《花花公子》，1965 年 11 月；《花花公子专题研讨会：商业伦理和道德》，《花花公子》，1962 年 11 月；《花花公子专题研讨会：电视的难题和前景》，《花花公子》，1961 年 11 月。

8. 这些访谈在《花花公子》中的日期为：戴维斯，1962 年 9 月；怀尔德，1963 年 6 月；西纳特拉，1963 年 2 月；伯顿，1963 年 9 月；尼赫鲁，1963 年 10 月；萨特，1965 年 5 月；霍法，1963 年 11 月；施莱辛格，1963 年 12 月；达利，1964 年 7 月；甲壳虫乐队，1965 年 2 月。

9. 关于花花公子俱乐部的成长，见《成人迪斯尼乐园》，《花花公子》，1963 年 10 月。

关于洛恩斯的离职，见《埃尔登·塞勒斯谈话拾遗》，1989年1月3日，《埃尔登·塞勒斯档案》，《赫夫纳文集》；默里·费希尔对谢利·卡斯滕的采访，1991年1月30日，第6页；休·赫夫纳，在《赫夫纳剪贴簿》的注释，第75卷。

10. 见《纽约出现的腐败现象》，《生活》，1963年4月5日，以及来自于《纽约先驱论坛报》、《纽约时报》和《芝加哥太阳时报》的许多报纸文章，这些文章收录于《赫夫纳剪贴簿》，第80卷，第82卷，第86卷，第104卷，第105卷。"花花公子论坛"，《花花公子》，1963年8月，休·赫夫纳在论坛中对他的杂志在丑闻中的角色进行了详细说明。

11. 《赫夫纳剪贴簿》，第104卷；《赫夫纳接管棕榈大楼》，《芝加哥美国人报》，1965年4月24日；《时尚俱乐部》，《纽约先驱论坛报》，1965年6月23日。

12. 赫夫纳的年度发展报告，1964年11月30日，《赫夫纳剪贴簿》，第105卷。

13. 休·赫夫纳写给杰克·凯西的备忘录，1960年5月16日，《赫夫纳文集》；休·赫夫纳写给杰克·凯西的备忘录，1963年1月24日，《赫夫纳文集》；休·赫夫纳写给A.C.斯佩克特斯凯的备忘录，1964年；休·赫夫纳写给A.C.斯佩克特斯凯、阿特·保罗和文斯·田尻的备忘录，1964年10月28日；休·赫夫纳，《电影中的性，第6部分和第8部分》，1965年8月17日。

14. 休·赫夫纳写给A.C.斯佩克特斯凯、杰克·凯西、文斯·田尻、贝克·张伯伦和阿特·保罗的备忘录，1962年11月6日；休·赫夫纳写给阿特·保罗、里德·奥斯汀和菲尔·卡普兰的备忘录，内容是关于《对当下〈花花公子〉设计的评论》，1962年7月13日；休·赫夫纳写给哈维·库尔特曼的备忘录，1962年2月22日。

15. 休·赫夫纳关于"俱乐部氛围"的备忘录，1962年12月12日；休·赫夫纳关于"迈阿密-芝加哥经理"的备忘录，1962年12月29日；休·赫夫纳关于"《花花公子》出版时间表"的备忘录，1963年2月20日；休·赫夫纳关于"执行主管责任的逐渐认可"的备忘录，1965年4月8日。

16. 休·赫夫纳关于"接待员"的备忘录，1961年11月16日；休·赫夫纳关于"1340事件大杂烩"的备忘录，1961年3月17日；休·赫夫纳关于"1340的房间"的备忘录，1962年11月9日。

17. 休·赫夫纳，引自托马斯·韦尔，《向天堂进发：〈花花公子〉看美国》（纽约，1978），第167页。

18. 见托马斯·韦尔，《向天堂进发》，第147-155页，第169-174页；林奇/佛罗斯特对纳特·莱尔曼的采访，1991年5月28日。

19. 保罗·古德曼，《学校的落后制度》，《花花公子》，1964年9月；J.保罗·格蒂，《金钱和从众》，《花花公子》，1961年2月，《同质化男人》，《花花公子》，1964年8月；朱利安·赫胥黎先生，《超生的时代》，《花花公子》，1965年1月。

20. 特里·萨瑟恩，《眼见为实》，《花花公子》，1965年1月；丹·韦克菲尔德，《药丸的神奇力量》，《花花公子》，1962年8月；理查德·卡特，《对完美的追求》，《花花公子》，1961年9月。

21. 《对当今美国右翼角色的反面论述》，《花花公子》，1963年1月；马奎斯·蔡尔兹，《自由的尴尬》，《花花公子》，1965年5月。

22. 《综艺》剪报，收录于《赫夫纳剪贴簿》，第63卷；洛恩斯，引自《芝加哥每日新闻》，1960年2月5日。

23. 新闻剪报和大事记，收录于《赫夫纳剪贴簿》，第65卷，第66卷；休·赫夫纳，《我的卡片档案——1959年中至1961年1月》，1987年12月21日；约翰·威尔科克，《黑人可以成为花花公子吗》，《村声》，1961年10月19日；休·赫夫纳写给《村声》编辑的信，1961年11月9日。

24. 小L. F. 帕尔默，《〈花花公子〉杂志招聘政策解读：〈花花公子〉雇用最优秀的，不分种族》，《国事速递》，1962年3月3日；剪报，收录于《赫夫纳剪贴簿》，第71卷，第72卷。

25. 休·赫夫纳，《我的卡片档案——1959年中至1961年1月》，1987年12月21日；林奇/佛罗斯特对迪克·格雷戈里的采访，1991年5月21日；《赫夫纳确保亨特小姐获奖》，《芝加哥太阳时报》，1964年6月25日。

26. 休·赫夫纳写给文斯·田尻和贝克·张伯伦的备忘录，1962年3月5日；见《花花公子》中的以下采访：格雷戈里，1964年8月；克莱，1964年10月；金，1965年1月。

27. 见《花花公子访谈：马尔科姆·X》，1963年5月；《花花公子访谈：乔治·林肯·罗克韦尔》，1966年4月。

28. 纳特·亨托夫，《透过种族的镜子》，《花花公子》，1962年7月；詹姆斯·鲍德温，《本地孩子的话》，《花花公子》，1964年12月。

29. 诺曼·梅勒，《总统文集》（纽约，1963），第260页。

30. 基思·赫夫纳，引自格蕾琴·埃杰里恩，《深入花花公子大厦内部》（圣摩尼卡，加州，1998），第27页，第40页；对基思·赫夫纳的采访，1991年4月19日。《深入花花公子大厦内部》第46页和第29页分别引用了费希尔和霍普的话。

31. 休·赫夫纳，《前言》，《深入花花公子大厦内部》，第12页。

32. 休·赫夫纳，引自《睡眠和精神刺激剂导致的失眠经历》，1990年10月11日；默里·费希尔对维克托·洛恩斯的采访，1989年3月12日，《赫夫纳文集》。

33. 休·赫夫纳写给维克托·洛恩斯备忘录，1958年6月24日，《赫夫纳文集》；休·赫夫纳写给维克托·洛恩斯备忘录，1958年11月3日，《赫夫纳文集》。见其他写给洛恩斯类似的备忘录，1958年8月20日，1959年7月22日。

34. 斯佩克特斯凯给休·赫夫纳的关于"操纵者"的备忘录，1957年9月25日。

35. 雷·拉塞尔写给利奥·雅诺什的信，1987年1月20日；理查德·罗森茨魏希，《其他声音》，《罗森茨魏希档案》。

36. 默里·费希尔对维克托·洛恩斯的采访，1989年3月12日；《雷·拉塞尔谈编辑会议》，《雷·拉塞尔档案》，《赫夫纳文集》；鲍勃·卡尔对阿琳·布拉斯的采访，1990年3月；理查德·罗森茨魏希，《其他声音》，《罗森茨魏希档案》。

37. 见休·赫夫纳写给斯佩克特斯凯的备忘录，1965年10月，收录于《"大厦故事"档案》；斯佩克特斯凯写给休·赫夫纳的关于"大厦拷贝"的备忘录，1965年11月2日。

38. 《默里·费希尔谈芝加哥大厦故事》，《赫夫纳文集》。此文以《花花公子大厦》的名字发表于《花花公子》，1966年1月。

39. 《赫夫纳受到猥亵指控而被捕》，《芝加哥论坛报》，1963年6月5日；《猥亵的两个概念》，《时代》，1963年6月21日；休·赫夫纳，《芝加哥的宗教自由》，《自由思考者》，1963年12月13日，第394页，第398-399页；默里·罗森菲尔德回忆录，收录于《"曼斯菲尔德半身像"档案》，《赫夫纳文集》；《富兰克林和佛洛依德在赫夫纳猥亵罪审判上被援用》，《芝加哥太阳时报》，1963年11月12日；《赫夫纳的律师把富兰克林打上了"1776年的花花公子"的烙印》，《芝加哥美国人报》，1963年11月21日；《赫夫纳为花花公子辩护》，《芝加哥论坛报》，1963年12月6日；《赫夫纳案件中法官统治了不当审判》，《芝加哥论坛报》，1963年12月7日；科林·麦考尔，《花花公子与天主教》，《自由思考者》，1963年12月13日，第393-394页。

40. 休·赫夫纳写给拉里·杜波依斯、默里·费希尔和雷吉·波特森的备忘录，名为"1961年剪贴簿回忆"，1990年6月15日。

41. 休·赫夫纳写给拉里·杜波依斯、默里·费希尔和雷吉·波特森的备忘录，名为"1961年剪贴簿回忆"，1990年6月15日；马蒂斯和休·赫夫纳，引自《深入花花公子大厦内部》，第40页，第58页；《赫夫纳剪贴簿》，第96卷，此卷内容主要是米歇尔小姐的故事和裸照。

42. 《深入花花公子大厦内部》，第42页；休·赫夫纳备忘录，1990年6月15日。

43. 休·赫夫纳备忘录，1989年11月4日；休·赫夫纳备忘录，1990年6月15日。

44. 马多克斯，引自《深入花花公子大厦内部》，第42页；休·赫夫纳写给拉里·杜波依斯和默里·费希尔的备忘录，1990年10月2日。

45. 休·赫夫纳，引自《深入花花公子大厦内部》，第43页；休·赫夫纳写给拉里·杜波依斯和默里·费希尔的备忘录，1990年10月2日。

46. 辛西娅·马多克斯，引自《深入花花公子大厦内部》，第44页；《这里可以买到性》，《周末》，1966年7月19日至25日。

47. 辛西娅·马多克斯，引自《这里可以买到性》，《周末》，1966年7月19日至25日。

48. 辛西娅·马多克斯，引自《这里可以买到性》，《周末》，1966年7月19日至25日；休·赫夫纳和辛西娅·马多克斯，引自《深入花花公子大厦内部》，第43-44页；休·赫夫纳写给拉里·杜波依斯、默里·费希尔和雷吉·波特森的备忘录，名为"1961年剪贴簿回忆"，1990年6月15日。

49. 《玛丽·沃伦档案》，《赫夫纳文集》；帕特里克·安德森对休·赫夫纳的采访，1991年11月2日。

50. 作者对理查德·罗森茨魏希的采访，2005年8月5日；纳特·莱尔曼和休·赫夫纳，引自《深入花花公子大厦内部》，第65页，第64页。

51. 谢尔·西尔弗斯坦1968年的陈述，《玛丽·沃伦档案》，《赫夫纳文集》；沃伦，引自1968年的陈述，《玛丽·沃伦档案》，《赫夫纳文集》；休·赫夫纳，引自《深入花花公子大厦内部》，第65页。

52. 《建立在性之上的帝国》，《生活》，1965年10月29日，第68-70页。在1963年至1968年的《赫夫纳剪贴簿》中，可以看到多张照片，这些照片记录了沃伦不断变换的头发颜色。

53. 默里·费希尔对萨莉·比尔斯的采访，1989年秋；休·赫夫纳，引自奥丽娅娜·法拉希,《休·赫夫纳:"我是世界的中心"》,《形象》,1967年1月10日,第57页;休·赫夫纳写给拉里·杜波依斯和默里·费希尔的备忘录,1990年10月23日。

54. 休·赫夫纳1968年的陈述,《玛丽·沃伦档案》,《赫夫纳文集》;为弗莱举行的聚会,见《赫夫纳剪贴簿》,第103卷;《建立在性之上的帝国》,第68—70页。

55. 见玛丽·沃伦的照片以及她送给休·赫夫纳的卡片,收录于《赫夫纳剪贴簿》,第91卷,第93卷,第99卷,第114卷。

56. 1968年的陈述,《玛丽·沃伦档案》,《赫夫纳文集》;沃伦和休·赫夫纳约会活动的详细叙述,见《赫夫纳剪贴簿》,第132卷,第135卷,第136卷,第137卷;沃伦1968年的卡片,第138卷。

第十一章

1. 作者对休·赫夫纳的采访,2003年11月3日;休·赫夫纳写给拉里·杜波依斯和默里·费希尔的信,1990年12月10日;《多彩伦敦:"你可以在草地上穿行"》,封面故事,《时代》,1966年4月15日,第30—34页。

2. 《远去:消极社会》,《新闻周刊》,1967年11月13日,第74—76页。

3. 马克斯·勒纳,《快乐的社会》,《纽约邮报》,1967年10月11日。

4. 对这个主题的经典论述,见汤姆·沃尔夫,《激进分子的时尚和恐吓处理公众投诉人员》(纽约,1970)。

5. 见封面,序言《来自出版商的信》和《思想纯洁》,第76—82页,《时代》,1967年3月3日。

6. 《赫夫纳剪贴簿》,第131卷;《对快乐的追求》录像带,全国广播公司特别新闻,于1967年5月8日播出,《赫夫纳文集》。

7. 丹尼斯·杜根,《一张圆形床上建立起来的帝国》,《新闻日报》,1968年8月13日;《1968年花花公子发展报告》,《赫夫纳文集》;《花花公子点亮商业广告制作者的眼睛》,《商业周刊》,1969年6月28日,第142—144页;《没有花花公子为赫夫工作》,《新一代商人》,1968年9月,第21—24页;《关于销量突破500万》,《巴伦周刊》,1968年3月25日,第1页。

8. 见花花公子大厦里的照片和文章,收录于《赫夫纳剪贴簿》,第131卷;吉恩·西斯科尔,《兔女郎驾车兜风》,《芝加哥论坛报》,1970年2月19日;菲尔·凯西,《空中花花公子》,《华盛顿邮报》,1970年2月8日;《休·赫夫纳的"兔老大"喷气式飞机》,《形象》,1970年6月2日;《赫夫纳剪贴簿》,第132卷。

9. 见《花花公子》中的以下情色文章:《法国人简·方达》,1966年8月;《密苏里州的兔女郎》,1967年3月;《时尚前沿》,1968年3月。《花花公子》中的文学作品:让-保罗·萨特,《巴黎人和德国人》,1966年1月;艾萨克·巴什维斯·辛格,《求爱》,1967年9月;索尔·贝洛,《旧体系》,1968年1月;小库尔特·冯内古特,《坚韧》,1968年9月;约翰·厄普代克,《我快死了,埃及,快死了》,1969年9月;格雷厄姆·格林,《克鲁克的旅行》,1969年11月;乔伊斯·科拉尔·奥茨,《索尔·伯德说:联系,交流》,1970年10月。

10. 见《花花公子》中的下列消费者文章:《时尚飞行员》,1966年3月;《打造商务便装的衣橱》，1966年11月；《花花公子欧洲大陆度假指南》，1968年5月。见以下的花花公子访谈：费德里科·费利尼，1966年2月；鲍勃·迪伦，1966年3月；伍迪·艾伦，1967年5月；米开朗基罗·安东尼奥尼，1967年11月；斯坦利·库勃里克，1968年9月。

11. 见《花花公子》：詹姆斯·法默，《黑色心情》，1966年2月；《花花公子专题研讨会：执法危机》，1966年3月；马克斯·勒纳，《红色中国、美国和联合国》，1966年7月。

12. 见《花花公子》：爱德华·本特利，《良心VS.从众》，1967年1月；马克斯·勒纳，《暴力的环境》，1967年6月；肯尼思·罗克斯罗斯，《警察》，1967年7月。

13. 见以下"花花公子访谈"：小阿瑟·施瓦辛格，1966年5月；菲德尔·卡斯特罗，1967年1月；蒂莫西·利里，1966年9月。又见雅各布·布拉克曼，《地下刊物》，《花花公子》，1967年8月。

14. 这个故事见《花花公子》，1967年12月。

15. 关于这次在芝加哥举行的动荡的民主党大会，见戴维·法伯，《芝加哥的1968年》（芝加哥，1988）。

16. 有关赫夫纳与芝加哥民主党大会以及他和芝加哥警察的经历的相关文章，收录于《赫夫纳剪贴簿》，第139卷，第140卷。夏洛特·柯蒂斯，《宾客涌入由〈花花公子〉出版商举行的为期一周的聚会》，《纽约时报》，1968年8月29日；《街头暴力入侵花花公子帝国》，《芝加哥美国人报》，1968年8月28日；《法律与无秩序：芝加哥大会及其余波》（纽约，1968年），第86页，赫夫纳新闻发布会上的评论被收录于该书中。

17. 关于民主党大会的这个事件的最好的解决方案，见戴维·法伯，《芝加哥的1968年》（芝加哥，1988）。在其他两本书中，法伯对如何处理美国20世纪60年代晚期的社会问题，进行了非常有远见的分析，它们分别是：《伟大梦想的时代：20世纪60年代晚期的美国》（纽约，1994），第8-10章；他主编的论文集《60年代：从记忆到历史》（查珀尔希尔，北卡罗来纳，1994）。

18. 休·赫夫纳，引自《兔子王》，《旧金山纪事报》，1966年7月10日，以及《1967年的美联社主编协会红皮书》，芝加哥联合出版社管理编辑协会年度大会报告，1967年10月17日至20日，第74-75页。

19. 休·赫夫纳，引自以下文章：卡尔文·汤普金斯，《西方世界的花花公子先生》，《星期六晚邮报》，1966年4月23日，第101页；《1967年的美联社主编协会红皮书》，第67页；威廉·图舍尔，《赫夫纳发现性禁令和种族偏见的关系》，《好莱坞报道者》，1969年12月1日，第8页；《电话对话：美国性革命》，以及艾伯特·埃利斯博士，《声音：艺术与精神疗法的科学》，1967年春，第90页；论坛讨论"为什么不色情？"芝加哥大学电视节目《圆桌》，1969年10月3日播出。

20. 见休·赫夫纳的叙述，《西方世界的花花公子先生》，第101页；戴维·法尔，《大主教造访性总部之夜》，《人民》，1969年8月17日；马尔科姆·博伊德，《我的美国同胞》（纽约，1970），第30-33页。

21. 休·赫夫纳，引自博伊德，《我的美国同胞》，第33页；休·赫夫纳写给拉里·

杜波依斯和默里·费希尔的信，1990年10月10日。在作者对赫夫纳的采访中，赫夫纳再次肯定了这种政治敏感性，2005年11月3日。

22. 见《花花公子》：杰克·林德，《性自由联盟》，1966年11月；理查德·沃伦·刘易斯，《滥交者》，1969年4月；《一个滥交者的学术指南》，1968年9月；《花花公子访谈：马斯特斯和约翰逊》，1968年5月；《花花公子访谈：玛丽·考尔德伦博士》，1970年4月。

23. 见《花花公子》：霍华德·云克，《裸体剧场》，1968年11月；《甜心葆拉》，1969年8月；布鲁斯·威廉森，《噢！加尔各答！》，1969年10月。

24. 见"花花公子论坛"，《花花公子》，1968年9月，1969年3月。

25. 见《花花公子》：《沉重一击》，1968年8月；《进入诉讼驳回阶段》，1970年5月；《回到大学校园》，1970年9月。

26. 见《花花公子》：纳特·亨托夫，《青年——被压迫的大多数》，1967年9月；《花花公子专题研讨会：学生起义》，1969年9月；纳特·亨托夫，《对异议的战争》，1968年9月；戴维·哈伯斯塔姆，《越南的美国化》，1970年1月；杰弗里·诺曼，《幸存的工程》，1970年7月；哈维·考克斯，《以上帝之名》，1970年1月。

27. 见《花花公子》：参议员雅各布·贾维茨，《降低选民年龄》，1968年2月；参议员J.威廉·富布赖特，《优先权的新秩序》，1968年7月；参议员约瑟夫·D.泰丁斯，《美国人与枪》，1969年3月；参议员弗兰克·丘奇，《全球困境》，1969年8月；法官威廉·O.道格拉斯，《对我们的湖和河的审查》，1968年6月；尊敬的阿瑟·J.戈德堡，《受到重重包围的〈权利法案〉》，1970年1月。关于金，见休·赫夫纳写给拉里·杜波依斯和默里·费希尔的信，1990年12月10日。

28. 见以下的花花公子访谈：威廉·斯隆·科芬，1968年8月；拉尔夫·纳德，1968年10月；杰西·杰克逊，1969年11月；威廉·孔斯特勒，1970年10月。又见迈克尔·霍罗威茨，《马克思主义者的肖像》，《花花公子》，1970年9月。

29. 见《花花公子》：《开始》，"花花玩伴"黛比·霍珀，1969年8月；《革命性的发现》，"花花玩伴"格洛丽亚·鲁特，1969年12月；《时髦的辍学者》，伊莱恩·莫顿，1970年6月。

30. 见《花花公子》：《希望的殉道者：马丁·路德·金和罗伯特·肯尼迪》，1969年1月；《体面的社会》，1969年1月；《把我们带到一起》，1970年1月；《花花公子的政治倾向表》，1970年11月。

31. 关于《花花公子》强烈的自由倾向，见默里·费希尔对纳特·亨托夫的采访，1989年9月2日，第3页，《赫夫纳文集》。

32. 李·温弗里，《花花公子的世界跟不上时代的步伐了吗？》，《底特律自由报》，1970年3月2日；莫顿·L.罗斯，《可怜的理查德和花花公子：骨子里的兄弟》，《科罗拉多季刊》(1967年春)，第355—360页。

33. 学生引自马尔科姆·博伊德，《我的美国同胞》，第16页，以及《花花公子点亮商业广告制作者的眼睛》，《商业周刊》，1969年6月28日，第144页。

34. "花花公子论坛"，《花花公子》，1969年11月。

35. 见J.保罗·格蒂发表在《花花公子》上的两篇文章：《有教养的主管》，1968

年9月；《两条登顶之路》，1969年12月。又见《花花公子》，1970年11月：《伊甸园之西》和《完美礼物》。

36. 休·赫夫纳，引自以下文章：马尔科姆·博伊德，《我的美国同胞》，第27页，第31页；《休·赫夫纳的"兔老大"喷气式飞机》，《形象》，1970年6月2日；韦恩·沃尔高，《赫夫纳追赶电视浪潮》，《洛杉矶时报》，1968年8月11日。

37. 克里斯托弗·拉希，《怀旧文化》（纽约，1978），特别是第12—16页，第81—83页，对这种批评进行了有力的回击。其他版本，见托马斯·弗兰克，《冷静的征服：商业文化、反文化和臀部消费文化的兴起》（芝加哥，1997）；戴维·布鲁克斯，《天堂里的波波族：新社会精英的崛起》（纽约，2001）；约瑟夫·希思和安德鲁·波特，《造反者的国家：为什么反文化成为消费者文化》（纽约，2005）。

38. 休·赫夫纳，引自马尔科姆·博伊德，《我的美国同胞》，第32—33页；哈维·考克斯，《上帝和嬉皮士》，《花花公子》，1968年1月；《70年代的休闲》，《花花公子》，1970年12月。

39. 休·赫夫纳，引自马尔科姆·博伊德，《我的美国同胞》，第21页。

40. 休·赫夫纳，引自斯蒂芬妮·富勒，《赫夫纳：旧时代和花花公子哲学》，《芝加哥论坛报》，1968年4月24日；《赫夫纳人到中年》，《时代》，1969年2月14日，第69—70页；作者对休·赫夫纳的采访，2005年11月3日。

41. 赫夫纳的评论，见《新的休·赫夫纳——爱德华时代的面孔》，《中西部：芝加哥太阳时报杂志》，1968年5月5日，以及《赫夫纳：旧时代和花花公子哲学》。

42. 休·赫夫纳，引自斯蒂芬妮·富勒，《赫夫纳：旧时代和花花公子哲学》，《芝加哥论坛报》，1968年4月24日；《新的休·赫夫纳——爱德华时代的面孔》，《中西部：芝加哥太阳时报杂志》，1968年5月5日；作者对休·赫夫纳的采访，2005年11月3日。

43. 休·赫夫纳写给拉里·杜波依斯和默里·费希尔的信，1990年10月10日；休·赫夫纳写给拉里·杜波依斯和默里·费希尔的信，1991年1月15日；《赫夫纳剪贴簿》，第138—142卷；作者对休·赫夫纳的采访，2005年11月3日。

44. 休·赫夫纳写给拉里·杜波依斯和默里·费希尔的信，1990年10月10日。

45. 见休·赫夫纳写给拉里·杜波依斯和默里·费希尔的信，1990年10月10日，第17—18页。

46. 《赫夫纳剪贴簿》，第136卷。

47. 作者对休·赫夫纳的采访，2005年11月3日；默里·费希尔对比尔·科斯比的采访，1989年8月27日；休·赫夫纳写给拉里·杜波依斯和默里·费希尔的信，1990年10月10日。关于日内瓦湖度假村，见《赫夫纳剪贴簿》，第137卷；《每个男人的伊甸园》，《服务场所：服务业杂志》，1968年8月，第85—100页。

48. 作者对休·赫夫纳的采访，2005年11月3日；休·赫夫纳，引自韦恩·沃尔高，《赫夫纳追赶电视浪潮》，《洛杉矶时报》，1968年8月11日。

49. 休·赫夫纳，引自博伊德，《我的美国同胞》，第59页；《赫夫纳剪贴簿》，第138—140卷；休·赫夫纳，引自《花花公子的夜间直播节目即将播出赫夫纳和上等的性》，《综艺》，1968年8月1日，第10页。

50. 休·赫夫纳写给杜波依斯和费希尔的信，1991年1月15日；李·沃尔夫伯格，

《其他声音》,《赫夫纳文集》;《赫夫纳剪贴簿》,第139卷;作者对休·赫夫纳的采访,2005年11月3日。

51. 芭比·本顿,《其他声音》,《赫夫纳文集》;休·赫夫纳写给拉里·杜波依斯和默里·费希尔的信,1991年1月15日;作者对休·赫夫纳的采访,2005年11月3日。

52. 《赫夫纳剪贴簿》,第139卷,里面有克莱恩的地图;休·赫夫纳写给拉里·杜波依斯和默里·费希尔的信,1991年1月15日;默里·费希尔对芭比·本顿的采访,1991年3月12日。

53. 《赫夫纳剪贴簿》,第139卷;默里·费希尔对芭比·本顿的采访,1991年3月12日;休·赫夫纳写给·杜波依斯和费希尔的信,1991年1月15日;作者对休·赫夫纳的采访,2005年11月3日;默里·费希尔对比尔·科斯比的采访,1989年8月27日。

54. 默里·费希尔对芭比·本顿的采访,1991年3月12日;休·赫夫纳写给杜波依斯和费希尔的信,1991年1月15日;作者对休·赫夫纳的采访,2005年11月3日。

55. 《赫夫纳剪贴簿》,第145卷,第146卷,第148卷,第149卷;《赫夫纳称芭比是他的初恋》,《萨克拉门托联合报》,1969年8月8日;《〈花花公子〉的花花公子新郎花花玩伴》,《哥伦布公民日报》,1969年8月8日;默里·费希尔对芭比·本顿的采访,1991年3月12日。

56. 默里·费希尔对芭比·本顿的采访,1991年3月12日,第17–18页。

57. 芭比·本顿引自《芭比是个美女——属于赫夫纳,就是这样》,《芝加哥论坛报》,1970年1月18日;《芭比美女》,《花花公子》,1970年3月;芭比·本顿引自《芭比是个美女——属于赫夫纳,就是这样》,《芝加哥论坛报》,1970年1月18日;默里·费希尔对芭比·本顿的采访,1991年3月12日。

图书在版编目（CIP）数据

《花花公子》：休·赫夫纳和他的情色帝国.上/（美）沃茨著；李晓春译.——北京：华夏出版社，2010.1

书名原文：Mr.Playboy:Hugh Hefner and the American Dream
ISBN 978-7-5080-5563-3

Ⅰ.①花… Ⅱ.①沃… ②李… Ⅲ.①赫夫纳,H.—生平事迹②企业—经济史—美国 Ⅳ.①K837.125.38②F279.712.6

中国版本图书馆CIP数据核字（2009）第230914号

Mr.Playboy :Hugh Hefner and the American Dream
Copyright© 2008 by Steven Watts.
All Rights Reserved

版权所有，翻印必究

北京市版权局著作权合同登记号：图字01-2009-5357号

出版发行：华夏出版社（北京市东城区东直门外香河园北里4号 邮编：100028）
经销：新华书店
印刷：北京建筑工业印刷厂　　　　　开本：787X1092 1/16开
装订：三河市万龙印装有限公司　　　印张：20　　插页：8
版次：2010年1月北京第1版　　　　字数：238千字
印次：2010年1月北京第1次印刷　　　定价：48.00元

本版图书凡印刷、装订错误，可及时向我社发行部调换